教师教育融媒体教材

JIAOSHI ZHIYE DAODE

教师职业道德

第2版

檀传宝◎主编

北京师范大学出版集团
BEIJING NORMAL UNIVERSITY PUBLISHING GROUP
北京师范大学出版社

图书在版编目（CIP）数据

教师职业道德/檀传宝主编．—2 版．—北京：北京师范大学出版社，2023.8（2025.7重印）

教师教育融媒体教材

ISBN 978-7-303-28756-7

Ⅰ．①教…　Ⅱ．①檀…　Ⅲ．①师德－师范大学－教材Ⅳ．①G451.6

中国国家版本馆CIP数据核字(2023)第022409号

出版发行：北京师范大学出版社 https://www.bnupg.com
北京市西城区新街口外大街 12-3号
邮政编码：100088

印　　刷：保定市中画美凯印刷有限公司
经　　销：全国新华书店
开　　本：787 mm × 1092 mm　1/16
印　　张：14.75
插　　页：1
字　　数：335 千字
版　　次：2023 年 8 月第 2 版
印　　次：2025 年 7 月第 3 次印刷
定　　价：40.00 元

策划编辑：王建虹　　　　责任编辑：岳　蕾
美术编辑：陈　涛　焦　丽　　　　装帧设计：焦　丽
责任校对：陈　民　　　　责任印制：马　洁

本书使用指南

全书栏目

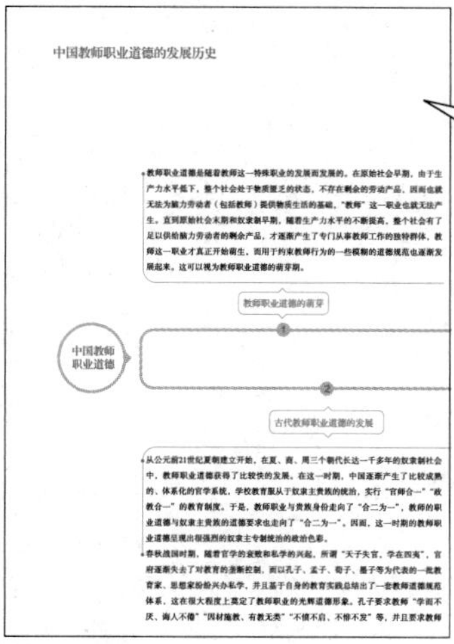

中国教师职业道德的发展历史：开始本课程之前，先了解一下师德的发展历程。

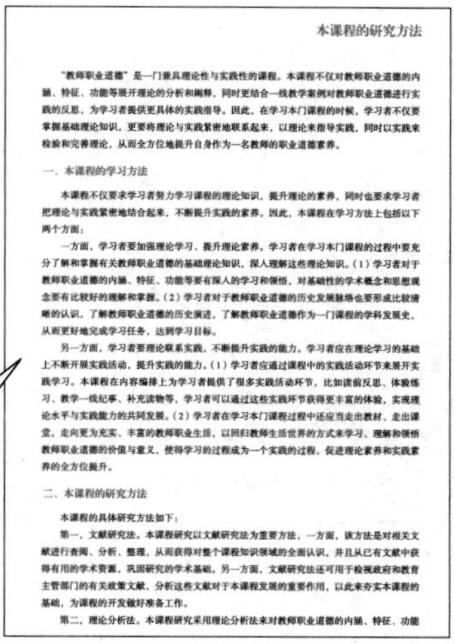

本课程的研究方法：如何学习本课程，并进一步展开研究，方法至关重要。

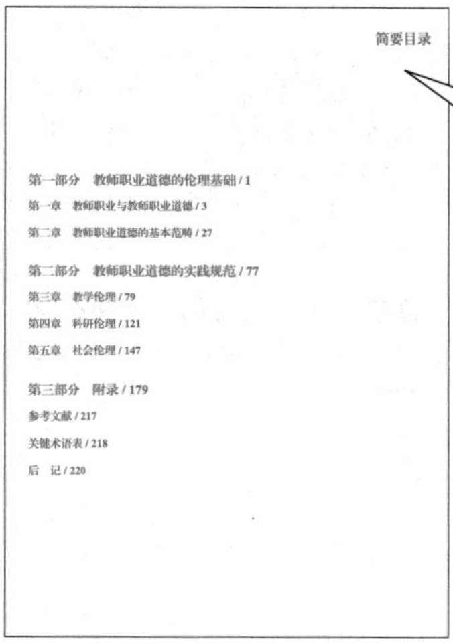

简要目录：一个层级的简要目录让你一眼览尽全书的章目要点。

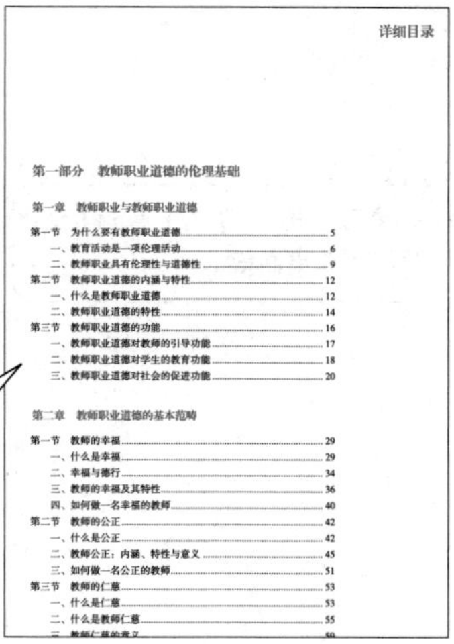

详细目录：三个层级的详细目录为你提供更具体的页码索引，并展现作者阐释每个章节的角度。

关键术语表：书后会对全书的关键术语做一个整体呈现，并配上英文和解释。

章前栏目

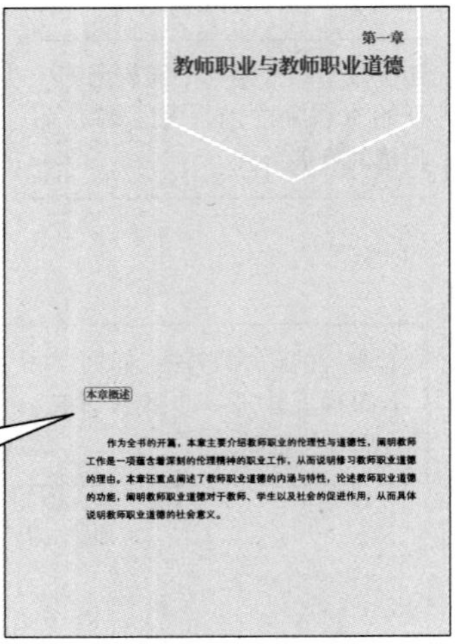

第一章

教师职业与教师职业道德

本章概述

作为全书的开篇，本章主要介绍教师职业的伦理性与道德性，阐明教师工作是一项蕴含着深刻的伦理精神的职业工作，从而说明修习教师职业道德的理由。本章还重点阐述了教师职业道德的内涵与特性，论述教师职业道德的功能，阐明教师职业道德对于教师、学生以及社会的促进作用，从而具体说明教师职业道德的社会意义。

本章概述：学习每章之前，先了解一下它的内容概要。

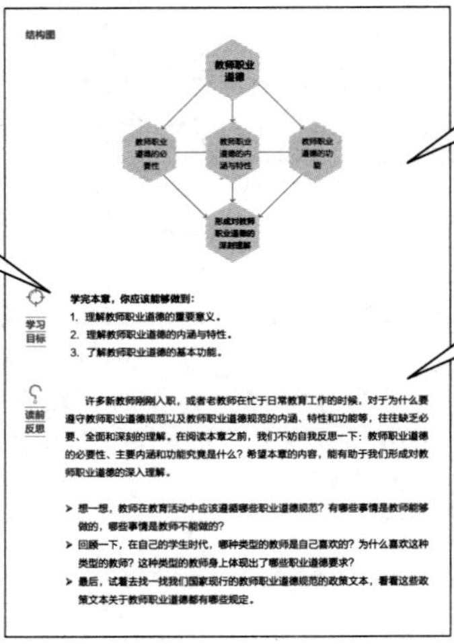

结构图

学习目标

学完本章，你应该能够做到：

1. 理解教师职业道德的重要意义。
2. 理解教师职业道德的内涵与特性。
3. 了解教师职业道德的基本功能。

读前反思

许多新教师刚刚入职，或者老教师在忙于日常教育工作的时候，对于为什么要遵守教师职业道德规范以及教师职业道德规范的内涵、特性和功能等，往往缺乏必要、全面和深刻的理解。在阅读本章之前，我们不妨自我反思一下：教师职业道德的必要性、主要内涵和功能究竟是什么？希望本章的内容，能有助于我们形成对教师职业道德的深入理解。

- 想一想，教师在教育活动中应该遵循哪些职业道德规范？有哪些事情是教师能够做的，哪些事情是教师不能做的？
- 回顾一下，在自己的学生时代，哪种类型的教师是自己喜欢的？为什么喜欢这种类型的教师？这种类型的教师身上体现出了哪些职业道德要求？
- 最后，试着去找一找我们国家现行的教师职业道德规范的政策文本，看看这些政策文本关于教师职业道德都有哪些规定。

章结构图：这张“地图”助你在第一时间把握本章知识结构。

章学习目标：清楚了解目标，学习才能更高效。

读前反思：反思的问题将带你进入新的知识探索。

章内栏目

节学习目标：完成节学习目标，才能实现章学习目标，直至掌握全书内容。

教师职业是一项蕴含着深刻的伦理内涵的职业。教师在职业工作中不能从纯粹的利己主义观念出发，而是要以合乎道德的方式来关注他人、关注学生的成长。正如阿尔贝特·史怀泽所说的那样，“受制于盲目的利己主义的世界，就像一条漆黑的峡谷，光明仅仅停留在山峰之上。所有的生命都必然生存于黑暗之中，只有一种生命能摆脱黑暗，看到光明”[1]。而这能够看到光明的生命，正是具有道德内涵的生命。毫无疑问，一个有道德的人能够更好地摆脱黑暗的峡谷，去寻找光明的生命意义。可以说，教师也正是这样一个光明的追寻者，他（她）以道德之光来普照自身的职业道路，以道德之光来引导学生的道德发展。因此，在本章中，我们将探讨教师职业所独具的伦理性与道德性的内涵，分析教师职业道德对于教师、学生以及社会的促进作用，更深入地理解教师职业道德在当代教育中的重要意义。

第一节
为什么要有教师职业道德

新时期师德建设的重要导向

学习目标

了解教师职业的伦理性与道德性。

谈起教师职业道德，我们首先会想到“为什么要有教师职业道德”这样一个问题。我们会问，是不是所有的职业都像教师职业一样需要自身独特的职业道德规范体系呢？还是仅仅只有教师职业需要特殊的职业道德规范？事实上，在现实生活中，我们不难看到一些特殊的职业工作（比如医生、律师等）有着自己特殊的职业道德规范，因为这些职业工作需要处理职业活动中特殊的人际关系以及道德关系。对于教师职业而言，教师在职业工作中也必须处理类似的人际关系以及道德关系，比如教师与学生、教师与家长、教师与教师、教师与领导等。同时，教师的教育工作本身又是一项伦理活动，因为教师不仅仅教知识，同时也在教道德；知识传递与道德教化在教师身上是统一的。也正因为如此，教师必须以合乎道德的方式来面对学生、面对家长、面对同事。也即是说，教师需要特殊的职业道德规范来约束和引导自己的职业行为，从而使得教育工作既能够符合道德的要求，同时又能满足教育工作的需要，最终促进学生的健康成长。

1 [法]阿尔贝特·史怀泽. 敬畏生命. 陈泽环，译. 上海：上海社会科学院出版社，1995：20

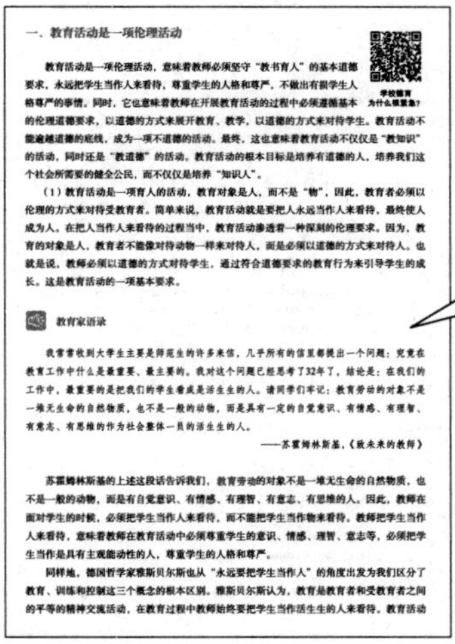
一、教育活动是一项伦理活动

学校德育为什么很重要?

教育活动是一项伦理活动，意味着教师必须坚守“教书育人”的基本道德要求，永远把学生当作人来看待，尊重学生的人格和尊严，不做出有损学生人格尊严的事情。同时，它也意味着教师在开展教育活动的过程中必须遵循基本的伦理道德要求，以道德的方式来展开教育、教学，以道德的方式来对待学生。教育活动不能逾越道德的底线，成为一项不道德的活动。最终，这也意味着教育活动不仅仅是“教知识”的活动，同时还是“教道德”的活动。教育活动的根本目标是培养有道德的人，培养我们这个社会所需要的健全公民，而不仅仅是培养“知识人”。

（1）教育活动是一项育人的活动，教育对象是人，而不是“物”，因此，教育者必须以伦理的方式来对待受教育者。简单来说，教育活动就是要把人永远当作人来看待，最终使人成为人。在把人当作人来看待的过程当中，教育活动渗透着一种深刻的伦理要求。因为，教育的对象是人，教育者不能像对待动物一样来对待人，而是必须以道德的方式来对待人。也就是说，教师必须以道德的方式对待学生，通过符合道德要求的教育行为来引导学生的成长。这是教育活动的一项基本要求。

教育家语录

我常常收到大学生主要是师范生的许多来信，几乎所有的信里都提出一个问题：究竟在教育工作中什么是最重要、最主要的。我对这个问题已经思考了32年了，结论是：在我们的工作中，最重要的是把我们的学生看成是活生生的人。请同学们牢记：教育劳动的对象不是一堆无生命的自然物质，也不是一般的动物，而是具有一定的自觉意识、有情感、有理智、有意志、有思维的作为社会整体一员的活生生的人。

——苏霍姆林斯基，《致未来的教师》

苏霍姆林斯基的上述这段话告诉我们，教育劳动的对象不是一堆无生命的自然物质，也不是一般的动物，而是有自觉意识、有情感、有理智、有意志、有思维的人。因此，教师在面对学生的时候，必须把学生当作人来看待，而不能把学生当作物来看待。教师把学生当作人来看待，意味着教师在教育活动中必须尊重学生的意识、情感、理智、意志等，必须把学生当作是具有主观能动性的人，尊重学生的人格和尊严。

同样地，德国哲学家雅斯贝尔斯也从“永远要把学生当作人”的角度出发为我们区分了教育、训练和控制这三个概念的根本区别。雅斯贝尔斯认为，教育是教育者和受教育者之间的平等的精神交流活动，在教育过程中教师始终要把学生当作活生生的人来看待。教育活动

名家语录：这里有教育家、哲学家、思想家……听一听他们的真知灼见吧。

章后栏目

本章小结：它概述了本章的重要知识点，为你的复习和回顾提供方便。

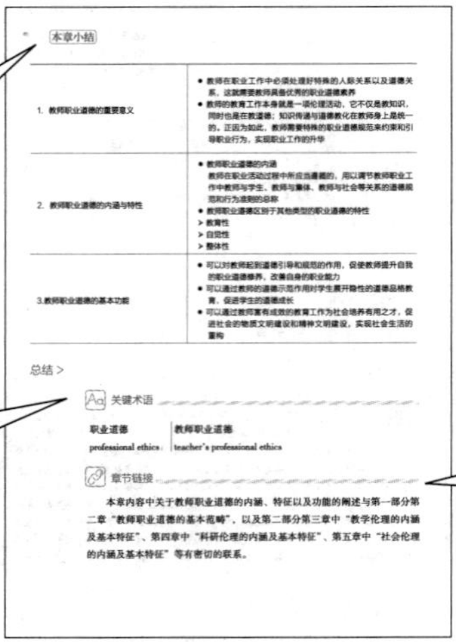

本章小结

1. 教师职业道德的重要意义

2. 教师职业道德的内涵与特性

3. 教师职业道德的基本功能

总结 >

关键术语

职业道德 professional ethics | 教师职业道德 teacher's professional ethics

章节链接

本章内容中关于教师职业道德的内涵、特征以及功能的阐述与第一部分第二章“教师职业道德的基本范畴”，以及第二部分第三章中“教学伦理的内涵及基本特征”、第四章中“科研伦理的内涵及基本特征”、第五章中“社会伦理的内涵及基本特征”等有密切的联系。

关键术语：章后为你提供了本章的关键术语，包括它的英文名称。

章节链接：知识之间是有联系的，章节链接为你提供了这种指引，它能让你的知识更加融会贯通。

批判性思考：这里，会以提问的方式引导你进一步思考。

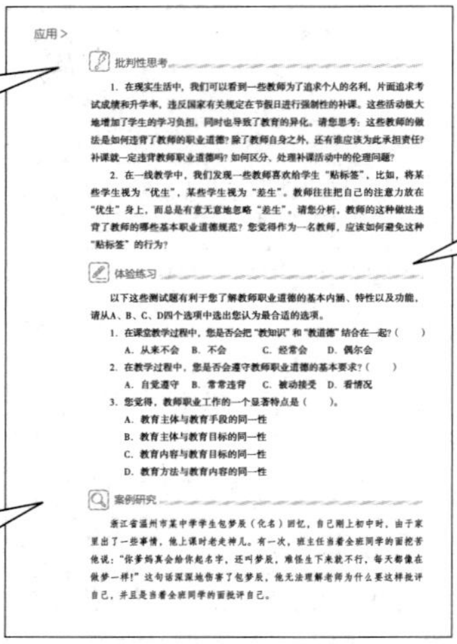

应用 >

批判性思考

体验练习

以下这些测试题有利于您了解教师职业道德的基本内涵、特性以及功能，请从A、B、C、D四个选项中选出您认为最合适的选项。

1. 在课堂教学过程中，您是否会把“教知识”和“教道德”结合在一起？（ ）
A. 从来不会 B. 不会 C. 经常会 D. 偶尔会

2. 在教学过程中，您是否会遵守教师职业道德的基本要求？（ ）
A. 自觉遵守 B. 常常违背 C. 被动接受 D. 看情况

3. 您觉得，教师职业工作的一个显著特点是（ ）。
A. 教育主体与教育手段的同一性
B. 教育主体与教育目标的同一性
C. 教育内容与教育目标的同一性
D. 教育方法与教育内容的同一性

案例研究

体验练习：练习能深化你对知识的学习，并助你查漏补缺。

案例研究：有具体情境的案例会让你的所学与现实结合更紧密。

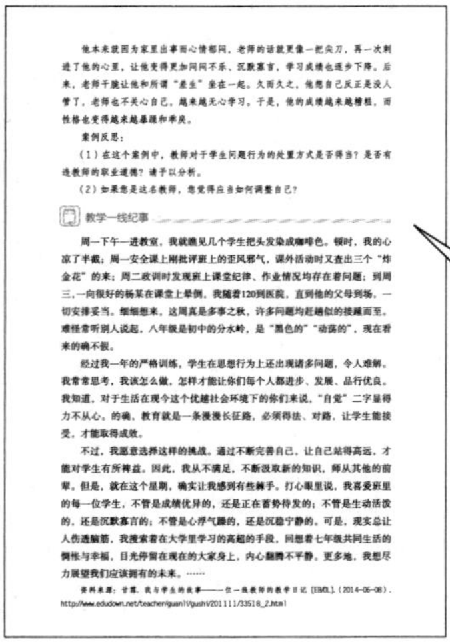

教学一线纪事

补充读物：它为你的学习提供了更广阔的阅读空间。

教学一线纪事：在这里，你可以提前了解真实的课堂。

在线学习资源：扫一扫二维码，你就可以轻松浏览为你精心准备的在线学习资料。

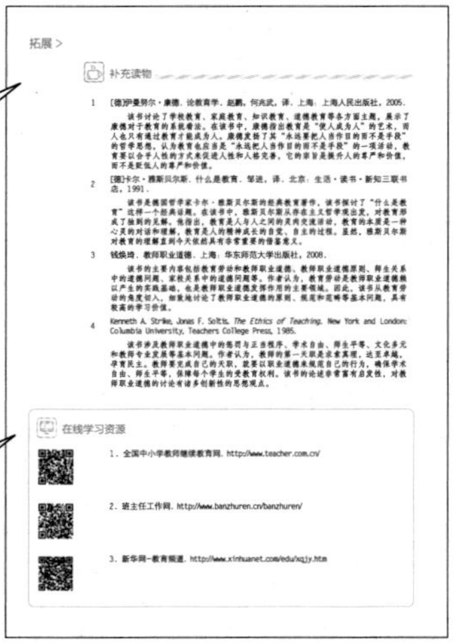

拓展 >

补充读物

在线学习资源

1. 全国中小学教师继续教育网，http://www.teacher.com.cn/

2. 班主任工作网，http://www.banzhuren.cn/banzhuren/

3. 新华网－教育频道，http://www.xinhuanet.com/edu/xqjy.htm

本课程的研究方法

“教师职业道德”是一门兼具理论性与实践性的课程。本课程不仅对教师职业道德的内涵、特征、功能等展开理论的分析和阐释，同时更结合一线教学案例对教师职业道德进行实践的反思，为学习者提供更具体的实践指导。因此，在学习本门课程的时候，学习者不仅要掌握基础理论知识，更要将理论与实践紧密地联系起来，以理论来指导实践，同时以实践来检验和完善理论，从而全方位地提升自身作为一名教师的职业道德素养。

一、本课程的学习方法

本课程不仅要求学习者努力学习课程的理论知识，提升理论的素养，同时也要求学习者把理论与实践紧密地结合起来，不断提升实践的素养。因此，本课程在学习方法上包括以下两个方面：

一方面，学习者要加强理论学习、提升理论素养。学习者在学习本门课程的过程中要充分了解和掌握有关教师职业道德的基础理论知识，深入理解这些理论知识。（1）学习者对于教师职业道德的内涵、特征、功能等要有深入的学习和领悟，对基础性的学术概念和思想观念要有比较好的理解和掌握。（2）学习者对于教师职业道德的历史发展脉络也要形成比较清晰的认识，了解教师职业道德的历史演进，了解教师职业道德作为一门课程的学科发展史，从而更好地完成学习任务，达到学习目标。

另一方面，学习者要理论联系实践，不断提升实践的能力。学习者应在理论学习的基础上不断开展实践活动，提升实践的能力。（1）学习者应通过课程中的实践活动环节来展开实践学习。本课程在内容编排上为学习者提供了很多实践活动环节，比如读前反思、体验练习、教学一线纪事、补充读物等，学习者可以通过这些实践环节获得更丰富的体验，实现理论水平与实践能力的共同发展。（2）学习者在学习本门课程过程中还应当走出教材、走出课堂，走向更为充实、丰富的教师职业生活，以回归教师生活世界的方式来学习、理解和领悟教师职业道德的价值与意义，使得学习的过程成为一个实践的过程，促进理论素养和实践素养的全方位提升。

二、本课程的研究方法

本课程的具体研究方法如下：

第一，文献研究法。本课程研究以文献研究法为重要方法，一方面，该方法是对相关文献进行查阅、分析、整理，从而获得对整个课程知识领域的全面认识，并且从已有文献中获得有用的学术资源，巩固研究的学术基础。另一方面，文献研究法还可用于检视政府和教育主管部门的有关政策文献，分析这些文献对于本课程发展的重要作用，以此来夯实本课程的基础，为课程的开发做好准备工作。

第二，理论分析法。本课程研究采用理论分析法来对教师职业道德的内涵、特征、功能以及基本范畴等进行学术理论的分析，对教师的教学伦理、科研伦理、社会伦理等进行细致的理论阐述，并且总结和归纳教师职业道德的学术发展脉络，从而为本研究奠定更扎实的理论基础。

第三，观察、访谈法。本研究通过观察、访谈等方法，进入教师职业生活的第一现场，与一线教师展开充分的交流和合作，更真切地体验教师职业生活的现实状况及其问题，从而为本课程奠定坚实的实践基础。

第四，行动研究法。本课程研究不仅是学科专家的理论研究，同时也是引导一线教师共同参与的行动研究。通过关注一线教师的职业生活，鼓励一线教师展开行动研究，本课程研究促进了理论工作者与一线教师的对话和理解，增强了课程研究的实践针对性，从而使得本课程更加完善。

简要目录

详细目录

第一部分　教师职业道德的伦理基础

第一章　教师职业与教师职业道德

第二章　教师职业道德的基本范畴

第二部分　教师职业道德的实践规范

第三章　教学伦理

第四章　科研伦理

第五章　社会伦理

第三部分　附录

第一部分

教师职业道德的伦理基础

第一章

教师职业与教师职业道德

本章概述

作为全书的开篇，本章主要介绍教师职业的伦理性与道德性，阐明教师工作是一项蕴含着深刻的伦理精神的职业工作，从而说明修习教师职业道德的理由。本章还重点阐述了教师职业道德的内涵与特性，论述教师职业道德的功能，阐明教师职业道德对于教师、学生以及社会的促进作用，从而具体说明教师职业道德的社会意义。

结构图

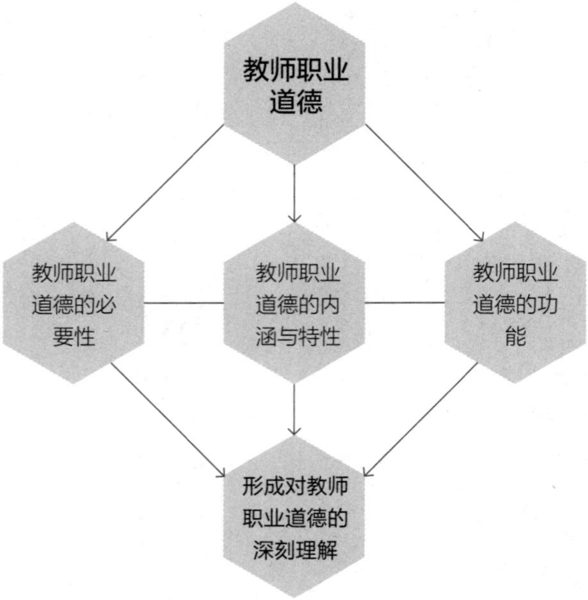

学习目标

学完本章，你应该能够做到：

1. 理解教师职业道德的重要意义。
2. 理解教师职业道德的内涵与特性。
3. 了解教师职业道德的基本功能。

读前反思

许多新教师刚刚入职，或者老教师在忙于日常教育工作的时候，对于为什么要遵守教师职业道德规范以及教师职业道德规范的内涵、特性和功能等，往往缺乏必要、全面和深刻的理解。在阅读本章之前，我们不妨自我反思一下：教师职业道德的必要性、主要内涵和功能究竟是什么？希望本章的内容，能有助于我们形成对教师职业道德的深入理解。

- 想一想，教师在教育活动中应该遵循哪些职业道德规范？有哪些事情是教师能够做的，哪些事情是教师不能做的？
- 回顾一下，在自己的学生时代，哪种类型的教师是自己喜欢的？为什么喜欢这种类型的教师？这种类型的教师身上体现出了哪些职业道德要求？
- 最后，试着去找一找我们国家现行的教师职业道德规范的政策文本，看看这些政策文本关于教师职业道德都有哪些规定。

教师职业是一项蕴含着深刻的伦理内涵的职业。教师在职业工作中不能从纯粹的利己主义观念出发，而是要以合乎道德的方式来关注他人、关注学生的成长。正如阿尔贝特·史怀泽所说的那样，“受制于盲目的利己主义的世界，就像一条漆黑的峡谷，光明仅仅停留在山峰之上。所有的生命都必然生存于黑暗之中，只有一种生命能摆脱黑暗，看到光明”[1]。而这能够看到光明的生命，正是具有道德内涵的生命。毫无疑问，一个有道德的人能够更好地摆脱黑暗的峡谷，去寻找光明的生命意义。可以说，教师也正是这样一个光明的追寻者，他（她）以道德之光来普照自身的职业道路，以道德之光来引导学生的道德发展。因此，在本章中，我们将探讨教师职业所独具的伦理性与道德性的内涵，分析教师职业道德对于教师、学生以及社会的促进作用，更深入地理解教师职业道德在当代教育中的重要意义。

第一节
为什么要有教师职业道德

新时期师德建设的重要导向

学习目标

了解教师职业的伦理性与道德性。

谈起教师职业道德，我们首先会想到“为什么要有教师职业道德”这样一个问题。我们会问，是不是所有的职业都像教师职业一样需要自身独特的职业道德规范体系呢？还是仅仅只有**教师职业**需要特殊的职业道德规范？事实上，在现实生活中，我们不难看到一些特殊的职业工作（比如医生、律师等）有着自己特殊的**职业道德规范**，因为这些职业工作需要处理职业活动中特殊的人际关系以及道德关系。对于教师职业而言，教师在职业工作中也必须处理类似的人际关系以及道德关系，比如教师与学生、教师与家长、教师与教师、教师与领导等。同时，教师的教育工作本身又是一项伦理活动，因为教师不仅仅教知识，同时也在教道德；知识传递与道德教化在教师身上是统一的。也正因为如此，教师必须以合乎道德的方式来面对学生、面对家长、面对同事。也即是说，教师需要特殊的职业道德规范来约束和引导自己的职业行为，从而使得教育工作既能够符合道德的要求，同时又能满足教育工作的需要，最终促进学生的健康成长。

1　[法]阿尔贝特·史怀泽．敬畏生命．陈泽环，译．上海：上海社会科学院出版社，1995：20

一、教育活动是一项伦理活动

学校德育
为什么很紧急?

教育活动是一项伦理活动，意味着教师必须坚守“教书育人”的基本道德要求，永远把学生当作人来看待，尊重学生的人格和尊严，不做出有损学生人格尊严的事情。同时，它也意味着教师在开展教育活动的过程中必须遵循基本的伦理道德要求，以道德的方式来展开教育、教学，以道德的方式来对待学生。教育活动不能逾越道德的底线，成为一项不道德的活动。最终，这也意味着教育活动不仅仅是“教知识”的活动，同时还是“教道德”的活动。教育活动的根本目标是培养有道德的人，培养我们这个社会所需要的健全公民，而不仅仅是培养“知识人”。

（1）教育活动是一项育人的活动，教育对象是人，而不是“物”，因此，教育者必须以伦理的方式来对待受教育者。简单来说，教育活动就是要把人永远当作人来看待，最终使人成为人。在把人当作人来看待的过程当中，教育活动渗透着一种深刻的伦理要求。因为，教育的对象是人，教育者不能像对待动物一样来对待人，而是必须以道德的方式来对待人。也就是说，教师必须以道德的方式对待学生，通过符合道德要求的教育行为来引导学生的成长。这是教育活动的一项基本要求。

教育家语录

我常常收到大学生主要是师范生的许多来信，几乎所有的信里都提出一个问题：究竟在教育工作中什么是最重要、最主要的。我对这个问题已经思考了32年了，结论是：在我们的工作中，最重要的是把我们的学生看成是活生生的人。请同学们牢记：教育劳动的对象不是一堆无生命的自然物质，也不是一般的动物，而是具有一定的自觉意识、有情感、有理智、有意志、有思维的作为社会整体一员的活生生的人。

——苏霍姆林斯基，《致未来的教师》

苏霍姆林斯基的上述这段话告诉我们，**教育劳动**的对象不是一堆无生命的自然物质，也不是一般的动物，而是有自觉意识、有情感、有理智、有意志、有思维的人。因此，教师在面对学生的时候，必须把学生当作人来看待，而不能把学生当作物来看待。教师把学生当作人来看待，意味着教师在教育活动中必须尊重学生的意识、情感、理智、意志等，必须把学生当作是具有主观能动性的人，尊重学生的人格和尊严。

同样地，德国哲学家雅斯贝尔斯也从“永远要把学生当作人”的角度出发为我们区分了教育、训练和控制这三个概念的根本区别。雅斯贝尔斯认为，教育是教育者和受教育者之间的平等的精神交流活动，在教育过程中教师始终要把学生当作活生生的人来看待。教育活动中不能有压迫、控制，学生不能成为压迫和控制的对象。教育不仅是传递文化知识的过程，同时也是传递这些文化知识中所蕴含的情感、态度和价值观念的过程。[1]因此，教育活动本身就是一项充满着伦理内涵的活动，它遵循了基本的伦理道德要求，实现着教育者与受教育者的良好的人际关系和教育关系。教育者必须时刻以平等、友爱、道德的方式来教导学生，从而才能产生真正的教育效果。

与此相反，训练和控制是在不对等的甚至是不道德的情况下发生的，它们没有充分遵循教育的基本伦理要求。在训练和控制活动当中，教育者（教师）和受教育者（学生）处于一种**主客体分离**的状态，教育者（教师）把自身的意志强加和灌输给受教育者（学生），这种强加和灌输使得教育者凌驾于受教育者之上，缺乏对学生作为人的人格和尊严的基本尊重。因此，训练和控制的过程缺乏道德的内涵和要求，它们没有真正以道德的方式来对待受教育者，而是以非道德甚至是反道德的方式来对待受教育者。训练和控制只是把学生当作动物来对待，而不是当作真正的、平等的人来对待。因此，训练和控制并不是真正意义上的教育，它缺乏真正的教育所应当具有的伦理内涵。

思想家语录

所谓教育，不过是人对人的主体间灵肉交流活动（尤其是老一代对年轻一代），包括知识内容的传授、生命内涵的领悟、意志行为的规范，并通过文化传递功能，将文化遗产教给年轻一代，使他们自由地生成，并启迪其自由天性。因此，教育的原则是通过现存世界的全部文化导向人的灵魂觉醒之本源和根基，而不是导向由原初派生出来的东西和平庸的知识。

——雅斯贝尔斯，《什么是教育》

显然，真正的教育是把人当作人的教育，它遵循着伦理道德的基本要求，在任何时候都能尊重学生的人格和尊严，在任何时候都不做出有违教师职业的道德要求和有损学生人格尊严的行为。因此，教师必须尽力避免让教育活动成为一种训练、控制或者灌输，而是要以真正的平等和民主的方式与学生展开精神的沟通、交流。这种沟通和交流是人与人之间的，而不是人与动物之间的。教师尊重学生的人格，与学生展开平等的对话，可以使教育活动更充分地体现出道德的基本逻辑，从而有效地实现教书育人的目标。

但是，在现实的教育活动中，我们往往会看到有些教师没有真正把学生当作人来看待，他们以不恰当的方式来处理教育活动中的问题，从而使得教育活动偏离了职业道德的轨道。正如《中学教师专业标准（试行）解读》中所提到的："有的教师习惯于采取伤害学生自尊的方式教育那些

1　[德]卡尔·雅斯贝尔斯. 什么是教育. 邹进，译. 北京：生活·读书·新知三联书店，1991：3

在学习和纪律上存在问题的学生。根据一项研究，在教师各种不尊重学生人格的教育方式中，身体暴力和语言暴力最为普遍，伤害也最为深重。”[1]关于这一点，请看以下这个教学案例：[2]

四川某中学初三女生小清在听写英语单词时，作弊偷看了事先准备的小纸条。班主任黄某发现小清作弊之后，从另一边冲了过来，让她把纸条交出来。小清不愿意，于是黄老师便扇了小清一耳光。耳光重重地落在了小清的脸上。在两人的争执之中，黄老师又打了小清好几个耳光，教室里响起了同学们叫“老师不要打了”的喊声，但是黄老师依然没有停手。随后，小清冲出教室，可是又被黄老师拉了回来。在这次事件之后，黄老师辩称，这样做只是为了教育学生，自己信奉“没有惩罚的教育是不好的教育”，而学生作弊是非常严重的错误，自己也是为了学生好。

点评：在这个事件中，我们看到，虽然作弊是一项错误的行为，但是教师黄某在教育小清的过程中，却选择了完全错误的教育方法——当众打耳光。黄某的这个行为没有充分尊重学生的人格和尊严，以当众体罚的方式来对待学生，事实上没有真正把学生当作平等的人来看待。显然，黄某的这种做法不符合教育的伦理要求，无助于解决教学中的问题，无助于学生的成长，甚至可能伤害学生的自尊，阻碍学生的人格发展。

（2）教育活动不仅是“**教知识**”的活动，同时更是“**教道德**”的活动。教育活动的根本目标是培养有道德的人。在当代社会，教育经历了一个学科分化、知识分化的时代，各门学科的知识体系愈来愈纷繁复杂，知识教育的任务也愈来愈繁重，而考试竞争的压力也愈来愈大，这导致了很多教师把教育工作仅仅视为“教知识”的工作，而忽视了教育工作更是“教道德”的工作。知识的学习、智力的发展只是教育的一部分目标，而人格的健全和道德的完善才是教育更深层次的目标。事实上，近代著名的哲学家康德曾经写作了《论教育学》一书，在这本书中，康德告诉我们：“人只有通过教育才能成为人。除了教育从他身上所造就出的东西外，他什么也不是。”[3]教育是一门伟大的艺术。教师如果充分掌握了这门艺术，并且能够在教育、教学实践中运用好这门艺术，他（她）就能够更好地培养人，最终使人成为人，成为“真正的人”“大写的人”。

思想家语录

人的天性将通过教育而越来越好地得到发展，而且人们可以使教育具有一种合乎人性的

1　教育部教师工作司．中学教师专业标准（试行）解读．北京：北京师范大学出版社，2013：33

2　张雨诗．老师打学生耳光辩称没有惩罚的教育不是好教育[EB/OL].（2009-02-25）．http://www.jiaodong.net

3　[德]伊曼努尔·康德．论教育学．赵鹏，何兆武，译．上海：上海人民出版社，2005：5

形式。这为我们展示了一种未来的、更加幸福的人类的前景。

——康德，《论教育学》

那么，为什么人只有通过教育才能成为人呢？为什么人的天性只有通过教育才能越来越好地发展呢？在康德看来，这是因为教育能够推动人的理性和德性的发展，促使人成为真正完善的人。教育通过传递知识，引导学生投入知识学习的理性活动当中，可以促进人的理性和才能的增长，从而使人成为具有健全的理智和完善的技能的人；同时，更为重要的是，教育通过人格的熏陶和培养、通过**道德价值观**的传递和引导，可以推动人的道德品质和道德行为的发展，使人成为一个道德完善和品格健全的人。真正的教育不仅传递着我们世世代代所积累的理性知识，更传递着我们世世代代所积淀的道德情怀和价值观念。通过知识、技能、道德和品质的全面培养，教育才完成了“使人成为人”的使命。而这种教育也才是真正的教育，也才是那些伟大的哲学家和教育家心中的教育理想。

（3）**立德树人**是教育的根本任务。教育实践必须以培养人的健全的道德品格为目标，教师在教育工作中必须始终坚守教师职业所应当遵循的基本道德规范，同时尽可能地追求更高的道德水平和道德境界，从而以自身的道德榜样来促进学生道德品质的发展。教师的工作并不是与道德无涉的工作，教师也不仅仅是一名专业人员，而是以自身的人格和道德榜样来引导学生的品格发展的教育者。教师在教知识的过程中必须意识到自身也是一名品德教育者。以英语教师、数学教师或者物理教师为例，教师在传递英语、数学或者物理知识与技能的过程中，也是在以自身的道德人格和榜样力量影响着学生的道德发展。因此，每一个教师事实上都承担着道德教育的职责和使命，每一位教师都不能推卸自己的道德责任，而是必须在日常生活、教学生活中以身作则，形成优良的道德品格，从而给予学生正面的道德影响。另外，由于教师是学生道德人格的引导者，因此教师有必要追求更高的道德境界，以自身的完善人格来促进学生的道德发展。教师必须时刻以完善自身的道德品质为要务，不断提高自身的道德水平。唯有如此，教师工作才能真正体现出伦理的精神，才能真正符合道德的要求，从而也才能真正完成培养完善人格的教育使命。

二、教师职业具有伦理性与道德性

教师职业需要遵循这个职业本身所具有的伦理与道德的要求，因为它是以伦理和道德为基础的。那么，什么是伦理？什么是道德？它们是两个完全相同的概念，还是两个完全不同的范畴？以下我们将加以分析和探求。

“伦”“理”二字在中国古代很早就已出现。《尚书·虞书·舜典》中说：“八音克谐，无相夺伦。”“伦”指音乐的节奏或旋律的适当安排。《孟子》有言：“察于人伦”[1]，“学则三代共之，皆所以明人伦也”[2]。“伦”字开始具有人际关系的意味。东汉的郑玄在注《小戴礼记》时解释说：“伦，亲疏之比也。”赵岐在解释孟子所谓伦的含义时则说：“伦，序……识人事之序。”可见，古人之伦主要是指人际关系。由于中国文化特别强调血缘伦理关系，人伦所表达的人际关系在许多时候讲的又是人的名分和辈分等。“理”，是中国古代哲学的核心概念之一。庄子说：“天地有大美而不言，四时有明法而不议，万物有成理而不说。”[3]“理”乃万物运行的成法。不过中国文化是伦理性文化，理的内涵也就会自然延伸到人文领域。所以孟子以“心之所同然者”为理，朱熹以“主宰心者”为理。《吕氏春秋》则说：“理也者，是非之宗也。”理在这个意义上说当然是伦理，是道德的当然之则。将伦、理二字合用，最早也可追溯到《礼记·乐记》：“乐者，通伦理者也。”伦理在这当然是人伦之理了。所以，如从中国文化言，伦理是人际关系及其调整的客观规则。

“道”“德”二字在古代也是以分开使用为主的。“道”首先指宇宙的大法。《老子》第25章说“有物混成，先天地生……可以为天下母。吾不知其名，字之曰道”，《韩非子》也说“道者，万物之所以然也……万物之所以成也”[4]。但孟子却说“仁也者，人也。合而言之，道也”[5]。道在这里就成为人之为人的根本。关于“德”字的含义，古人有德、得相通之说。庄子说：“顺于地者，德也。”[6]朱熹则说：“德者，得其道于心而不失之谓也。”[7]故在中国文化中道德即“得道”，得宇宙之道、得人伦之道。所以，中国文化中的道德也主要指个体在心性上对宇宙人生奥秘的领悟和把握以及由此而形成的德行、德性等等。

资料链接

伦理的英文是ethic，其基本含义是：1. system of moral principles, rules of conduct; 2. moral soundness。前者的意思是道德规则系统，德行的规则；后者是指行为的准绳以及道德原则的可靠性、合理性。总而言之，中、英文在伦理概念的理解上的共性是，“伦理”指道德的客观法则，具有某种可以作客观讨论的规律性。伦理学之所以不叫道德学，原因即在于此。

道德一词的英文是morality，指（standards, principles, of）good behavior，即有关美德和美德行为的标准、原则。其形容词是moral，意思是：1. concerning principles of right and wrong; 2. good and virtuous。它也是关于对错的标准和品行端正的意思。

---

1 孟子·离娄下
2 孟子·滕文公上
3 庄子·知北游
4 韩非子·解老
5 孟子·尽心下
6 庄子·天地
7 四书章句集注·论语集注

Morality和moral的起源都是拉丁文的mores（“mos”的复数形式），指习俗、个性的意思。从与ethic的含义对比不难看出，道德更强调主体的德行。

——檀传宝，《教师伦理学专题——教育伦理范畴研究》

总而言之，伦理和道德的含义虽然基本相同，都与行为准则有关，但是它们之间也存在着一些差异。简要而言，伦理主要是指客观的道德法则，具有社会性和客观性，是一定的社会对于个体所提出的基本道德要求；而道德则主要是客观见之于主观的法则，它更多的是指个人的道德修养，体现出主体性、选择性与自我修养性。具体到教师的职业生活中，教师不仅应当服从于客观的伦理法则，履行社会所提出的道德责任，同时也应关注自我道德修养水平的提升，实现社会的、客观的道德法则的主观内化，真正从内心世界提高自我的道德水平，追求更高的道德理想。因此，我们也可以说，教师职业内含着伦理性与道德性的双重要求，教师在满足这双重要求的基础上可以实现职业活动的升华。

一方面，教师职业具有伦理性，教师必须坚守**职业伦理**的底线，如此才能做一名合格的教师。每一个社会都会对教师职业提出一些客观的伦理要求，这些伦理要求是社会性和客观性的。“社会性”意味着这些伦理要求是这个社会作为一个整体向教师所施加的伦理要求，它要求教师必须满足社会的基本伦理法则，不违反社会对于教师职业的基本规定性。一个违反了社会的基本伦理规则的教师很难成为一名好教师，他（她）的教师形象也会因为无法满足社会的认同机制而遭到损坏。教师对社会的基本伦理规范的不遵守，对学生也可能产生非常消极的伦理影响。比如，一个在教室里随意吐痰、乱丢垃圾的教师，一个脏话连篇、品行低下的教师，由于他（她）对社会基本伦理规范的违反，显然难以满足社会对于教师所提出的基本要求。此外，“客观性”意味着这些伦理要求是比较客观的、明确的，具有一种刚性，它要求教师在职业工作中不得违反这些客观的伦理规定，否则就要接受相应的处罚。比如，我们的职业伦理规范明文禁止教师体罚或者变相体罚学生，不允许教师随意辱骂学生、做出伤害学生的身体和心理健康的行为，这些都是对于教师职业活动的客观伦理规定，它要求教师在教学活动中必须严格遵守这些伦理规定。一旦有哪位教师违反了这些规定，那么他（她）就不能称为一名合格的教师。因此，我们也可以说，这些具有社会性和客观性的伦理要求，为教师提供了一条伦理的底线，教师职业活动必须在不低于这条底线的范围内展开，否则教师就很难成为一名合格的教师，也很难获得社会的认可。

另一方面，教师职业具有道德性，这意味着教师应当在**伦理底线**的基础上不断提升自我的道德修养，不断去追求更为崇高的道德理想，实现职业工作的升华。这表明，成为一名优秀的教师，首先必须把社会性的客观伦理法则进行内化，通过主体性的学习和自我修养不断地去理解和领悟社会对于教师角色所提出的伦理要求，努力把这些伦理要求内化进自身的内在世界、吸收进自身的品德结构，从而实现伦理的客观性与道德的主体性的合二为一。如此，教师就不是在强迫自己遵循客观的伦理法则，而是成为主体性的道德行为者，主动地去学习和接受客观伦理法则，并且把这些伦理法则自觉地转化为职业生活的组成部分。当然，教师除了要以道德主体的身份去内化社会性、客观性的伦理法则，还应当超越这些伦理法则，在职业活动中不断追求更高的**伦理境界**和道德精神。如果说社会性、客观性的伦理法则只是给教师划定了一条伦理的底线，要求教师必须在这条底线上展开行动，那么教师职业的道德性则要求教师不断超越自我、超越现实、追求更高的道德理想。教师职业生活的道德性引导教师不断去追求更为崇高的职业理念，寻求突破现有的道德高度，达到一个更高的职业道德境界。这将使教师的职业生活得到全面的升华，同时也使教师的道德素质达至完善，最终促进教师的职业价值的实现。

第二节 教师职业道德的内涵与特性

教师职业道德的内涵及特点

学习目标

了解教师职业道德的内涵与特性。

教育活动是一项伦理活动，教师职业兼具伦理性与道德性的深刻内涵。教师职业作为一种以育人为核心的职业，具有非常专门而独特的职业目标和职业取向，因而需要专门化的职业道德来加以规范和引导。这些专门的职业道德规范，正是我们通常所说的教师职业道德。教师职业道德在教师的职业活动中发挥着道德引领的作用，它可以在无形中推动教师遵循职业伦理的基本要求、坚守职业的操守、履行好教师的职业责任，并且在此基础上追求更高的职业精神和道德理想，从而使自身成为一名道德卓越的教师。

一、什么是教师职业道德

为了更好地理解**教师职业道德**，首先我们来分析一下教师职业道德的上位概念——职业道德。简要而言，职业道德是社会道德规范体系的重要组成部分，它是一定社会的道德原则和规范在职业行为和职业关系中的特殊表现，是从业人员在职业活动中应该遵循的道德规范以及应当具备的道德观念、道德情操和道德品质。[1]

职业道德是在近代社会的社会分工和职业分化的背景下产生的。在传统社会中，由于职业分化还不是那么严重，绝大多数人都只是"面朝黄土背朝天"的农民，从事着农业生产活动，因此职业道德并非社会道德规范体系中的重要内容。但是，正如社会学家涂尔干所指出

1 黄正平，刘守旗．教师职业道德新编．南京：南京大学出版社，2010：12

的，随着社会分工的加剧和职业工作的分化，社会上的职业种类越来越多，职业的特点也是五花八门。整个社会的道德生活出现了“去中心化”的趋势，原先统一性的道德体系被分化的职业道德所取代，“每一种职业伦理都落于一个被限定的区域”[1]。人们的社会活动被分割为一个个职业领域，而每一种职业都有自身的相对独立性，因而也就需要相对独立而特殊的职业道德规范来加以约束和引导，这就使得职业道德在近现代社会中的地位日益凸显，成为社会道德规范体系中的重要组成部分。

思想家语录

尽管共同道德把社会大众当成它纯粹的基质、单纯的器官，然而职业伦理的器官却是多重的。有多少职业，就有多少这样的器官；每个器官都像与社会整体的联系那样彼此关联，都具有相对的自主性，分别处理各自规定的关系。于是，这类道德要比以往的道德显露出更加奇特的性质：我们从中看到了道德生活的去中心化的趋势。

——涂尔干，《职业伦理与公民道德》

那么，我们又如何来理解“教师职业道德”呢？显然，教师职业道德是职业道德体系中的重要一员，它是教师这一特殊职业所具有的独特的职业道德规范体系。与其他职业领域相比，教师职业具备自身的独特性，处理着特殊的人际关系与道德关系，因而也就需要一种特殊的职业道德来规范教师职业行为。教师职业道德又称为“教师道德”或者“师德”，它是指教师在职业活动过程中所应当遵循的，用以调节教师职业工作中教师与学生、教师与集体、教师与社会等关系的道德规范和行为准则的总称。教师职业道德是社会道德规范体系的有机组成部分，它体现着教师所应当具有的道德情感、道德观念、道德情操以及由此而形成的整体性的道德品质。对于教师职业道德的内涵，我们可以从以下两个方面来加以理解。

（1）教师职业道德所关注的重点是教师职业工作中的人际关系，包括教师与学生的关系、教师与集体的关系以及教师与社会的关系等。教师职业道德的核心目标是规范和引导教师处理好这些人际关系，让教师以道德的方式来协调人际行为，同时也以道德的方式来展开教育、教学活动。教师与学生的关系是教师职业道德的核心方面，一名合格的教师必须掌握好处理师生关系的能力。教师在教育工作中既要有一定的威信，能够对学生的学习生活加以引导或者矫正，同时又要充分尊重学生的人格尊严、尊重学生的主体身份，给予学生自主选择的空间和机会。教师与学生之间应当是相互尊重、相互信任，同时又是相互促进的关系，这也正是古代儒家所称的“教学相长”。此外，教师还必须处理好与集体的关系，这个集体

1　[法]涂尔干．职业伦理与公民道德．渠东，付德根，译．上海：上海人民出版社，2006：8

包括同事群体以及学校生活中的共同体。教师生活于学校共同体之中，难免与教师集体以及学校共同体发生着各种各样的人际关系以及利益关系，教师必须从道德的逻辑出发来处理好与集体、与学校的关系，努力成为学校共同体、教师集体中的合格成员，为集体生活和学校教育做出力所能及的贡献。当然，教师还面临着与社会的关系。教师作为社会成员，必须把自己看作是社会的一分子，在教学活动中履行社会职责，有效地传递社会的核心价值观念，通过自身的教学活动来培养人才，从而间接地促进社会的发展。

（2）教师职业道德不仅是一种外在的道德规范体系，更是一种内在的道德自律。也就是说，教师也必须处理好“自己与自己”的关系。教师必须通过把外在的道德规范内化为自身的道德素养，从而全面地提升自己的道德品质和道德境界。我们知道，纯粹的道德他律和外在规范是很难限制教师的行为的，因为这些外在规范难以深入人心，难以成为教师心灵世界和道德世界的有机组成部分。因此，教师职业道德如果仅仅是这样一些外在的道德规范的集合体，通过灌输或者强制的方式来向教师施加压力，那么这些职业道德规范对于教师职业活动的调节作用很可能是低效的甚至是无效的。显然，一种职业道德规范只有当它被道德主体所内化的时候，它才有可能成为道德主体内心世界的有机组成部分，它才可能经由道德他律而走向道德自律，从而主导道德主体的道德生活。教师职业道德也同样如此，它需要教师以主体的身份自觉自主地吸收和接纳这些道德规范，甚至允许教师反思和批判教师职业道德规范中的不合理的要素，保留合理的方面，从而让这些道德规范成为一种自律和自觉，而不再是一种外在的强加和灌输。通过这样的一种反思、吸收和内化的过程，教师职业道德才能真正成为属于教师职业生活的“本己”世界的道德规范，而不再是从属于教师职业生活的“异己”世界的外在道德规范。

总而言之，教师职业道德主要是一种用以协调教育活动中教师与学生、教师与集体以及教师与社会等关系的道德规范体系的总称，它既是社会向教师职业所提出的相对客观的道德规范，同时也是教师以及教师群体所应当主动去吸收、内化和践履的道德规范；它既体现出了一定的道德他律性，同时也体现出了显著的道德自律性。因此，只有将社会性与个体性、他律性与自律性紧密地结合在一起，教师职业道德才能有效地调节教师职业活动中的各种关系，最终促进教师职业工作的开展和职业成就的获得。

二、教师职业道德的特性

物质丰裕时代要求教育转型升级

教师职业道德是职业道德的一种类型，因此它具有各种类型的职业道德所具有的一般特征；同时，由于教师职业道德又是专属于教师这一独特的职业领域的道德规范，因此它又具有自身的特殊属性。理解教师职业道德的特性，必须从以下两个方面来加以综合的理解和把握。我们首先来看看教师职业道德的一般特征，这些一般特征如下。

（1）在调整对象和范围上有明显的专业性或特定性。职业道德是同人们的职业生活实践相联系的，往往只对从事某种特定行业的人起调节作用。比如专门意义上的“救死扶伤”的道德就只适用于医生，“诲人不倦”的规范也主要适用于教育工作者。因此，教师职业道德在对象和范围上都具有比较明显的专业性或特定性，是针对教育工作过程中的特殊问题而建立起来的道德规范体系。

（2）在道德内容和结构上，具有一定的继承性和稳定性。教师职业道德除了反映社会宏观发展及其要求之外，主要反映社会对于职业的要求以及职业本身的特殊利益和要求。这样，一方面会形成相对稳定的道德规范系统，另一方面也会形成较稳定的职业传统习惯和特殊的职业心理，因而体现出比较显著的继承性和稳定性的特征。每一行都有自己的“规矩”，比如商业所讲的“童叟无欺”“言无二价”，教育上的“为人师表”“以身立教”等都有较长的历史传统。从古到今，这些都有基本一致的要求。

（3）在规范形式和方法上具有灵活性、多样性。它既有比较正式的规章制度形式，也有非正式的俗语、口号形式，还有一些不成文的规矩、习俗、习惯等等。各行业往往从本行业的具体实际出发制定反映职业道德内容的具体制度和要求。在中国教育界，全国教育工会曾于1991年、1997年颁发和重新颁发过《中小学教师职业道德规范》，倡行全国。各地、各校实际上也有反映自己特点的职业道德规范。

当然，教师职业道德不仅具有职业道德的一般特征，而且还具有作为一种特殊的职业道德的独特性。因为，教师职业道德与教师教育工作中独特的工作内容以及人际关系有着密切的联系。教师职业道德的特点主要表现在以下三个方面。

（1）教师职业道德的教育性。教师职业道德直接构成和影响教育内容，因而教师职业道德在内容上具有教育性。比如，教师的价值观就既影响显性的也影响隐性的教育内容。除了在显性教育方面教师会自动根据自己的价值观理解来处理每一节课的教学内容，凸显一些教育内容而相对忽略另一些教育内容之外，在隐性课程方面，教师的敬业精神以及教师对课程以外许多问题的看法的不自觉流露也都会对学生产生不同程度的影响。受职业道德影响的教学方式如师生间的互动方式也是教师价值观的体现，也会作为课程影响教育对象。师德的教育性与示范性联系在一起，教师的人格特征影响教育内容。教师的人格特征是影响教育内容的重要因素，甚至可以说教师的人格特征本身就是教育内容。教师的人格特征对教育内容的影响可以从两个方面去理解。一方面，教师的道德人格会成为榜样学习的对象。美国心理学家班杜拉（A. Bandura）等人认为，儿童的行为方式常常是通过模仿其所相信和崇拜的榜样人物而逐步形成的。不管教师愿不愿意，有无知觉，教师都有成为这种“榜样”的最大可能性。中国自古就有“以身立教”的理论，这也是同样的道理。另一方面，教师的人格特征也影响其对教育内容的加工处理。一个有诗人气质的教师的教学会充满热情，富于想象；一位逻辑性较强的教师会以冷静思辨的睿智见长。情绪好的教师容易宽以待人，诲人不倦；而心情欠佳者则容易苛求学生，草率行事。尽管气质、情绪等人格特征主要是心理范畴，但是职业道德对于这些人格特征的修养和调整仍然有非常大的引导作用。

（2）教师职业道德的自觉性。学校教育活动是一种具有高度自觉性的活动。教育工作的特点是教育主体和手段的合一性。现代教育制度中的教师职前培养和继续教育制度的存在使得教育工作者一般都经过专门的职业训练。因此他们不仅在教育工作的技能上具有十分明显的专业性和自觉性，而且在道德上也有高度的自觉性。教师对于主体和手段的合一性的工作特点有清醒的理解，这一理解实际上是教师形成教育使命感的源泉。教师应当是积极调整教育劳动中人际关系的主动力量。反之，一些缺乏师德自觉的教师实际上是失去了教师本质的“教师”，在人际关系中永远处于被动、低效或无效的境地。所以，教师职业道德从道德主体的角度看，具有明显的自觉性。

（3）教师职业道德的整体性。教育劳动的特殊性之一就是影响的整体性。因此从教师职业道德的影响性这一角度来看，教师职业道德具有一定的整体性。这一整体性主要有三个方面：一是指每一名教师对学生的影响是整体的；二是指教师对学生的影响具有集体性（面对的是学生集体）；三是指教育工作需要教师集体的通力合作才能完成。具体来说，第一，教师职业道德的影响与他的业务素质、人格特征等紧密联系在一起。比如，主观上希望对学生公正的教师可能因为其教育方式上的失误而适得其反；又如，一个心地仁爱的教师也可能因为其性格上的内向而给学生以冷漠的印象。所以，师德的修养如同师德的影响一样都是整体性的。通俗地说，教师实际上必须尽量做一个“完人”，从而影响学生的整体人格的建构和发展。第二，教师对学生的影响具有集体性，因为教师往往面对着一个班级的学生，而不只是面对一两个学生。教师通过对学生集体的教育，也可以完成对学生个体的教育。因此，优秀的教师往往能够经由集体来通达个人，通过集体教育来塑造良好的集体氛围从而影响集体中每一个学生的成长。第三，现代教师的劳动具有非常强的集体性，单个教师的影响只有形成合力，才能更有效地作用于学生。换言之，作为教育劳动成果的学生实际上是一种集体性劳作的成果，因此师德中的重要内涵就必然有教师之间的协调与配合。

第三节 教师职业道德的功能

教师职业道德的功能

学习目标

了解教师职业道德对教师、学生以及社会所具有的功能。

教师职业道德在促进教师的专业成长、推动教育工作的有效开展、协调教师职业活动的人际关系等方面都可以发挥出重要的功能。具体而言，教师职业道德在教育活动中发挥着三个方面的主要功能：一是它可以对教师起到道德引导和规范的作用，促使教师提升自我的职业道德修养，改善自身的职业素质与能力；二是它可以通过教师的道德示范作用对学生展开隐性的**人格教育**，促进学生的心智成长和道德发展；三是它可以通过教师富有成效的教育工作为社会培养有用之才，从而促进社会的发展。

教师职业道德对教师的引导功能、对学生的教育功能以及对社会的促进功能，涉及多方面的具体内容，可以用下图加以表示：

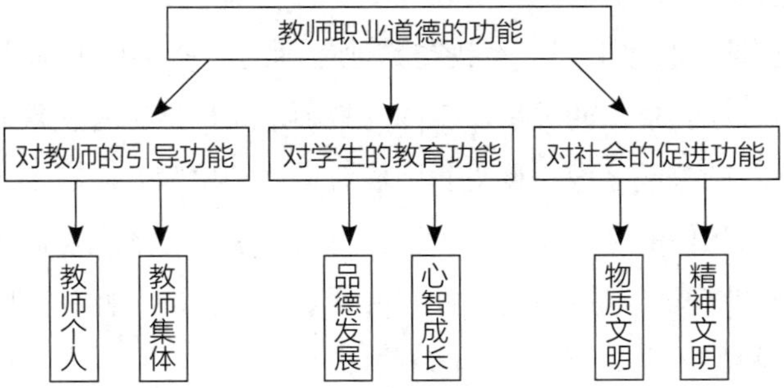

一、教师职业道德对教师的引导功能

教师职业道德对于教师个人以及**教师集体**的职业工作都具有显著的引导功能。教师的职业道德与教师对教育活动意义的理解密切相关。教师职业道德为教师的职业成长提供了职业的信念和道德的理想，它可以促使教师更深刻地思考自身的职业工作的价值与意义。我们看到，在现实生活中，有不少教师缺乏教育工作者的**职业道德素养**，他们仅仅把职业工作当作一份“不会摔破的铁饭碗”，仅仅把教育工作当成谋生的手段，而没有从更高的意义上来理解教师的职业工作。而在生活中也有很多的教师，他们真正去深刻地理解教师的职业道德，他们对自身的职业工作有着一种特殊的**道德信念**，因而他们更愿意把教育工作看作是一项具有很深的社会意义和个体意义的工作，愿意在教育工作中付出自己的努力。教师职业道德在教师的职业生活中，正是起到了这样一种引导的作用，它使教师能够超越日常生活的现实性与功利性，把教师引向更为崇高的道德境界，使教师能够全身心地投入教育工作。

不仅如此，教师职业道德还能够通过评价、激励和追求理想人格等方式在造成良好的社会舆论和社会风尚的同时，培育教师的道德意识、行为和品质。一种良好的教师职业道德和职业风尚可以在学校空间中制造良好的舆论氛围，而这种舆论氛围对于教师的道德成长而言是非常重要的；缺乏了这种道德氛围，教师的道德意识、道德行为以及道德品质的发展仿佛就缺乏了水源和土壤。通过教师职业道德的熏陶，可以促进每一位教师不断反思自我的道德品质和道德行为，在日常生活和教育活动中以教师职业道德的标准来要求自己，从而提高自身的精神境界和道德水平。这有助于使教师成为道德纯洁、理想高尚的人，有助于教师在教育工作中不断完善自我、提升自我的道德品质。

另外，教师职业道德对教师集体的发展也具有引导的功能。正如人不可能是孤立的人一样，教师也不可能是孤立的教师。在学校生活和教育活动中，教师并不是一个人在工作，而往往是与其他教师一起展开工作，一起追求共同的教育事业。教师职业道德倡导教师与教师之间的合作、分享、诚信、友爱，这无疑有助于教师集体凝聚力的增长，促进教师集体的整体发展。教师作为职业集体中的一名成员，必须处理好集体内部的同侪关系，也必须正确处理好职业集体与社会的关系。而这都需要教师职业道德来加以规范和引导。良好的教师职业道德可以引导教师更深刻地意识到，自我与其他教师之间所形成的应当是合作和友爱的关系，而不是恶性竞争和相互攻击的关系。教师与教师之间虽然也有正常的教学竞争，但是这种竞争必须限定在合理的范围之内，接受教师职业道德的检验。而在个人与教师集体的关系中，个人的利益应该与集体的利益融合在一起，不能为了个人的利益而无视甚至损害集体的利益。显然，当教师能够按照职业道德的操守展开职业工作的时候，教师与教师之间的关系将更为和谐，整个教师集体也将获得更好的发展机会。

同时，教师职业道德对教师集体的引导功能还表现在教师职业道德可以对教师集体起到一个监督和约束的作用，避免教师集体“犯错误”，做出道德上不正当的集体行为。比如，违反国家规定收取不合理的学杂费，在法定节假日强制学生补课，等等。教师职业道德在教师集体的每一位成员的心中都会形成一种监督和自我监督的机制，它要求教师以及教师集体以职业良心和信念投入教育工作当中。当教师以及教师集体都能够按照**职业良心**来做事，能够以道德的方式来处理职业工作中的各种问题的时候，那么我们说这个教师集体在道德上是积极向上的集体，而这个集体中的教师也将成为更加优秀的教师。

二、教师职业道德对学生的教育功能

德育课程有哪几种形态?

教师职业工作的一个显著特点是教育主体与教育手段的合一性，教师既是教育主体又是教育手段，教师一举手一投足都会影响学生的成长。教师的这种影响是潜移默化的，同时也是持久而深远的。一个具有良好的职业道德的教师，他自身道德品格的高尚以及他对教育工作的热爱将深深地感染学生，对学生产生非常好的教育影响。

教师的良好职业道德将影响学生的**道德人格**发展。具有良好师德的教师所表现出来的敬业精神、道德品质和人格修养将会极大地感染学生，有利于发展学生健全的人格品质和道德素养。因此，西方学者曾经提出了**隐性课程**（hidden curriculum）这样一个概念，用以归纳学校生活中的课程教学之外的隐性的价值元素的道德影响，其中最为重要的就是教师的职业道德和人格修养对学生所产生的隐性的道德影响。隐性课程的理念告诉我们，教师在日常生活以及课堂生活中所表现出来的个性品质以及道德人格，比如他是否公正地对待了学生、是否热爱学生、是否热爱教育工作、是否具有仁爱的精神、是否具备关心的品质、是否具有良好的文明礼貌以及个人修养等，都将对学生产生巨大的道德影响。因为，教师是学生的“天然”的道德榜样，从站在讲台上的那一刻开始，就注定了教师必然以自身的职业道德和人格修养深刻地影响学生道德品质的发展。

经典语录

教师职业道德实际上也可以说是个人道德修养的一部分。它的主要内涵是对道德教育事业的满腔热情，对道德教育责任的当然承担，以及在学校生活中表现出的教育公正、合作态度、仁爱精神等作为教师职业所要求的行业或专业道德修养。教师的职业道德表现实际上可能成为学生当前与未来道德生活的样板，是一种道德教育的隐性课程。

——檀传宝，《德育原理》

因此，良好的教师职业道德是学生品德发展的坚实基础。当教师兢兢业业地做好教学工作，在教学生活中体现出良好的道德品格和文明修养，那么即使他从来也没有对学生讲过道德教育的内容，他事实上也已经在做着道德教育的工作。相反，如果一个教师在教学工作中总是敷衍应付，在学校生活和课堂生活中缺乏基本的文明礼貌，在个人生活和公共事务中不具备良好的道德品格，甚至在很多时候做出不道德的行为，那么这样的教师将对学生的品格发展产生很糟糕的影响。当这样的教师出现在学生的视线中的时候，他就在做着“反道德教育”的工作，最终阻碍学生的品格发展。正因为如此，良好的教师职业道德不仅对于教师本身是重要的，同时对于学生的成长也是非常重要的。

另外，教师职业道德不仅可以对学生的道德发展起到促进的作用，同时教师在职业工作中所体现出的对学生的热爱、期望等也会形成良好的心理氛围，有利于学生良好的学习动机的形成和心智成长。一个有着良好的职业道德的教师，他必然对教育工作充满着激情，对学生充满着热情。而教师的这种情感将对学生形成积极的**心理暗示**，促使学生以饱满的激情和热情投入知识学习和道德学习的活动之中，促进自身的智力和品格的发展。在心理学中，我们知道有一个非常著名的心理效应——**皮格马利翁效应**（Pygmalion effect）。

教师为什么要高度重视学生内在动机的发动？

皮格马利翁效应

在古希腊神话中，塞浦路斯的国王皮格马利翁是一位非常有名的雕塑家，他的雕刻作品栩栩如生、精致完美。有一天，皮格马利翁精心雕刻了一尊美丽可爱的少女像，由于雕刻的这个少女实在是太美丽了，皮格马利翁竟然深深地爱上了这个“少女”，并给它取名叫盖拉蒂。他还给盖拉蒂穿上美丽的长袍，并且拥抱它、亲吻它。

他每天凝神注视着这位美丽的“少女”，他渴望自己的爱能被“少女”接受。

有一天，皮格马利翁回到家后，继续凝神注视着少女的雕像。这时，雕像竟然发生了变化，它的脸颊慢慢地呈现出血色，它的眼睛开始释放光芒，它的嘴唇缓缓张开，露出了甜蜜的微笑。这尊雕像居然活了，真的变成了一位美丽动人的少女。

皮格马利翁效应告诉我们，对一个人传递积极的期望可以形成积极的心理暗示，这可以促使他进步得更快，发展得更好。反之，向一个人传递消极的期望则会使人自暴自弃，放弃努力。皮格马利翁效应在学校教育中表现得非常显著。那些受到老师喜爱或关注的学生，总是更容易获得好的学业成就，而那些总是遭到老师漠视的学生，则可能自暴自弃、一蹶不振。这也说明，具有良好的教师职业道德的教师，他们可以通过自身对学生的热爱、对教育工作的热爱，充分关心和爱护每一位学生，给予学生积极的心理暗示，从而形成积极的皮格马利翁效应。教师通过这种积极的关爱和心理暗示，可以推动学生以更饱满的热情投入学习活动当中，从而深深地影响学生的心智发展，促进学生的品格完善。

三、教师职业道德对社会的促进功能

教师职业道德对社会也有非常重要的促进作用，表现在以下三个方面。

（1）教师的职业劳动也是社会生产劳动的重要组成部分，教师通过对受教育者（学生）的塑造和培育参与了社会**物质文明**的建设，促进了社会的发展。按照当前比较流行的人力资本理论来分析，受教育者（学生）最终会成为生产力的关键要素，教师能否培育出学生的全面能力，对这一生产力的关键要素影响深远。因为，年青一代是整个社会发展的基础性力量，他们决定了我们这个社会的生产力水平和物质文明建设的高度。当教师能够通过自身良好的职业道德和工作态度来做好教育工作的时候，他们就能够更好地培养出社会发展所需要的人才，促进社会文明的进步。教师在教育过程中所传递的知识、技术，有利于促进整个社会知识和技术的发展；通过教师的教育活动，这些知识和技术将以更有效的方式被传递给学生。并且，通过学校的教育和教师的工作，知识和技术事实上不断被突破和更新，新的生产力和物质文明正是在技术和知识的不断更新中完成的。所以，虽然表面上教师没有直接参与整个社会的物质建设，没有直接参与社会生产力的重构，但是事实上教师在社会生产力的进步和社会物质文明的建设中发挥着不可或缺的作用。教师的作用是不可替代的，因为教师培养出了可以发展生产力和物质文明的人，而这是一切社会进步的基础。

（2）教师职业道德影响整个社会的**精神文明**建设。实际上师德是社会道德的重要组成部分，除了它本身的高低是直接构成社会道德水平高低的一部分之外，它还可以以身示范，成为

“社会的良心”，带动社会道德水平的提升。整个社会的精神文明建设是由各行各业的人们共同来完成的。社会精神文明建设需要在整个社会范围内形成良好的精神氛围和道德氛围，使社会的道德文明风尚得到显著的提升。而在社会精神文明的建设中，教师的作用是非常明显的。教师往往被视为整个社会的道德楷模，所谓“学为人师、行为世范”“学高为师、身正为范”，这表明教师不仅是知识的传递者，同时更是整个社会的道德榜样，对社会的精神文明具有引领和示范的作用。一个品德不良的教师可能被整个社会所唾弃，对整个社会产生极其不良的道德影响；而一个品德高尚的教师或者一个无私奉献的教师，则可能通过自身良好的道德修养和人格品质被社会所赞扬和称颂，成为整个社会的道德榜样。这样的教师可以引导整个社会道德风尚的形成，真正做到“行为世范”。因而，我们也可以看到，教师的职业道德和品格修养对于整个社会的精神文明建设具有非常重要的作用，它可以直接带动整个社会道德水平的提升。

（3）教师的职业工作实际上是**社会生活重构**的基础工程。教师通过自身也通过自己的“产品”直接或间接地参与良好的人际关系和社会生活的重建。中国有一句令人深思的口号就是“振兴民族的希望在教育，振兴教育的希望在教师”。实际上我们可以进一步认为，“提高教师素养的希望在教师职业道德的养成”。良好的职业道德可以推动教师不断去反思、去开拓、去学习、去创新，以敬业和爱业的精神状态投入教育工作中，全方位地提升自己的教师素养和职业水准。通过职业素养的提升，教师可以更好地为整个社会生产出更多的“优良产品”，而这些“优良产品”将直接或者间接地促进社会生活的发展和重建。因而，虽然从表面上看教师的工作局限于狭小的学校空间和课堂空间，是围绕着“三尺讲台”的工作，但实际上教师职业工作的影响却远超“三尺讲台”，而进入无限广阔的社会生活领域，对社会生活的发展具有十分重要的影响。没有教师兢兢业业、认真负责的教育工作，没有教师所培养出来的优秀人才，整个社会生活都将处于停滞的状态，社会物质生活和精神生活的发展都将受到严重的阻碍。因此，我们必须把教师职业看作是整个社会的一项基础性职业，把教师的职业道德看作是整个社会的基础性的道德构成。我们必须更加重视教师职业道德素养的提升，这也是为了促进整个社会道德素质和精神文明的进步。

本章小结

1. 教师职业道德的重要意义	● 教师在职业工作中必须处理好特殊的人际关系以及道德关系，这就需要教师具备优秀的职业道德素养 ● 教师的教育工作本身就是一项伦理活动，它不仅是教知识，同时也是在教道德；知识传递与道德教化在教师身上是统一的。正因为如此，教师需要特殊的职业道德规范来约束和引导职业行为，实现职业工作的升华
2. 教师职业道德的内涵与特性	● 教师职业道德的内涵 教师在职业活动过程中所应当遵循的，用以调节教师职业工作中教师与学生、教师与集体、教师与社会等关系的道德规范和行为准则的总称 ● 教师职业道德区别于其他类型的职业道德的特性 ➢ 教育性 ➢ 自觉性 ➢ 整体性
3. 教师职业道德的基本功能	● 可以对教师起到道德引导和规范的作用，促使教师提升自我的职业道德修养，改善自身的职业能力 ● 可以通过教师的道德示范作用对学生展开隐性的道德品格教育，促进学生的道德成长 ● 可以通过教师富有成效的教育工作为社会培养有用之才，促进社会的物质文明建设和精神文明建设，实现社会生活的重构

总结 >

关键术语

职业道德 professional ethics	教师职业道德 teacher’s professional ethics

章节链接

本章内容中关于教师职业道德的内涵、特征以及功能的阐述与第一部分第二章“教师职业道德的基本范畴”，以及第二部分第三章中“教学伦理的内涵及基本特征”、第四章中“科研伦理的内涵及基本特征”、第五章中“社会伦理的内涵及基本特征”等有密切的联系。

应用 >

批判性思考

1．在现实生活中，我们可以看到一些教师为了追求个人的名利，片面追求考试成绩和升学率，违反国家有关规定在节假日进行强制性的补课。这些活动极大地增加了学生的学习负担，同时也导致了教育的异化。请您思考：这些教师的做法是如何违背了教师的职业道德？除了教师自身之外，还有谁应该为此承担责任？补课就一定违背教师职业道德吗？如何区分、处理补课活动中的伦理问题？

2．在一线教学中，我们发现一些教师喜欢给学生"贴标签"，比如，将某些学生视为"优生"，某些学生视为"差生"。教师往往把自己的注意力放在"优生"身上，而总是有意无意地忽略"差生"。请您分析，教师的这种做法违背了教师的哪些基本职业道德规范？您觉得作为一名教师，应该如何避免这种"贴标签"的行为？

体验练习

以下这些测试题有利于您了解教师职业道德的基本内涵、特性以及功能，请从A、B、C、D四个选项中选出您认为最合适的选项。

1．在课堂教学过程中，您是否会把"教知识"和"教道德"结合在一起？（　　）

A．从来不会　B．不会　C．经常会　D．偶尔会

2．在教学过程中，您是否会遵守教师职业道德的基本要求？（　　）

A．自觉遵守　B．常常违背　C．被动接受　D．看情况

3．您觉得，教师职业工作的一个显著特点是（　　）。

A．教育主体与教育手段的同一性

B．教育主体与教育目标的同一性

C．教育内容与教育目标的同一性

D．教育方法与教育内容的同一性

案例研究

浙江省温州市某中学学生包梦辰（化名）回忆，自己刚上初中时，由于家里出了一些事情，他上课时老走神儿。有一次，班主任当着全班同学的面挖苦他说："你爹妈真会给你起名字，还叫梦辰，难怪生下来就不行，每天都像在做梦一样！"这句话深深地伤害了包梦辰，他无法理解老师为什么要这样批评自己，并且是当着全班同学的面批评自己。

他本来就因为家里出事而心情郁闷，老师的话就更像一把尖刀，再一次刺进了他的心里，让他变得更加闷闷不乐、沉默寡言，学习成绩也逐步下降。后来，老师干脆让他和所谓“差生”坐在一起。久而久之，他想自己反正是没人管了，老师也不关心自己，越来越无心学习。于是，他的成绩越来越糟糕，而性格也变得越来越暴躁和乖戾。

案例反思：

（1）在这个案例中，教师对于学生问题行为的处置方式是否得当？是否有违教师的职业道德？请予以分析。

（2）如果您是这名教师，您觉得应当如何调整自己？

教学一线纪事

周一下午一进教室，我就瞧见几个学生把头发染成咖啡色。顿时，我的心凉了半截；周一安全课上刚批评班上的歪风邪气，课外活动时又查出三个“炸金花”的来；周二政训时发现班上课堂纪律、作业情况均存在着问题；到周三，一向很好的杨某在课堂上晕倒，我随着120到医院，直到他的父母到场，一切安排妥当。细细想来，这周真是多事之秋，许多问题均赶趟似的接踵而至。难怪常听别人说起，八年级是初中的分水岭，是“黑色的”“动荡的”，现在看来的确不假。

经过我一年的严格训练，学生在思想行为上还出现诸多问题，令人难解。我常常思考，我该怎么做，怎样才能让你们每个人都进步、发展、品行优良。我知道，对于生活在现今这个优越社会环境下的你们来说，“自觉”二字显得力不从心。的确，教育就是一条漫漫长征路，必须得法、对路，让学生能接受，才能取得成效。

不过，我愿意选择这样的挑战。通过不断完善自己，让自己站得高远，才能对学生有所裨益。因此，我从不满足，不断汲取新的知识，师从其他的前辈。但是，就在这个星期，确实让我感到有些棘手。打心眼里说，我喜爱班里的每一位学生，不管是成绩优异的，还是正在蓄势待发的；不管是生动活泼的，还是沉默寡言的；不管是心浮气躁的，还是沉稳宁静的。可是，现实总让人伤透脑筋，我搜索着在大学里学习的高超的手段，回想着七年级共同生活的惆怅与幸福，目光停留在现在的大家身上，内心翻腾不平静。更多地，我想尽力展望我们应该拥有的未来。……

资料来源：甘霖．我与学生的故事——一位一线教师的教学日记［EB/OL］.（2014-06-08）. http://www.edudown.net/teacher/guanli/gushi/201111/33518_2.html

拓展 >

补充读物

1 [德]伊曼努尔·康德. 论教育学. 赵鹏，何兆武，译. 上海：上海人民出版社，2005.

该书讨论了学校教育、家庭教育、知识教育、道德教育等各方面主题，展示了康德对于教育的系统看法。在该书中，康德指出教育是“使人成为人”的艺术，而人也只有通过教育才能成为人。康德发扬了其“永远要把人当作目的而不是手段”的哲学思想，认为教育也应当是“永远把人当作目的而不是手段”的一项活动，教育要以合乎人性的方式来促进人性和人格完善，它的宗旨是提升人的尊严和价值，而不是贬低人的尊严和价值。

2 [德]卡尔·雅斯贝尔斯. 什么是教育. 邹进，译. 北京：生活·读书·新知三联书店，1991.

该书是德国哲学家卡尔·雅斯贝尔斯的经典教育著作，该书探讨了“什么是教育”这样一个经典话题。在该书中，雅斯贝尔斯从存在主义哲学观出发，对教育形成了独到的见解。他指出，教育是人与人之间的灵肉交流活动，教育的本质是一种心灵的对话和理解，教育是人的精神成长的自觉、自主的过程。显然，雅斯贝尔斯对教育的理解直到今天依然具有非常重要的借鉴意义。

3 钱焕琦. 教师职业道德. 上海：华东师范大学出版社，2008.

该书的主要内容包括教育劳动和教师职业道德、教师职业道德原则、师生关系中的道德问题、家校关系中的道德问题等。作者认为，教育劳动是教师职业道德赖以产生的实践基础，也是教师职业道德发挥作用的主要领域。因此，该书从教育劳动的角度切入，细致地讨论了教师职业道德的原则、规范和范畴等基本问题，具有较高的学习价值。

4 Kenneth A. Strike, Jonas F. Soltis. *The Ethics of Teaching.* New York and London: Columbia University, Teachers College Press, 1985.

该书涉及教师职业道德中的惩罚与正当程序、学术自由、师生平等、文化多元和教师专业发展等基本问题。作者认为，教师的第一天职是求索真理，达至卓越，孕育民主。教师要完成自己的天职，就要以职业道德来规范自己的行为，确保学术自由、师生平等，保障每个学生的受教育权利。该书的论述非常富有启发性，对教师职业道德的讨论有诸多创新性的思想观点。

在线学习资源

1. 全国中小学教师继续教育网. http://www.teacher.com.cn/

2. 班主任工作网. http://www.banzhuren.cn/banzhuren/

3. 新华网-教育频道. http://www.xinhuanet.com/edu/xqjy.htm

第二章

教师职业道德的基本范畴

本章概述

本章主要介绍教师职业道德的四个基本范畴，分别是教师的幸福、教师的公正、教师的仁慈以及教师的良心。通过对四个基本范畴的解析和阐述，展示了教师职业工作所应当遵循的基本道德原则，推动教师坚持幸福、公正、仁慈、良心等职业道德取向，实现作为教师的职业价值和职业意义，提升职业工作的道德境界。

结构图

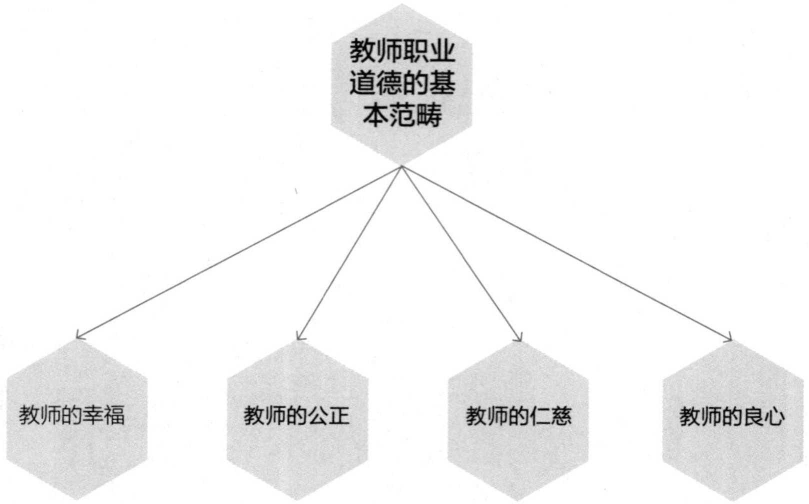

学习目标

学完本章，你应该能够做到：

1. 理解教师职业道德的基本范畴。
2. 理解教师幸福的内涵及其实现。
3. 理解教师公正的内涵及其实现。
4. 理解教师仁慈的内涵及其实现
5. 理解教师良心的内涵及其实现。

读前反思

一个教师在自己的职业生涯中，总是会试图去理解自己究竟应该成为一名什么样的教师，应该遵循哪些基本的道德原则和职业规范。有的教师觉得自己应该成为一名公正的教师，公平地对待每个学生；有的教师觉得自己应该成为一名仁慈而富有关怀精神的教师，关怀和宽容学生；有的教师则觉得自己应该成为一名有良心的教师，坚守道德良心；还有的教师觉得自己应该成为一名幸福的教师，给学生幸福的同时也给自己带来幸福……

在阅读本章之前，请思考一下，公正、仁慈、良心、幸福等职业道德的基本原则究竟具有怎样的内涵？如何使它们成为教师日常教育生活中切实奉行的职业伦理？

- 想一想，教师的公正、仁慈、良心和幸福等职业道德原则的基本内涵，反思一下这些职业道德原则对于教师工作的重要意义。
- 思考一下，什么样的教师更容易获得幸福？教师如何在繁重而琐碎的教学工作中获得幸福的体验？
- 最后，尝试着去规划一下自己的职业生涯，以使自己更好地成为一名践履教师职业道德基本范畴的教师，以达至公正、仁慈、良心以及幸福的道德境界和人生境界。

教师职业道德是由一系列的核心规范及基本原则构成的，它呈现为一定的范畴体系。所谓“范畴”(categories)，是指“反映事物本质属性和普遍联系的基本概念”[1]。教师职业道德的基本范畴，所指的正是教师职业道德中最为核心的道德原则和概念体系，它体现了教师职业道德的本质属性。那么，哪些概念或者原则最能够反映教师职业道德的本质属性，从而成为教师职业道德的基本范畴呢？从教师职业及其特殊的伦理规范体系出发，我们归纳出了教师职业道德的四个基本范畴：一是幸福；二是公正；三是仁慈；四是良心。这四个基本范畴展示了教师职业道德的特殊的职业属性以及道德属性，体现了教师职业道德的核心内涵。本章我们将对这四个基本范畴依次进行解析。

第一节 教师的幸福

学习目标

了解幸福的内涵，教师幸福的内涵、特性及其在现实生活中的实现。

马克思曾经在《青年在选择职业时的考虑》一文中指出：“历史承认那些为共同目标劳动因而自己变得高尚的人是伟大人物；经验赞美那些为大多数人带来幸福的人是最幸福的人。”所以，马克思认为，“在选择职业时，我们应该遵循的主要指针是人类的幸福和我们自身的完美”。[2]教师的职业选择以及职业道德的修养都是与人类的幸福和我们自身的完美亦即个人的幸福密切相关的。如果教师职业道德只是要求教师像祥林嫂那样去片面遵守的规范，我认为这样的道德生活本身就是不可取的。因而，**教师的幸福**是教师的职业道德的出发点和归宿；理解教师的幸福是理解教师的职业道德和教育伦理体系的重要“纽结”。

一、什么是幸福

理解幸福首先要区别幸福和幸福感。幸福是人的目的性自由实现时的一种主体生存状

1 中国大百科全书总编委会. 中国大百科全书：哲学. 北京：中国大百科全书出版社，1987：200

2 [德]马克思. 青年在选择职业时的考虑//[德]马克思，恩格斯. 马克思恩格斯全集：第40卷. 北京：人民出版社，1982：7

态，幸福感则是对这一主体生存状态的主观感受。无论幸福还是幸福感，都以人的目的性及其自由实现为基础。因此，如果我们想要对幸福范畴有一个正确的理解，我们就必须首先对人以及人生的本质属性有一个更深入的理解。

（一）幸福与人生的本质

人与动物的一个根本区别在于，人不是受生存意志所支配的盲目的存在，而是一种自由、自觉的存在，即人能够自觉地意识到自己的生存，并且能够追求自我的价值实现，寻求人生的目的和意义。因此，人的生命并不是纯粹的物理生命的过程，而是一个精神生命的过程。因此，如果以人的生理需要满足为目的，那就是将动物对自然简单适应的规律性理解为目的性。人的目的性是一种完善自我以及追求幸福生活的目标性。人之生虽然以生命过程为前提、为基础，但却不以此为本质。有的学者认为，人的生命具有“三重性”，即“生理生命”、“内涵生命”和“超越生命”。[1]“生理生命”指人作为生物体的存活。“内涵生命”指人生的丰富程度，亦即单位时间里经历的事情越多，内涵生命就越大，就等于延长了生理生命的存在。“超越生命”则不然，它是人对作为人生基础的生理生命及其限囿的超越努力，即人寻找永恒与不朽等真实目的的冲动与努力。

思想家语录

人虽来自于物，却能超越于一切物之上，人是生命存在，却又超越了生命的局限。人就是这样一种仿佛来自两个世界、生活在两个天地，既近于禽兽而又类于天使，身上充满了“二律背反”式矛盾，既“是其所是”而同时“是其所不是”的那种存在。

——高清海，《人就是“人”》

正如高清海教授所言，人的生命充满着生理生命与超越生命的“二律背反”。失去生理生命，人作为肉体不复存在，人生及其目的就无所托付。但是，生理生命只是人生的必要条件而非充要条件。由于人从本质上讲是一种精神性或价值性的存在，所以失去超越生命的特质只顾眼前和肉体存活的“人”实际上不是真正的具有自由意志的人，其生命历程当然也不属于真正的人生。“内涵生命”的范畴非常重要。但内涵生命所指的生命的复杂程度需要作进一步的解释。因为假如人生的丰富是靠生理生命形式的简单重复去实现，那么所谓内涵生命就是指人尽量过花天酒地的生活、尽可能满足不同物欲和寻找满足物欲的尽可能多的自在形式而已。如此丰富的“内涵生命”等于没有“内涵”的生命，所以花天酒地之后必有空虚

1　郑晓江，詹世友. 西方人生精神. 南宁：广西人民出版社，1997：357-358

和迷惘。内涵生命的“内涵”必须寻找价值或人生目的的支撑。有了价值支撑，比如有了超越生命的引导，人的真正的丰富性才能开始（因为它开辟了与动物性生存完全不同的、更合乎人的本质的一大领域），人的生命才具有真正厚重或内涵的特质。由此看来，人生意义的源头在于对人生目的或价值的寻找。而人生目的或价值的寻找的重要性乃是其设计了判断人生质量高低的最根本和最终极的标准。当个体感觉到他找到人之为人的目的，并且他觉得自己的行为是在践行这一目的时，他就会有一种主观上的践行天命的愉悦，这就是幸福感。总之，人生的目的性的实现是幸福的本质性规定，幸福是人的超越生命的自我实现。常常追求幸福却不得要领的关键往往在于不能把握幸福的上述本质。

（二）幸福与快乐

对幸福范畴的正确理解还要与对一个相关概念即快乐的理解结合起来。幸福与快乐非常相似，都是人的主观愉悦状态。古希腊的德谟克里特说过：“一生没有宴饮，就像一条长路没有旅店一样。”[1]可见快乐与幸福一样都有其积极的意义。但也正是因为上述联系，快乐与幸福的混淆是生活中司空见惯的现象。实际上，“快乐”一词虽然也可以包括精神上的愉悦，因而也可以包括幸福在内，但是它主要的内涵仍然是感官上的愉快状态，它主要是一种感性的体验。相反，幸福则包含着显著的理性内容，它并不单纯是一种感性或者感官的体验。因此，幸福与快乐有着非常大的区别，而这一区别对于道德生活来说意义重大。

幸福与快乐的首要或根本区别在于是否具有目的性、意义性或价值性。幸福是生活目的的实现，同时也可以说，幸福就是生活的目的本身。快乐则不然。生活离不开快乐，却不以快乐为最终目的。这是因为感官快乐只是生理欲求的满足，本身无所谓对错或善恶，它的对或错另有标准去判断。比如，人饿了要吃饭，吃饭是人存在的条件，本身无所谓对错或善恶，而吃饭方式的善恶尚需另找标准去衡量。显然，一种尚需别的事物去说明的东西是不足以作为人的本质和人之为人的生活目的的，它永远只具有工具的意义。

思想家语录

既然目的是多样的，而其中有一些我们是为了其他目的而选择的，例如钱财、长笛，总而言之是工具，那么显然，并非所有目的都是最后的目的。只有最高的善才是某种最后的东西。……总而言之，只是那种永远因自身而被选择，而绝不为它物的目的，才是绝对最后的。看起来，只有幸福才有资格称作绝对最后的。我们永远只是为了它本身而选取它，而绝不是因为其他别的什么。

——亚里士多德，《尼各马科伦理学》

1　北京大学哲学系外国哲学史教研室编译．古希腊罗马哲学．北京：商务印书馆，1961：118

因此，无论是吃饭还是吃好一些的饭，都是人生真正目的实现的条件和工具。止于吃饭或吃好饭就是止于人的动物性或生理生命层面。李白诗曰：“五花马，千金裘，呼儿将出换美酒，与尔同销万古愁。”愁什么？愁的是目的性或意义感的丢失。这是“五花马”“千金裘”等所难以取代的，所以才“钟鼓馔玉不足贵，但愿长醉不复醒”。此外，快乐之所以不能作为生活的目标还因为存在着与快乐、快感作为生活目标的反命题：痛苦也是生活中必需的。理由是，没有痛苦绝无快乐。“做一个不满足的人要比做一个满足的猪好”[1]，而人们凭借常识即不能接受将痛苦也作为生活的价值目标。

幸福与快乐的第二点区别在于主体感受上的无限和有限。幸福感具有无限性。幸福感、意义感的获得，是个体意识到自己践行了“天命”（为人的使命）时的愉悦。所以行动之前有憧憬的幸福，行动之中有崇高的愉悦，行动之后有永远的欣慰。比如，一个教师在他认真而且成功的从教过程中的幸福感受。首先，教师在走进一个新的班级时会有一种即将践行使命的愉悦：他知道会有一批新面孔在等着他，就像是一批种子在等待播种。其次，整个教育过程之中他会有一种幸福感，因为他的劳动目标一天天在实现，他常常会有“喜看稻菽千重浪”（毛泽东诗句）的愉悦。最后，当他的教学任务完成以后，他仍然有永远的愉悦。这不是说教育对象以后的发展或发展的前景使他高兴，而是说仅仅是回忆起他的教育过程本身就足以使他具有幸福的感觉。实际上任何自由实现目的的活动都会产生这种超越时空的无限性幸福。而快乐则不然。快乐具有“消费性”。所谓消费性指的是快乐过程具有随欲望的满足而消失的特性。对干渴、饥饿状态的解除会带来饮与食的快乐，但是这一快乐是逐步递减，最终消失，而后走向反面的——饮食过度不仅不快，而且有害。所以快乐本身具有非常大的时空的有限性。有限性既是无目的性或无价值性的结果，也是它们的原因。就是说，正是因为快乐的极其有限，它才不可能作为生活的目标。

幸福与快乐的第三点区别在于有无对于牺牲的超越性。幸福具有享用性。幸福高于快感，同时幸福也超越了“牺牲”。“幸福的行动必定免除了或者说自由于（to be free of）各种计较——无论是自私的还是无私的计较。”[2]所以伦理生活的至境同审美生活的至境在最后总是自然地融通的。幸福的非牺牲性不是说人没有付出，而是说人的付出早已是出于人之为人的本心从而免除了利害计较，得也罢失也罢，并不在他的活动目的或价值关心的范围内。这一点我们只要看一看那些饥肠辘辘的母亲却能幸福地看着自己的孩子吃完最后一块面包之类的例证即可。教师的幸福也正是这样一种超越于个人得失的幸福，在现实生活中也往往是乐于“牺牲”的教师才能获得更多的幸福。

关于这一点，我们可以看看一位从教30年的教师对幸福的理解：

---

1 [德]弗里德里希·包尔生. 伦理学体系. 何怀宏，廖申白，译. 北京：中国社会科学出版社，1988：234

2 赵汀阳. 论可能生活. 北京：生活·读书·新知三联书店，1994：123

再有两年，我就有30年的教龄了，在班主任的岗位上，因为爱，所以幸福。班主任工作是很有挑战性的工作，每一个学生都是一个世界，要想成为每一个学生的朋友，要想得到每一个学生的信任，需要付出很多的心血。但是，这一切都是值得的。因为你得到的将是一个美丽的世界。

当班主任很累，事情很多，很操心，有时还会很心烦。但是，当你看到那一双双求知的眼睛，看到学生很大的转变，变得懂事听话了，就会有发自内心的快乐。工作着，快乐着，幸福着。只有把教育当成一项事业，而不是一个饭碗时，我们才会找到教师职业的乐趣，并在其中收获为人师的幸福和自豪。爱每一个学生，我们都是最优秀的教师；爱每一个学生，我们都是最伟大的教育人。[1]

正如这位教师所说的，教师的幸福需要达到一种“非功利”或“超功利”的境界，一个总是计较个人得失的教师是很难获得真正幸福的。非功利的幸福生活和道德人格由于人的自由本质的灌注必然具有肯定人的特征。幸福生活其实就是诗意人生，道德人格其实就是审美人格，它们都自然地成为主体精神享用的对象。而快感无价值，许诺或追求快感都只能带来人格的畸形。这是因为假如以快乐作为生活的目标，主体所能获得的快乐永远都小于其主观的期待，就像一个守财奴即便是一个亿万富翁他仍然会愁眉苦脸一样。从这一意义上说，快乐与不幸联系在一起。所以真正的道德生活或人的生活只能追求具有价值性、真实性、享用性的幸福目标的生活。

幸福与快乐还有一点区别是幸福具有更强烈、更持久的成就与动力特质。人之所以能在生活中克服千难万险，最根本的在于人有其精神动力或精神支柱。幸福与快乐相比，两者都具有动机色彩，但前者对人的推动更恒久、力度更强。原因在于，快乐与生物性需要的满足相联系，而幸福与对真、善、美、圣等价值追求的超越性需要的满足相联系，幸福即人本质的实现。追求幸福是信徒对神性的追求，是政治信仰者为社会理想的献身行为，也是日常生活中免于计较或超越物质牺牲的痛苦而付出的种种饱含自由意志的努力。所以，人生的主题就是幸福的追求，而幸福获得本身就是一种成就。稍纵即逝或消费性的感官上的快乐显然不可能使主体获得成就感，相反只会有大火之后的灰烬感与虚无感。

幸福与快乐也许远不止上述几点区别。但有一点可以肯定的是，理解幸福区别于快乐对于正确认识幸福概念本身至关重要。

---

1 因为爱，所以幸福[EB/OL].（2014-06-15）. http://www.edudown.net/teacher/shidian/jiaoshi/201401/40028.html

二、幸福与德行

（一）幸福与德行的矛盾

在现实生活中，我们往往看到这样一种矛盾的现象：品行善良的人往往过着凄惨、痛苦的生活，而德行不良的人却是左右逢源、安享幸福。很多人因此而觉得幸福与德行是不一致的，两者可能完全背离。但是，事实上幸福与德行之间是有内在联系的。《尚书·汤诰》中说："天道福善祸淫。"所以人应当"以德祈福"。《洪范》篇中也说："予攸好德，汝则锡之福。……于其无好德，汝虽锡之福，其作汝用咎。"所以，幸福需要以主体的德性作为条件。然而，幸福与德行之间又并不完全一致，这就造成了德与福之间的矛盾。东汉时期的王充曾在《论衡·福虚》中以"尧、舜不赐年，桀、纣不夭死"、秦穆公"有误乱之行，天赐之年"而晋文公"有德惠之操，天夺其命"为例证明墨家笃信鬼神报应的观点的谬误，指出德与福的矛盾。德国的大哲学家康德也说："大家都知道，一个有理性而无偏见的观察者，看到一个纯粹善良意志丝毫没有的人却总是气运亨通，并不会感到快慰。"[1]但是，不论我们是否快慰，实际生活中德福矛盾的例子应当说比比皆是。往往有德性的人不仅俗福不得，有的甚至还有雅福的损失，而道德败坏者却屡屡生活得十分惬意。同时，更没有一个德行与幸福关系上正相关的量的比例。那么德与福之间这一矛盾现象是怎样形成的呢？

我认为，幸福与德行的矛盾的主要根源乃在于德行或德性只是幸福的必要条件而不是充分条件。因此，有德行并不必然就能获得幸福，没有德行则必然很难获得幸福。正如伦理学家石里克所指出的："我们的陈述显然不能断言德行能保证快乐的生活，而只能说，善行导致在生活所给定的外部条件之下可能达到的幸福。"[2]

经典故事

《墨子·公孟》中记载：有一次墨子患病，跌鼻问他，既然鬼神能够赏善而罚恶，为什么像您这样的圣人还生病呢？墨子的回答是，人生病的原因很多，就像一间房子有一百扇门，关闭一扇，小偷还可以从其他门里进来。孔夫子被围陈蔡之间七天，饮食皆无。孔子的解释是"时"不好，而"君子博学多谋，不遇时者多矣"。

的确，许多主观和客观的原因给德与福之间的必然联系加进了许多偶然性，使之常常出现断裂，形成幸福与德行的矛盾。对人来说，仅仅指出德福矛盾是远远不够的。如果看不到

1 [德]伊曼努尔·康德. 道德形而上学原理. 苗力田，译. 上海：上海人民出版社，2005：9
2 [德]石里克. 伦理学问题. 张国珍，赵又春，译. 北京：商务印书馆，1997：168

问题的另外一面，就可能走向人生的消极一面。《列子・力命》中就说："可以生而生，天福也；可以死而死，天福也。可以生而不生，天罚也；可以死而不死，天罚也。"所以"天地不能犯，圣智不能干，鬼魅不能欺"。人只能"平之宁之，将之迎之"。道家的结论是：任天顺命。

（二）幸福与德行的一致

实际上，幸福与德行的矛盾丝毫不能否定德与福的一致性。幸福与德行的一致，可以从两个方面加以说明。

第一，从总体上说，**德福一致**具有必然性。就是说，从人群中的大多数情况和历史上的大多数情况来看，德行与幸福是基本一致的。这既有功利上的原因，又有文化上的原因。首先，所谓功利上的原因，是指道德本身是一个具有客观性的利益调节器，其分配原则当然是按"德"分配。所以即使是俗福，德与福也是基本一致的。其次，人是文化性或社会性的动物。道德是文化的因子之一，其制约人的方式是良心与社会舆论。所以一个人不具备起码的德性、没有德行，他就很难为社会接纳。这样的人始终是孤独和不幸的。所以我们说，从总体上说，德福一致具有必然性。

《韩非子・解老》中韩非子是这样解释老子的"祸兮福之所倚"的："人有祸则心畏恐，心畏恐则行端直，行端直则思虑熟，思虑熟则得事理，行端直则无祸害，无祸害则尽天年，得事理则必成功，尽天年则全而寿，必成功则富与贵，全寿富贵谓之福。而福本于有祸，故曰：'祸兮福之所倚。'以成其功也。"[1]祸与福之间的中介是德行。反之，有福之人如果骄傲、邪僻，失去德行，则出现"福兮祸之所伏"的局面。可见，由福而祸的中介是失去德行。所以"德性与幸福并不仅仅是偶然地通过神灵的中介而发生联系，而是出自事物本性的联系"[2]。幸福的前提条件之一是德行，德行与幸福是基本一致的。

德国伦理学家包尔生针对人们对德福矛盾的困惑与震惊说："这些现象吸引人们如此多的注意、引起如此的义愤的事实看来却正好说明：这些现象并不是常规，而是例外。""如果这些事件不是违反事物的本性，它们不会引起这样的激动。"[3]

第二，从**雅福**的角度看，德与福是一种等同关系，具有一致性。所谓从"雅福"的角度看，实际上就是从幸福的精神性这一立场出发看问题。从这一立场看，德行本身就具有自我肯定、超越牺牲的性质。孔子说："君子道者三，我无能焉：仁者不忧，知者不惑，勇者不惧。"[4]所谓"仁者不忧"，其实就是有德性的人的一种幸福。正是因为如此，才有孔颜之乐的

1　当然，关于祸福相倚的解释，韩非的说法只是一家之言。——作者
2　[德]弗里德里希・包尔生．伦理学体系．何怀宏，廖申白，译．北京：中国社会科学出版社，1988：342
3　[德]弗里德里希・包尔生．伦理学体系．何怀宏，廖申白，译．北京：中国社会科学出版社，1988：343，344
4　论语・宪问

根据。包尔生也说："外在的幸福并不总是落到明智和有德性的人身上，但有德性者也倾向于认识到这一点，即使他没得到它，他也能确实地在他心中发现幸福。"[1]德性与雅福之间的等同关系更能够体现伦理学上德福一致原则的精神实质。

由于真正有一定德性的人实践德行实际上就是实践其人格的追求，所以德行本身具有自我实现的意义。即使千辛万苦，道德主体也有践行天命的神圣与愉悦。这正是那些恪守道德，宁为玉碎不为瓦全的人格的动力所在。杀身成仁的可能性也由此产生。

（三）德福一致的意义

德福一致的意义非常重大。这主要表现为社会和个人两个方面。从社会的角度看，如果没有德福一致原则的总体存在，就会出现严重的道德失范、社会危机。这或者是社会的原因，或者是道德本身的问题。但德福一致原则的破坏肯定会影响、破坏社会必需的稳定与进步。从个体角度看，没有德福一致的原则，**道德生活**就是一种无意义的纯粹的牺牲。这样的道德生活即便有某种合理性，也是极不人道的。同时，由于道德努力得不到肯定，个体肯定会走向这一道德规范的反面去寻求更合目的性的生存方式。所以，对于一个健康的社会或一个正常的个体而言，德福一致原则的存在是十分重要的。

德福一致的原则对于理解**教师伦理**体系和实际的道德生活也具有重要意义。因为只有德福一致的道德生活才是值得追求的；只有德福一致，伦理规范才能确立自己的存在根据。从本书的逻辑结构来看，正是因为我们认为幸福范畴是所有教师道德范畴如教师的公正、仁慈、义务、良心、人格的起点和归宿以及联系它们的纽带，我们才选择在教师伦理范畴体系中首先讲述教师的幸福。

一个有趣的例子是，我们一直将教师的生活比作燃烧的红烛，燃烧自己照亮别人。从上述立场出发，应当说这一比喻是有缺陷的。红烛的比喻只看到教师的无私奉献和崇高的牺牲精神的一面。教师的工作并不只是牺牲，教师在奉献的同时不仅有收获，而且这一收获具有强烈的意义色彩。教师的德行与教师的幸福密切相关。

三、教师的幸福及其特性

教师的幸福就是教师在自己的教育工作中自由实现自己的职业理想的一种教育主体生存状态。教师的幸福也称教育幸福。对自己生存状态的意义的体味构成教师的幸福感。教师的幸福有以下几个主要特性。

1　[德]弗里德里希·包尔生. 伦理学体系. 何怀宏，廖申白，译. 北京：中国社会科学出版社，1988：342

1. 教师幸福的精神性

教师幸福的精神性首先表现为劳动及其报酬的精神性。这里并不是反对给教师改善生活待遇，也不是说教师只有苦而没有乐。而是说在物质待遇既定的情况下，教师生活有恬淡人生、超脱潇洒——或者说有“雅”的一面。教师的报酬实际上也的确不止于物质生活。学生的道德成长、学业进步，进而对社会做出的贡献，都是教师生命意义的确证。师生之间在课业授受和道德人生上的精神交流、情感融通都是别的职业所难以得到的享受。教育主体只有充分认识这一精神性质才能发现包围自己的人生诗意。

孟子曰：“君子有三乐”，“父母俱存，兄弟无故，一乐也；仰不愧于天，俯不怍于人，二乐也；得天下英才而教育之，三乐也”[1]。将“得天下英才而教育之”与“父母俱存，兄弟无故”的天伦之乐、“仰不愧于天，俯不怍于人”的德性生活之乐相并列，而称之为“三乐”，表明孟子作为人师对自己职业重要性的充分肯定；同时，这一肯定中也明显含有对教育劳动的精神审美意蕴。的确，“教师只有摆脱了职业感的束缚，不把教当成谋生的手段，而是出乎自己的需要，像孟子那样以得天下英才而教之为乐，那么他才能在教的活动中自由地、有创造性地发挥自己的全部才能和力量……只有当教、学双方在互动之中都抛弃一切世俗的、外在的各种顾忌，沉浸在艺术的创造过程之中，才能达到‘孔颜乐处’的境界”[2]。

关于这一点，请看一位教师的教育感言：

我没有美丽的外表，但我很幸福；我没有超人的智慧，但我很幸福；我没有太多的财富，但我依然很幸福；因为我是一名光荣的人民教师。

从业之初，当教学的担子沉沉地压在我肩头的时候，当教育的烦琐深深地困扰着我的时候，我彷徨过、退缩过。就在这时，是身边的老教师们及时帮助了我，他们以身作则，就像辛勤的农夫，精心耕作着，为我树立了最好的榜样。慢慢地，我了解到生活的目的不在于显耀和享受，而在于精神上的充实和事业上的成功。和朋友们聚会时，他们往往羡慕我：“还是你好，一年有两个假期，工作稳稳当当。”对此，我总是报之一笑，也不愿解释，说多了，他们会以为我言不由衷。要说工作的苦和累，也许只有教师自己才能体会得到。但我们依然干劲十足，其中的力量来自我们不断发展的学校，来自我们充满朝气的年级组，来自每位学生的点滴进步。青年教师将青春年华扎根于三尺讲台，执着追求；中年教师们将家庭搁置一旁，无怨无悔；全体教师以校为家，无私奉献。是啊，起始于辛劳，收结于平淡，这就是我们教育工作者的幸福所在。[3]

1　孟子·尽心上

2　周浩波，迟艳杰. 教学哲学. 北京：人民教育出版社，1993：100-101

3　教师幸福感言[EB/OL].（2014-06-15）. http://www.diyifanwen.com/fanwen/jiaoshixindetihui/135421531319979.htm

事实上，正是因为教育劳动的精神性，在人们的心目中，教师始终有着崇高的地位。在中国，早在先秦时期，荀子即将教师地位提高到与“天地君亲”相并列的高度，要求统治者“贵师而重傅”[1]。其后中国人也一直认为教师“有父之亲，有君之尊”[2]。其他各民族的文化中也存在着同样的对于教师的尊重。报纸上曾经报道说，以色列人认为，在发生大火或其他灾难时如果只能带走一样东西，这件东西不是珠宝，而是书本；如果只能救一个人，这个人不是自己的亲人，而只能是自己的老师。可以这样说，以色列民族之所以历经磨难而屹立于世界，以色列人之所以能够在思想、科学、商业等事业中令世界刮目相看，秘密即在他们对教育与教师重要性的充分认识。1995年颁布的《中华人民共和国教育法》曾经在其总则第四条明文规定：“教育是社会主义现代化建设的基础，国家保障教育事业优先发展。全社会应当关心和支持教育事业的发展。全社会应当尊重教师。”上述规定在《中华人民共和国教师法》（1993年）和其他法规中有更具体和明确的规定。从世界范围来看，除了对教师劳动的普遍尊重的规定之外，一般还有对教师人格和尊严保护的严格规定。同样对尊严或人格的侵犯，在教师问题上往往会有更严厉的处罚规定。原因之一也在于教育劳动的精神性、人格性决定着必须确保对教师的崇高地位的尊重。由于教师及其劳动的崇高地位，决定着教师有可能在这一特殊的尊重中收获职业的意义——换言之体会自己的幸福，所以教师的幸福体验也具有精神性：教师的幸福与教师的荣誉联系密切。

2. 教师幸福的关系性

台湾教育家高震东先生曾经在自己著作的扉页上写下了这样一句话：“爱自己的孩子是人；爱别人的孩子是神。”[3]的确，教师应当是“爱别人的孩子”的“神”。

教育幸福的特点之一就是关系性或给予性与被给予性。这一特征的表现有二。第一，学校教育中教师的使命是给予而非索取。这只要对比一下一般的“师徒”关系与“师生”关系在性质上的区别即可。前者希望倾其所有、无条件地教育学生。作为人梯，所有的教师都希望自己的学生有卓越的表现——最好能够超过自己。而无论是教授武功的师傅，还是手工艺方面的师傅，总是要在教授一些内容的同时，保留一些绝活的秘密，非嫡亲者不予传授——这是他们保护自己生存的必须。给予性的第二个表征是教育劳动的成果必须建立在交流之上，必须通过对方才能肯定自身——教师的幸福是被给予的。教师只有全身心地将自己对学生的热爱给予学生，才能建立真正的“主体际性”，才能进行有效的工作。教师也只有进行了富于热情和智慧的给予才能从自己的教育对象身上看到自己的劳动成果，进而实现精神享用——体验幸福。当然被给予也包括那种直接来自于学生的积极反馈，来自学生对教师的爱

---

1 荀子·大略
2 （清）张履祥. 愿学记
3 林崇德. 教育的智慧——写给中小学教师. 北京：开明出版社，1999：36

与付出的回馈。

请看下面一则教学案例：

记得今年3月22日，那是个阴沉灰暗的日子！那一天，我在家里楼梯层不慎摔倒，疼痛使我失去知觉。经医生诊断，为腰骨骨折，需卧床两个月。我心急如焚！我怎能离开讲台，离开我的学生？可我连行走都不便，我还能上课吗？情非得已，我躺在了苍白的病床上。刹那间，世界变得死一般寂静。

在医院里度日如年躺了十多天，好不容易回到家里静养。孩子们奔走相告："王老师回来了！王老师回来了……"病床前围得水泄不通，孩子们热切的目光炽烤着我，那一刻我被融化了……

每天来探望的学生和家长不计其数，鲜花成了病房里一道亮丽的风景，水果的芳香弥漫着整间屋子。突然，一双小手灵巧地在我面前展开了一条红毛巾，里面包裹着6个硕大无比的鸭蛋，挤挤挨挨的，仿佛还能感觉到热气。我定睛一看，原来是班里的王伟奇——一个一直被我视为调皮大王的同学。看到我看他，他腼腆地一笑，低声说："老师，趁热吃吧。我妈说鸭蛋最补身子。"一瞬间，一股暖流涌上我的心头，我的眼睛湿润了：多么可爱的孩子！他在这种特别的时刻，用他特别的方式，表达他对老师的爱意。我忽然有些惭愧，为自己曾经对他的疾言厉色，为自己曾经对他的放弃而惭愧、内疚。[1]

点评：在这个案例中，我们看到了一位幸福的教师，她热爱自己的教育事业，热爱那些稚嫩的孩子们，在她的教育活动中她几乎付出了自己的全部。而当这位教师病倒以后，学生和家长纷纷慰问这位教师，给予教师以爱和关怀。教师在给予与被给予的过程当中，体验到了前所未有的幸福。教师幸福的给予性本身倒过来也能够说明为什么教师的幸福是一种精神性的"雅福"，因为它超越了一己之私。也正因为它超越了一己之私利，使得教师能够获得学生以及家长的最真实的情感回馈，从而在内心里体验到真正的幸福。

3. 教师幸福的集体性

教育劳动的特点之一是它的集体幸福与个人幸福的统一的集体性质。任何一个学生都是教师集体劳动的结果，也是学生集体劳动的结果。因此，教师的幸福及其体验既具有一般幸福所具有的个体性，更具有集体的性质。一般说来，教师在教育工作中至少直接存在这样四种合作关系，即教师个体与学生个体之间、教师个体与教师集体之间、教师个体与学生集体、教师集体与学生集体之间的合作关系。一个优秀的学生，我们可以说是某某老师的学生，也可以说是某某学校、某某班级的学生。因此，教师的幸福具有合作性与共享性，也具

1　王玉华. 浅谈教师的付出与回报[EB/OL].（2014-06-15）. http://www.fjzzjy.gov.cn/newsInfo.aspx?pkId=94490

有超越性。共享性是指属于一个集体的成员都可以享用同一个幸福；超越性是指教师由于劳动的集体性质，必然具有与人积极合作而不是恶性竞争的特点。因此，教师的幸福建立在超越个人打算或个体利益计较的基础之上，教师的劳动与幸福都具有在境界上相对崇高的特征。

4. 教师幸福的无限性

教师的幸福具有效果上的无限性，这表现在时间和空间两个维度。

时间上，教师的幸福是无限的。教师对学生在人格与课业上的影响具有终身性质，通过学生，教师的劳动与生生不息的人类文明联系在一起。因此，教师所收获的幸福也是超越时间限制的。一个教师即使退休了，或者停止了作为教师的职业生涯，也丝毫不妨碍其学生对他的永远尊敬，不影响他本人对所从事过的这一事业的美好、劳动成果（有出息的学生）的美好回忆。教师幸福的无限性与教师劳动的精神性、给予性有密切的联系。

空间上，由于教师的劳动产品与社会网络联系起来，教师的劳动效果就远不会局限于某一个校园之内。一代一代的伟人、一代一代的普通劳动者都是由于教师的劳动而对世界的进步做出伟大的贡献的。教师因而可以通过自己的劳动对整个世界的影响而理解工作的意义，体会自己的成功。所以，教师的幸福具有空间上的无限性。

四、如何做一名幸福的教师

教师之乐

正如前面我们已经说过的，幸福是一种自由自觉的主体性存在状态，是主体在实现自我的目的性或者价值追求的过程中所感受到的一种精神的愉悦与满足。因此，幸福和主体自身的能力和创造有很大的关系，而教师的幸福和教师的能力与创造性也紧密相连。因此，做一名幸福的教师，不仅需要一定的客观条件（比如和平的环境、不断发展的社会），更为重要的是需要一系列的主观条件，从而更好地实现教育幸福。

（1）教师要充分认识自己的**职业意义**，同时提升自己的道德水平和人生境界。教师要了解自身的职业工作的“天命”之所在，理解教师职业的神圣性与荣耀性。换言之，没有对教育事业神圣性的体验的人，无法体味教师的幸福。因此，教师要不断地提升对职业工作的神圣性的认识，理解自身所肩负的教育使命。同时，教师也必须在职业工作中不断提升自身的德性水平和人生境界。一个没有较高精神追求的教师、一个缺乏起码道德水平的教育工作者极有可能像许多误入歧途者一样沉溺于感官生活，习惯于病态的幸福，从而失去对真正幸福的感受力和创造力。优秀的教师总能让自己超越感官快乐的享受，进入理性与道德的境界，承担教师的职业使命。只有这样的教师，才能真正获得职业工作的幸福；同时也只有这样的教师，才配享有教育的幸福。

（2）教师应当具有良好的知识结构。这一知识结构主要包括本体性知识、背景性知识和条件性知识三类。本体性知识是指教师所教科目的学科专业知识。背景性知识实际上是教师应有的综合性的文化涵养。条件性知识是指教育学、心理学知识，包括对教学过程规律性的认识，对教育对象的了解，等等。在我国，随着教育事业的发展，教师的本体性知识已经渐渐不是最主要的问题。相关研究也表明，教师的本体性知识与学生的学习成绩之间不存在统计上的高相关。[1]因此，制约教师成功的知识瓶颈主要是文化性（背景性）知识和条件性知识。我们知道，教育家的知识不同于科学家的知识的一个重要特征是一种重新组织起来易于为学生接受的知识。一些心理学家认为它应是“心理学化”的知识。我们认为，教师的知识不仅是“心理学化”的学科知识，而且必须是“文化化”和“生活化”的知识。没有对学生及其学习机制的切实了解，没有民族和世界文化的整体支撑，不能将学术语言生活化，一个教师即便能够从事教育教学工作，他也是一个枯燥乏味、没有成效的教师。这样的教师，“学生听其课味同嚼蜡，躲其课不以为害，评其课嗤之以鼻”[2]。而失败的教师当然是不能收获教育幸福的。

（3）教师必须具有高超的**教育能力**。这里的教育能力是教育劳动的实践能力。韩进之教授认为教育能力包括教学能力，言语表达能力，教育观察力，注意分配的能力，思维的系统性、逻辑性和创造力，教育想象力和教育机智。[3]林崇德教授将之概括为“教师的教育监控能力”，包括对教育活动的计划安排，对这一活动的监察、评价、反馈，以及对教育过程的调节和校正能力。[4]林崇德教授还认为，“优秀教师＝教育过程＋反思”[5]。我们知道，教育活动的特点是一种心心相印的主体际性的交流活动。教育过程中充满变数，因此教育不仅是一个严谨的知识授受过程，也是一个充满灵活性、创造性的艺术过程。没有包括教育监控能力在内的实际工作能力的教师就不会收获教育的成功，更不会体验教育的幸福。

（4）教师还应当具有审美的素养。**幸福能力**从某种程度上讲就是一种对主体自由的审美能力。幸福感就是一种生活的美感，因此缺乏美感的人也一定缺乏幸福感。要收获教育幸福，教师既要有较高的精神境界、创造性的教育能力，还应当具有对教育活动过程以及教、学双方的审美能力。这一审美能力既是乐教、乐学的中介环节，也是激发进一步创造性的重要因素。教师应当自觉掌握教育的审美评价尺度，学会以审美的心态看教育、看学生、看自己。审美是发现幸福、创造幸福的重要法宝。这也正是我们近年来不断呼吁建立教育活动第三标准（即审美标准）的重要原因。

1　林崇德．教育的智慧——写给中小学教师．北京：开明出版社，1999：38
2　王均平．大学师德建设的现状及改革对策．高等教育研究，1997，(3)：75-79
3　韩进之．教育心理学纲要．北京：人民教育出版社，1989：558-563
4　林崇德．教育的智慧——写给中小学教师．北京：开明出版社，1999：47
5　林崇德．教育的智慧——写给中小学教师．北京：开明出版社，1999：50

第二节 教师的公正

教师职业道德的核心原则

学习目标

了解公正及教师公正的内涵、特性，以及教师公正在现实教育工作中的实现。

公正或正义一直是人类社会的普遍的道德法则，是我们孜孜以求的价值生活目标，也是伦理学思想史一直不断探究的一个核心概念。公正是一个社会性、历史性的范畴，在阶级社会中还有阶级性。但是公正本身又有它统一的规定性。正是这一统一的规定性使公正成为千百年来人类社会孜孜以求的美好目标。那么什么是公正？如何理解公正范畴？这就必须对公正原则的特性、内容和类型有一个基本的了解。

一、什么是公正

（一）公正的内涵

公正原则说到底是一种处理利益关系的原则。美国伦理学家、乔治敦大学教授汤姆·L.彼彻姆（Tom L. Beauchamp）说："一切正义理论共同承认下述最低限度的原则：同样的情况应当同样地对待——或者，使用平等的语言来说：平等的应当平等地对待，不平等的应当不平等地对待。这项基本原则通常称为'形式上的正义原则'。"[1]那么，公正原则应当包括哪些具体内容呢？我们认为，公正原则如做进一步的分解，可以理解为两条基本原则：一是报偿原则；二是承诺原则。

所谓报偿原则，即权利原则，意思是主体的贡献等于或者不小于（≥）应得的权益，类似于"按劳分配"原则——多劳多得，少劳少得，不劳动者不得食。对于每一个有劳动能力的人来说，这样一个社会主义的分配原则是公正的。但是在市场经济条件下，我们对"劳动"概念要加以限定，就是劳动必须是有效或创造了价值的劳动。无效的劳动与有效的劳动获得同样的报偿，显然也是一种不公正。所以依据"贡献"作为标准是比较合适的。

报偿原则的基本要求是贡献等于或不小于应得权益。这是因为贡献若小于权益，就意味着剥夺别人的劳动成果，这当然是不公正的；而贡献若大于权益，就意味着被剥夺，当然也是一种不公正。当然如果主体的觉悟较高，愿意奉献自己的爱心，这是仁慈或慷慨的美德，当然是无可非议、值得提倡的，但这已超越了公正原则。所以，在权益分配上的公正应当是要求贡献等于或不小于应得的权益。

1 [美]汤姆·L.彼彻姆．哲学的伦理学．雷克勤，等译．北京：中国社会科学出版社，1990：330-331

同理，报偿原则的消极方面就应当是恶有恶报，惩罚与恶行的程度相当。惩罚实际上就是对作恶所造成的不公正的一种“补偿”，是“重建平等”。亚里士多德将它称为与分配正义相并列的“补偿正义”[1]。

所谓承诺原则，也可以称为义务原则，它的内涵是权益应当小于或等于（≤）主体所承诺的义务。这是第一个原则的延伸，是一个与职业道德联系密切的原则。任何人都有自己的权利和义务。在自己的岗位上，若希望自己承担较小的义务却希望获得较大的权益，那么他就是希望无条件地收获别人的劳动成果。同时，如果承诺的义务可以小于权益，那么就整个社会而言，也不可能。所以，只有当承诺并且践行的义务大于或等于自己收获的权益时，社会发展才能正常，人际关系才能理顺，否则就只能承认和导致不公正。

（二）公正的特性

公正必须具备的特性有以下三条：（1）对等性；（2）可互换性；（3）最终价值判定的依赖性（有利于社会发展和个人幸福）。

何谓对等？对等就是指主体对人、对事要一视同仁，适用同一个规则或标准。以一个标准对别人而以另外一个标准对自己，就叫偏私，当然就是不公正了。比如在古代社会，君主对自己的标准和他对臣民的标准就是不一样的，所以以现代人的眼光看，奴隶社会和封建社会的整个体制就是不公正的。这正是历史上的历次革命发生的原因。由于公正具有对等性，所以人们往往容易将公正错误地理解为平均主义。

可互换性是对等性的要求和保证。要真正做到对人对己用一个标准，就必须能够让自己处在对方的位置时，仍然接受自己原先承认的法则。所谓“己所不欲，勿施于人”是也。否则，就只是自以为公正的伪“公正”。

对等性与可互换性的另外一个著名的阐释是美国伦理学家罗尔斯（John Rawls）的“无知之幕”。罗尔斯说，在确立公正原则时“我们必须以某种方法排除使人们陷入争论的各种偶然因素的影响，引导人们利用社会和自然环境以适于他们自己的利益。因而为达此目的，我假定各方是处在一种无知之幕的背后。他们不知道各种选择对象将如何影响他们自己的特殊情况，他们不得不仅仅在一般考虑的基础上对原则进行评价”[2]。这样，原始的契约状态的改变就可以使有关正义问题上的偶然性得以排除。另外一个有趣的例子是古希腊神话中正义女神的形象是手持天平，双眼被蒙住。这一形象设计所表达的对公正的客观性的理解与罗尔斯的“无知之幕”十分类似。

但是，双方都认可的对等、可以互换或客观性的标准并不能保证这一标准本身是正确或

1　[美]汤姆·L. 彼彻姆. 哲学的伦理学. 雷克勤，等译. 北京：中国社会科学出版社，1990：332-334
2　[美]约翰·罗尔斯. 正义论. 何怀宏，等译. 北京：中国社会科学出版社，1988：131

公正的。比如，合谋抢劫对合谋者而言都是对等而且可以互换的，但不能说明抢劫他人是公正的。又如，美国电报电话公司（AT&T）在1971年曾经受到违反“反歧视法”的指控，它被认为对少数民族和妇女雇员在报酬上有歧视现象，并为此付出了高达1500万美元的赔偿。但在20世纪60年代“反歧视法”在美国通过之前，AT&T就不可能面临这类指控。更进一步地说，在旧时代认为少数民族和妇女本来就应低人一等的价值标准之下，所谓公正只要做到对所有的少数民族和妇女一视同仁即可，而无须考虑他们与白人雇员报酬上的悬殊。

所以，罗尔斯同时指出公正原则应当是这样的：“当原则体现在社会的基本结构中时，人们倾向于获得相应的正义感。按照道德学习的原则，人们发展起一种按照它的原则行动的欲望。”[1]所以公正必须具有正向价值属性或价值合理性。

公正的标准本身不能自己说明自己存在的合理性。公正的标准本身必须有公正之外的价值依据。这一根据有二：一是看它是否有利于社会的发展；二是看它是否有利于个体的幸福。当然，这两个根据本身又是统一的。由于幸福本身的价值性、利他性，又由于社会发展的终极目的仍然是个体的幸福，所以最终的依据应当是看这一标准是否真正有利于主体幸福的实现。英国道德哲学家D. D. 拉斐尔说：“按照罗尔斯的看法，在想象境况下（即处于无知之幕中——引者）的人会首先尽力求得最大限度的平等自由，然后他们会同意离开平等，以改善每个人，包括处于最不利条件的人的生活。第二个原则的要点是，区分公正的不平等与不公正的不平等。如果给有才能的人特殊的奖励或特殊的机会不仅为这些少数人带来重大的好处，虽然引起不平等，而且其结果也改善整个社会普遍生活水准，包括最穷苦的人的生活水准，那么这种不平等是可得到辩护的。”“不是因为得到奖励的人理应得到这些奖励，而是因为这种奖励有利于整个社会，尤其是有利于它最贫困的成员。”[2]当然，罗尔斯的“无知之幕”是建立在个体自身利益计较的基础上的。拉斐尔本人则赞成另外一种我们也认为更为恰当的解释：“这不是一个确定如果你发现你处于穷人中间（确实你也许会如此）就会对你提供帮助的问题。这是一个暂时忘掉你自己，考虑那些是穷人的人的问题。”“它产生的道德判断是一个利他主义的判断，不是一个有利自我的保险政策。”[3]

所以，一方面，公正是一个普遍的道德法则；另一方面，公正原则在最终价值判定上又有依赖性，它依赖于公正以外的东西。公正的这一属性既使我们认识到公正与偏私的对立，也使我们能够理解为什么平均主义不是对公正的正确理解。也正是因为这一最终价值判定的依赖性，公正才是一个社会和历史的范畴。

---

1 [美]约翰·罗尔斯. 正义论. 何怀宏，等译. 北京：中国社会科学出版社，1988：132
2 [英]D. D. 拉斐尔. 道德哲学. 邱仁宗，译. 沈阳：辽宁教育出版社，1998：92
3 [英]D. D. 拉斐尔. 道德哲学. 邱仁宗，译. 沈阳：辽宁教育出版社，1998：95

二、教师公正：内涵、特性与意义

（一）教师公正的内涵

教师公正既表现为教师对自己的公正，也表现在公正对待同事、领导及学生家长等方面，更表现在正确对待教育对象上。我们可以分别称之为：教师对自己的公正、同侪性公正、对象性公正。教师公正的核心是对学生的公正，重点则是对自己、对同事的公正。以下谈谈这三个教师公正的重点。

亚里士多德曾经将公正视为一种人际关系的“中度”。孔子和孟子也提出了“中庸”的理论。教师公正实际上就是要在以师生关系为基础的人际关系处理上实现某种中度。教师应当对得起自己，所以必须有一种对自己的公正。它包括对教师自尊、荣誉以及合理的经济利益等合法权益的要求和维护。教师对自己的公正不仅是“我—我”关系，也涉及教师与社会的关系。在中国社会中，也许是人们对教师的职业期望较高，一方面，社会在舆论上普遍赞同提高教师的地位和待遇；但另一方面，人们包括教师本身往往又认为教师应当羞于言利，只做蜡烛，只问耕耘。无论是社会还是教师本身要求教师做苦行僧，都是一种不公正，因此从伦理学的角度看，这一心态应当予以纠正。

在自尊、荣誉以及其他利益的处理上，教师的同侪关系也必须保持适当的“度”，这是一种同侪公正。许多教师对于自己的领导往往做不到公正对待，要么恭敬有余、唯上主义，要么恃才傲物、目空一切。而实际上教师同他的领导之间除了管理关系之外，人格上是完全对等的。这一对等性决定着前两种态度都是不公正的。所以，教师在与领导的关系处理上，最关键的是要在工作上服从分工、相互配合，在人格上相互理解、彼此尊重。教师与自己同事的关系是一种真正意义上的“同志”关系。在处理同其他教师的关系上，教师主要是要公正地评价自己和他人的工作，并在此基础上做到相互配合，共同完成教育的使命。教师之间常常出现的“文人相轻”的现象，从根子上看，往往出自教师在同侪关系上的不公正。

教师对学生的公正的主要含义是在教育活动中对学生持民主与尊重的态度，对不同性别、年龄、出身、智力、个性、相貌以及关系密切程度不同的学生能够做到一视同仁、同等对待，不以个人的私利和好恶为标准。我们可以将这一教育公正称为对象性公正。教师应当明白，教师对社会、对家长、对同侪等等公正关系的重要性一是因为公正的示范性；二是因为这些关系可以为正确和公正对待学生创造条件。如果对待教育对象做不到公正，其他的公正努力就没有意义。概括地说，教师对学生的对象性公正最主要的是要做到：（1）平等地对待学生；（2）爱无差等、一视同仁；（3）实事求是、赏罚分明；（4）长善救失、因材施教；（5）面向全体、点面结合。

平等地对待学生实际上也就是教育学常说的要树立正确的师生观的问题。从伦理学的角度看，教师要公正地对待学生，首先是要真正尊重和信赖学生。

资料链接

为了尊重和保护儿童的权利，1959年第14届联合国大会曾经通过了联合国历史上第一个关于保护儿童权利的国际性条约——《儿童权利宣言》。1989年联合国大会进一步通过了《儿童权利公约》。《儿童权利公约》的基本精神是强调儿童不仅是被保护的对象，而且是积极和创造性的“权利主体”，拥有“包括生存、发展和充分参与社会、文化、教育生活以及他们个人成长与福利所必需的其他活动的权利”。联合国儿童权利委员会副主席汉姆柏格在解释《儿童权利公约》的基本精神时曾经这样说过：过去人们关心儿童的基点是使脆弱的儿童免受伤害，人们还没有普遍认识到儿童有自己的能力、观点和想法，应该像所有的人一样受到尊重。汉姆柏格还对《儿童权利公约》基本精神的四个原则作了具体说明：（1）儿童最佳利益原则——任何涉及儿童的事情均以儿童利益为重；（2）尊重儿童尊严的原则——其意义并非仅仅局限于不被杀害或伤害，而是指向儿童生存和发展的质量；（3）尊重儿童的观点和意见的原则——任何涉及儿童的事情，必须认真听取儿童的意见；（4）无歧视原则——所有儿童都应当受到平等的对待，不应受到任何歧视或忽视。因此，将儿童视为平等的人格主体予以尊重是当今世界的普遍性要求之一。教师应当认识到，学生也是有独立人格的个体，教与学的关系既是一种制度性的授受关系，也是一种人格上完全平等的人际关系。

在我国的传统中，教师往往习惯于把自己置于“绝对权威”的地位，往往认为自己当然在人格上高于学生，漠视学生独立存在的主体性。这样，当教师教导学生应当公正处世时，学生极有可能抱一种不以为然的态度。因为他在与教师的交往中，体会不到应有的尊重或人际公正。所以，古代社会产生的“师道尊严”的观念是有违师德，尤其是有违现代教育伦理的基本要求的。当然，人格上的平等并不意味着角色上的对等。教师与学生之间的关系还应有对学生的教养与要求的一面。为了这一点，教师威信、威望的存在又是非常必要的。否认这一点就是否认教师职业的特质。所以教育公正的重要内涵之一是教师要努力做到对学生的尊重与要求的统一。

所谓爱无差等、一视同仁，指的主要是教师不能以自己的私利和好恶作为标准处理师生关系，而应当给所有学生提供平等的学习机会。一个最为常见的现象是，教师往往出于虚荣或其他利害有意无意偏爱一些学业成绩好的学生，而相对歧视或忽视一些成绩差的学生。有意的不公正当然属于明显的师德缺陷，无意的不公正也是应当注意防范的。实际上正是成绩差的学生才更需要教师的关怀和帮助。正如俄罗斯的一句谚语所说，“漂亮的孩子人人喜欢，而爱难看的小孩才是真正的爱”。

所谓实事求是、赏罚分明，就是要做到“尊重和要求的统一”。一方面要根据学生的实际因材施教，但是另一方面在制度上又不能允许有特殊学生的存在。赏罚本身往往是次要的，学生在意的主要是赏罚所体现出的教师对他们的评价。现代教育的一大难题是如何认识惩罚的教育性。许多人抽象地反对惩罚，尤其是“体罚”，理由是损害学生的身心健康。但惩罚在何种情况下是损害学生的身心健康的、什么是体罚和一般惩罚的界限一直是人们争论的话题。实际上除了较为严重的惩罚有悖于教育活动的性质和范围之外，一定情况下对学生的惩罚与奖励一样，是有利于他们的成长而不是相反的。问题的关键在于惩罚的程度和性质。

我们可以看一看苏联著名教育家马卡连科的教学案例：

在马卡连科的学生“公社”里，只有社员才能接受诸如禁闭[1]这样的惩罚。一般学生在他们未成长为“社员”之前，反而没有接受惩罚的“资格”。所以，当社员违背了某项纪律而走进禁闭教室时，他的自尊不光没有受损，相反，他反而觉得自己作为光荣的公社集体的一员居然违背了纪律，太不应该。其自尊、内疚和觉悟是成正比的。在这里，我们可以看到，公正是这一成功的惩罚模式的要素之一。因为所有人只有当他进步到一定水平时，他才具有社员的资格；而一旦具有这一资格之后，他就有义务维护公社的荣誉、承担相同的责任。所以问题的关键之一是惩罚本身是否合理。而公正是合理的要素之一。

长善救失、因材施教是教师公正或教育公正的另一方面。如前所述，教师公正具有实质性，在对学生的爱护、帮助、评价和奖惩上应当一视同仁。但是一视同仁不能理解为一种刻板机械的公正形式。在落实一视同仁、爱无差等原则时要考虑到学生在个性、知识水平和智力程度等方面的差异，因材施“爱”、因材施“罚”。否则那种貌似的公正实际上却是不公正的。因为公正的原则既是“平等的应当平等地对待”，也是“不平等的应当不平等地对待”。

我们可以看一看下面这个教学案例：

两个“差生”在宿舍里为了争夺一把吉他而扭打起来，最后去找老师评理。出乎意料的是老师听罢不仅没有批评他们，反而表扬了他们有进步，理由是：“第一，你们为了吉他而打架，比上次为抢帽子而打架要好多了。因为想弹吉他是好事。第二，动手打人不对，但没有上次厉害。第三，最重要的是，你们想到了解决问题的新的方式——找老师，而不是像以前那样非打出一个输赢不可。”接着老师提出了让他们凭借自己的智慧，理智、友好地解决类似问题的要求。最后，两个同学手拉着手离开了老师。打架反而受表扬，表面上似乎不公正，但对于这两个“差生”来说，这也许是真正的教育公正。

1　禁闭是马卡连科在特殊时期和特殊情况下使用的教育手段，不可随意套用。　——作者

所谓面向全体、点面结合，是指教师如何在个别教学和集体教育中做到教育公正。这也是一个教育机会均等的问题。为了某些后进同学的进步，适当的补课和其他个别的关照是必要的；给一些特别聪慧的优等生创造提高的条件，如适度的“开小灶”的做法也是公正的。这是因为只有因人制宜才不至于耽误每一个学生的发展，这是一种爱无差等的实质上的公正。但是超越限度，置大多数学生于不顾的某些所谓“抓重点”的做法，包括过分强调重点校、重点班、重点苗子的做法是有违教育公正的。因为在只抓重点的做法中，太多的学生受到忽视，失去了平等的受教育机会。所以特长校、特长班、特长学生是正确的，而重点校、重点班、重点苗子的做法虽然在一定条件下有其合理性，但长远地看却往往是要逐步予以矫正的。正确的做法是以全体学生的发展为基础、为目标的因材施教、点面结合。

除了对自己的公正、对同侪的公正、对学生的公正之外，对家长的公正、对社会的公正也是教师公正的应有之义。在中国，教师往往将对待学生的教养关系自动迁移到对家长和一般社会人事上，最终造成不良后果。例如，许多学校的家长会不是教师与家长的正常沟通，而变成了教师对家长的训斥。又例如，教师以其较为正统的价值观念要求社会上的所有人和事，将对社会的不一定正确的负面评价带到自己的教育活动中，造成对学生的误导，等等。当然，教师对家长的公正、对社会的公正其实是教师对象性公正的延伸。如果我们对学生的公正能够真正理解和施行，那么对家长的公正、对社会的公正也就比较容易实现。

以上我们谈教师公正主要是从教师个人出发的。如前所述，教育公正不仅包括教师公正，而且也包括教育的制度性公正。实际上教师人际关系的调整一方面是个人行为，另一方面又是制度性的。制度性公正不仅表现为教师角色本身具有制度的代表的性质，而且也表现为必须建立教师对他人、社会以及社会、他人对教师的公正制度。即教育公正既包括教师对他者的公正（“教师公正”），也包括他者对教师的公正（“对教师的公正”）。教师除了要从修养上注意践行公正原则之外，还有义务为学校、社会制度确立制度化的教育公正，以及“对教师的公正”倾注自己的全部力量。

（二）教师公正的特性

1. 教师公正的教育性

教师公正的特性首先是与教师的职业特征联系在一起的。教师公正的首要特性就是教育性。这里的教育性主要有两条：一是教师的公正行为的教育示范性；二是教师的公正调整的人际关系主要是师生关系或以师生关系为基础，体现在自己的教育活动之中。教育劳动的特点之一是教育主体与教育手段的同一性。教师如果不能在自己的周围建立起公正的人际关系，尤其是在师生关系中缺乏公正的内容，就是在行不公正的身教。由于师生关系和教师职业的上述特殊性，教师的不公正往往是最不能饶恕的。

2. 教师公正实施的实质性

教师公正的实质性是说教师公正具有相当大的灵活性，着眼于实际或实质意义上的公正而不完全拘泥于形式上的公正。这一点实际上也可以算作教师公正的教育性的一部分。比如，同样都给了五分，对于一些通过努力已经进步到接近五分水平的同学来说，一方面，由于他实际上还没有做到100%或与最好的同学一样好，给他五分似乎不公正；但另一方面，正是这样的五分使他看到了学习的进步和希望，实质上教师在这里并非对他实行了不公正的偏爱。又如，对同一种错误的批评，有时候教师对优等生的批评甚至会比对后进生的批评还要严厉。这是因为在一定条件下，后进生更需要对其自尊的爱护和策略性的批评，而优等生则更需要使之猛醒的棒喝。这里形式上的不公正实质上却是公正的，因为实际上教师对这两类学生的爱是完全相同的，不同的仅仅是教师根据其对学生的了解和教育规律所采取的具体措施的差异。

3. 教师公正主体的自觉性

教师是一种对自己的工作有较高职业意识的社会角色。这一方面是因为教育活动本身是一种具有目的性的活动，另一方面是因为现代社会所有的教师都是经过职业上的专门训练的。教育活动自觉性的重要标志是教师对自己职业道德及其重要性的了解。学校、教室等教育情境也常常会有道德上的文化暗示。所以与其他社会阶层相比，教师在进入岗位之前和之后，都会有较高的职业道德的自觉意识和修养的动力。教师的职业道德自觉意识的内涵中当然也包括教师对教育公正的原则的自觉意识。

除了教育主体的自觉性之外，教育公正的自觉还表现在教育事业本身的正向价值属性。教育总是要教人从善，从善本身为教育公正所需要满足的价值依赖性提供了先天的优越性。换言之，符合教育的根本目标的举动本身具有公正或正义的特质；公正是教育本有、应有的内涵。所以教育公正还有一种职业的自觉性。

（三）教师公正的意义

教师为什么要努力追求公平正义？

1. 有利于良好的教育环境的形成

教师能够对人对己做到公正是十分必要的。因为公正处理家长和社会有关方面的关系，就会有利于形成较好的学校教育的外部环境；公正对待同事、领导，则有利于协调不同的教育职能，形成教育集体的良好心理氛围，从而形成教书育人的学校教育的内部环境；公正地对待学生是教师公正的重点，这一种教师公正则有利于直接的教育、教学环境的形成。比如在实际教育活动中，我们常常看到，由于教师对优秀学生的偏爱和对所谓差生或后进生的忽视或其他不公正的对待，后进生出于一种反抗心理，往往会强化其“捣乱”的倾向，其结果当然是教育教学秩序的混乱，最终是不利于教育活动的顺利开展。

2. 有利于教师威信的提高

公正是人格的脊梁。孔子说："其身正，不令而行；其身不正，虽令不从。"[1]这句话虽然是对从政者说的，但对教师同样适用。教师既是教育者，同时也是教育活动的设计和管理者。如果教师的行为是不公正的，除了同行和领导的舆论、谴责以及制度的制约之外，最主要的是影响教师的威信。上海师范大学曾进行过一次对4500名学生的调查，结果有84%的被调查者认为，"公正"是"教师工作重要的职业品质"；92%的被调查者认为，"偏私和不公正"是"最不能原谅的教师品质缺陷"。[2]由于学生对教师公正品质的期望很高，教师公正与否，当然影响他在学生心目中的形象。一个没有威信或威信不高的教师注定将成为一个成就不高的教师。

3. 有利于学生学习积极性的发挥

教师公正对学生学习积极性的发挥十分重要。这一重要性体现在两个方面：一个是对学生个体；另一个是对学生集体。对于个体而言，教师公正是学生学习积极性的源泉之一。比如，教师对优等生的偏爱和对后进生的忽视或其他不公正的对待就既不利于优等生又不利于后进生积极性的发挥。对前者的溺爱会助长其骄傲和浮躁的情绪，从而使其丧失不断进步的动力；对后者的忽视当然更会损伤学生的自尊，打击其本来就可能不高的学习积极性。对于学生集体来说，不公正的教师行为会人为地造成学生集体的分裂，其结果当然是集体生活和集体建设的动力减退，集体对学生个体在德育和智育诸方面的教育性降低。

4. 有利于学生的道德成长

由于公正本身就是道德教育的重要内涵，所以教师公正本身直接构成德育的内容。教师要让学生选择公正的生活准则，他自己就必须首先做到为人处世的公正无私。同时在学生的心目中，教师往往是公正、无私、善良、正义的代表，学生对教师有非常美好的期待。这一美好的期待决定着当教师在与他们的交往中做到公正办事时，他们就会感觉到公正的美好和必要，从而奠定他们在未来社会生活中努力追求道德公正的心理基础。反之，他们原本有着美好期待的老师若是不能公正无私，不仅会伤害他们对于老师的美好情感，而且会让他们怀疑显性道德教育课程所教授的公正本身的合理性，从而妨碍他们的道德成长。正如夸美纽斯所说："除了智者，任何人都不能使别人成为有智慧的人；除了能言善辩者外，任何人都不能使别人成为能言善辩者；除了道德的笃敬宗教者外，任何人都不能使别人成为有道德的和笃敬宗教的人。"[3]所以我们也完全可以说，除了践行公正者，任何人都不能使别人成为公正的人。

5. 有利于社会公正的实现

首先，教师的公正是社会公正的重要组成部分，教育公正直接从属于社会公正。比如，

---

1 论语·子路
2 王正平. 教育伦理学. 上海：上海人民出版社，1988：168
3 转引自：王球，钱广荣. 教师伦理学. 南京：江苏教育出版社，1991：21

在招生、评价等问题上，能否公正对待一切对象就是一个直接的、宏观的社会公正问题。有些公正形态虽然属于微观的问题，但也是社会公正的一部分。比如，课堂上的公正，虽然涉及的不过几十个人，但它一样属于社会公正的组成部分。如果考虑到几十个学生可能联系到的人群，则这一公正涉及的面会更为广阔。其次，根据杜威的观点，学校是社会的雏形，因此教育公正是社会公正的起点。如果学生在学校生活中不能感受到应有的公正存在，那么学生将很难建立起公正的信念，最终会不利于社会公正的实现。所以，教师能否实践公正关系到一个社会公正的实现及其程度。

三、如何做一名公正的教师

教师公正或教育公正在一定意义上讲只是一个十分抽象的道德原则，但怎样才能做到教育公正是一个既关系到教师，也关系到教育体制的课题；一个既关系到教师的道德素养，也关系到教师的教育素养和技能等方面问题的复杂课题。我们这里主要是从教师的修养角度看这一问题的，从这一角度看，要真正践行教育公正或教师公正是很不容易的。比如，教师的公正就在主观上受到自己情绪的好坏、客观上受到问题的情境性等因素的影响。所以要做到教育公正，实属不易。以下列举教师在实践教育公正目标上应当注意的几个方面。

1. 自觉进行人生修养

自觉进行人生修养首先是由公正的价值依赖性决定的。就是说，如果没有价值观上的必要修养，理解和实践公正一开始就是不可能的。教育公正更是如此。没有价值自觉，就没有教育公正。

教育公正对于教师而言，就是一个适当地对人对己的问题。对人对己的公正要求教师首先要有宽阔的胸怀和高度的使命感，同时还必须有一定的自制力和抵制压力坚持公正的勇气。公正看起来是一个很容易实现的道德原则。但实际上没有对教育意义的深刻领悟或使命感、没有无私奉献的情怀、不具有较高人生境界者很难完全实现公正原则。在公正的含义之中，“公平”与“正直”是有一些细微的差别的。前者指对人对己都应当一碗水端平，而后者则是指一个人嫉恶如仇、刚正不阿的品质。一个自私或有偏见的教师很难做到教育公正，一个明哲保身、不能坚持真理的教师也很难做到真正的教育公正。要实现教育公正，首先要求教师成为一个公正的人。所以教师的道德和心性修养十分重要。

教师进行人格修养的重要核心是形成教育活动中必需的正义感。这一正义感既是教育活动进行的基础，也是教师克服困难、同不良职业道德进行斗争的动力所在。

2. 提高教育素养

教育公正的实现不能仅仅是一种心理的东西，而是要在教育实践中落实的实践的法则。比如，形式上的教育公正和实质上的教育公正的矛盾怎样解决，就不仅仅是一个道德原则的选择问题，它实际上主要是这一原则的实现方式的寻找的问题。所以，教师公正的实现，需要教师有较高的教育技能上的素养。

我们来看一下这个教学案例：

一位教师在监考时发现一个学生抄袭了一道一分的题目。事后，老师在这个学生的试卷上打分为“100-1”。这位学生接到试卷后非常惭愧，立即找到老师，承认错误，要求老师将100分改为99分。老师听后，在他的试卷上批了一个“99+1”，并对他说：知错就改就行，以后要特别注意，这一分是对你能认识和改正错误的奖励……

在这一例子中，教师公正得以真正落实是与该教师有着高超的教育技能分不开的。所以教育公正从某种意义上说就是对一般教育原则的另外一种论证与说明。此外，教师公正的落实在许多方面都与教育管理的素养联系在一起。我们说过，教师公正具有制度化的性质，所以教师还应努力在教育教学管理上加强修养，努力在自己的周围创造一个良好的公正气氛，同时努力实践真正的公正。

3. 正确对待惩罚的公正

如前所述，正确对待惩罚的公正十分重要，这是因为惩罚在一定条件下是有教育意义的。惩戒权一直是教师的职业权力和工具。现代社会由于人道主义倾向的不断强化，也由于儿童权利保护的立法努力的加强，行使惩戒权已经越来越困难。教师应当抵制无条件否定惩戒的教育意义的倾向。当然毋庸讳言，惩罚也的确是一种消极的教育措施。除了要注意努力做到公正惩罚以外，我们还必须尽量控制地使用惩罚的方式。如何控制惩罚的量本身也涉及教师的教育公正原则。滥用惩罚同样是不公正的表现，所以惩罚的度如何把握、惩罚的公正怎样落实都是教师要努力探索的课题。

惩罚的公正也许还意味着教师应当具有嫉恶如仇的品质。社会公正需要每一个人的努力才能真正实现。刚正不阿是教师应有的品质。教师不仅要敢于同职业范围内的道德弊病进行斗争，而且应当具有对社会丑恶进行批评、斗争的勇气和策略。好人主义是不公正的温床，教师应当与之划清界限，成为社会的良心、社会的清流。

4. 做到公正与仁慈的结合

公正本身是一个社会性和历史性的范畴。公正并不能解决教育中的全部问题。比如，再公正的惩罚仍然是会对学生造成身心上的伤害的措施，所以就必须有相应的补救措施。又如，学习生活中始终存在竞争。教师的任务是创造公平竞争的机会，但是我们知道，只要是真正意义上的竞争，优胜者就只能是少数。那么，怎样对待那些在竞争中落败的学生呢？所以教师的公正必须与**教师的仁慈**相结合。教师采用这一结合既可以增强教育公正的教育效能，也可以同时教会学生做一个既公正又仁慈的人。

教育公正是一个历史的范畴。在古代社会或带有较浓厚的等级社会、专制社会痕迹的社会中，人格上的不平等使教师的“有教无类”之类的教育公正往往成为一句空话。现代社会是一个以民主、平等为特征的社会。在今天，教育公正既是社会公正的一部分，同时社会公正也为实现教育公正创造了良好的社会条件。教育工作者应当通过自己的努力不断促进教育公正的实现。

第三节
教师的仁慈

学习目标

了解仁慈及教师仁慈的内涵、特性，以及教师仁慈在现实教育工作中的实现。

仁慈[1]是一个与公正联系密切的概念。一方面，公正的基础之一应当是仁慈，因为去掉我们对他人的爱与尊重，我们就不可能做到真正意义上的公正；另一方面，公正的结果往往会造成一种价值的遗憾，这一遗憾也需要有一个补充的机制存在。所以正如美国伦理学家威廉·弗兰克纳（W. K. Frankena）所说过的：“正义只是道德的一部分，而不是它的全部。那么仁慈可能属于道德的另一部分，我认为这才是公正的说法。”“即使人们认为仁慈不是道德的要求，而是某种非本质的、道德上善的东西，人们仍然把仁慈看作是道德的一个重要方面——如果不是必要的，也是令人向往的。”[2]仁慈是教育活动的本性和本质性要求之一，没有仁慈的教育将是一种缺乏关怀的教育，因此是机械、冷漠和无效的教育。因此，教师的仁慈与教师的公正一样成为教育伦理最核心的道德范畴之一。

一、什么是仁慈

“仁慈”（benevolence）在中国是儒家的“三达德”（智、仁、勇）之一，在西方也被认为是“三德”（信仰、希望和仁慈）之一。

“仁慈”一词在中文中就是仁爱与慈善的意思，类似于古代儒家伦理中“仁”的范畴。《论语》中记载着许多孔子关于仁的解释。“樊迟问仁，子曰‘爱人’。”[3]这是关于仁的总括性

1　在伦理学上“仁慈”与“仁爱”等概念相似，这里选择仁慈概念的理由与弗兰克纳的观点相同：“我把它称作仁慈原则，而不是仁爱原则，其理由是：这条原则要求我们在实际上行善避恶，而不仅仅是希望或准备行善避恶。”（[美]威廉·K. 弗兰克纳. 伦理学. 关键，译. 北京：生活·读书·新知三联书店，1987：94）　——作者

2　[美]威廉·K. 弗兰克纳. 伦理学. 关键，译. 北京：生活·读书·新知三联书店，1987：96，98

3　论语·颜渊

的一个表述。具体说来就是“己所不欲，勿施于人”[1]，“己欲立而立人，己欲达而达人”[2]。仁的概念首先具有血亲之爱的特征。孔子说：“孝弟也者，其为仁之本与?”[3]孔子曾经批评宰我说：“予之不仁也，子生三年，然后免于父母之怀。夫三年之丧，天下之通丧也。予也有三年之爱于其父母乎!”[4]但是孔子的“仁”更具有由近及远的特性。孔子认为“四海之内皆兄弟也”[5]。所以他主张“能行五者于天下者，为仁矣”，而这“五者”就是“恭、宽、信、敏、惠”[6]。所以，仁在孔子的论述中是一种泽被天下的全面的德性（perfect virtue），而这一德性显然又是以“爱人”为中心的。

孟子是另一位对仁作出过充分解释的先秦思想家。孟子的“仁”主要指人心，尤其指“恻隐之心”。孟子主张“仁者以其所爱及其所不爱”[7]，“老吾老以及人之老，幼吾幼以及人之幼”[8]。孟子还说：“仁，人之安宅也。义，人之正路也。旷安宅而弗居，舍正路而不由，哀哉!”[9]汉代思想家董仲舒进一步发挥孟子的思想说：“以仁安人，以义正我……仁之法在爱人，不在爱我；义之法在正我，不在正人。”[10]同时董仲舒的一个重要思想是：“仁而不智，则爱而不别也；智而不仁，则知而不为也。”所以《中庸》提倡的是智、仁、勇三达德中的“莫急于智”。[11]

中国古代的许多思想家对“仁”的内涵作出过卓越的解释。我们认为，这些解释的相同点主要是两点：一是应当爱人，同情、关怀和帮助人；二是对人的爱心应当有一定的理性、规范和策略。这为我们正确理解教师的仁慈提供了非常好的思路。

在西方学者看来，仁慈首先具有的特质之一是所谓理性。德国著名伦理学家包尔生说：仁慈是“社会德性的总的基本形式”，“可以把仁慈规定为有助于阻止纷扰和创造有利的生活条件并以此来提高周围人们的幸福的意志习惯和行为方式”。他还特别指出：“同情是积极的社会德性的自然基础，但它绝不是德性本身……像生命冲动的任何方面一样，它必须接受理性的教育和训导；在理性的意志中，它既实现自己又限制自己——就其达到了推动人类幸福的目的而言它实现着自己，就其需要防止有害的结果而言它必须限制自己。”[12]

此外，仁慈还是一种有别于公正原则的德性原则。英国道德哲学家拉斐尔在谈到慈善概

---

1 论语·颜渊
2 论语·雍也
3 论语·学而
4 论语·阳货
5 论语·颜渊
6 论语·阳货
7 孟子·尽心下
8 孟子·梁惠王上
9 孟子·离娄上
10 春秋繁露·仁义法
11 春秋繁露·必仁且智
12 [德]弗里德里希·包尔生. 伦理学体系. 何怀宏，廖申白，译. 北京：中国社会科学出版社，1988：514，515

念时曾经这样说：“慈善是一个恩惠或惠赐的问题。一个有良心的人会感觉到他具有成为慈善家的责任；如果他认为他自己仅仅是在恩赐，他会玷污作为美德的慈善的光辉。”“作为一种责任，慈善是‘超过要求的责任’，它超越了‘完善义务’的责任要求于我们做的事情，公正要求于我们做的事情。”[1]换言之，公正只要求我们做保证彼此权益受到公平对待的事；但仁慈则要求超越这一标准，做得更多，它要求我们尽力从对方的立场出发，表达和实现对对方的关怀和爱心。所以，仁慈是一种在某种意义上超越了公正，给予性更强的德性原则。

具有超越性的仁慈原则具有两个方面的内涵。其积极方面是要求道德主体比公正做得更多，给他人更多的爱心；其消极维度则是要求道德主体对人有更多的“宽恕”（实际上，孔子的仁的概念也含有忠、恕两种内涵）。法国学者安德烈・孔特–斯蓬维尔（André Comte–Sponville）干脆就认为：“仁慈就是宽恕的美德——或者不如说得更确切一点，是宽恕的真实。”[2]斯蓬维尔还认为：“只有恶人才属于宽恕的范围。”“宽恕即是接受，当然不是为了停止斗争，而是为了停止仇恨。”对于恶人来说，“仇恨他将会伤害自己，如果可能的话，只要平静地、泰然地、喜悦地和他斗争或抵抗他就行了，如果不能就宽恕他。是的，问题在于在不能克服他身上的仇恨时，至少要克服自己身上的仇恨，在不能控制他的时候至少要自制，至少要战胜恶，战胜仇恨，不使它们增加，不在受害的同时成为同谋者”。而“爱是一种喜悦，不是无能为力或放弃。爱他的敌人，并不是不再反对他们，而是愉快地和他们斗争”。[3]

如果我们总结以上中西方伦理学家们关于仁慈的界定，也许我们可以概括出仁慈的这样几个内涵上的特性——伦理上的仁慈具有爱心的特质（情感性）、理性的特质（理智性）和超越公正义务的爱和宽恕的特性（超越性）。概而言之，我们认为：仁慈就是具有高度理智性、超越性的爱心和宽恕的伦理精神与道德原则。

二、什么是教师仁慈

教师仁慈法则调整的对象范围十分广泛，如前所述，日常生活是教师仁慈德性的真实表现，对学生的影响也是十分重要的。如果仁慈仅仅在课堂上存在，教师在日常生活中是一个苛刻和残酷的人，就会让学生怀疑仁慈原则的真实性。这样的隐性课程会对学生有负面的道德影响。但是，教师仁慈的主要或核心的对象又无疑是学生。我们在以下的论述中将集中讨论教师对学生的仁慈。

1　[英]D. D. 拉斐尔. 道德哲学. 邱仁宗，译. 沈阳：辽宁教育出版社，1998：95
2　[法]安德烈・孔特–斯蓬维尔. 小爱大德. 吴岳添，译. 北京：中央编译出版社，1998：121
3　[法]安德烈・孔特–斯蓬维尔. 小爱大德. 吴岳添，译. 北京：中央编译出版社，1998：127，125，126，134

（一）教师仁慈的内涵

教师对学生仁慈的内涵首先表现在对学生心态的正、反两个方面：一是教师对学生无条件的爱心；二是教师对学生的高度宽容。而这两个方面又是互相关联在一起的。

在对学生的无条件爱心的问题上，美国心理学家、教育学家罗杰斯（Carl Ranson Rogers）从人格心理的角度作出过卓越的解释。那就是：教师必须保持对学生的“无条件关怀”。罗杰斯认为，儿童得到人际关系中的诸如温暖、热爱、同情、关心尊敬等方面的关怀对其自我概念的形成十分重要。成人对儿童的关怀有两种：一种是“有价值条件的关怀”（如果儿童做了某些事情，他就能够得到关怀；而如果他做了另外一些事情，他将得不到关怀）；一种是“无条件的关怀”（即无论儿童做了什么，都可以得到关怀）。罗杰斯坚决主张给予儿童“无条件的关怀”。这是因为只有这样，“关怀的需要和自尊的需要就不会同机体估价过程相矛盾，因而个体就会不断获得心理上的调节，成为完善的人”。对于不当行为，罗杰斯认为应当这样表达给儿童：“我像你一样深深地爱你，但是你的所作所为是令人不安的，所以假如你不这样的话，我们双方都会更加愉快。”[1]所谓“无条件的关怀”就是无条件的仁慈。实际上仁慈的必要性在教育上的重要性不仅表现在对儿童发展的正面影响上，更重要的是表现在对教育对象有问题的思想或行为的矫正上。后者需要的是关怀而不是抛弃。

教育家语录

要关怀人，就是说对待儿童犹如对待自己的儿子一样。儿童学习成绩不好，落后；儿童难于像他的同班生那样学习；儿童或少年犯了流氓行为——所有这些都是糟糕的事。如果是你的儿子遇到了这种糟糕事，你会怎么办？不见得会提出开除、减品行分数之类的处理办法。当然，理智会提醒聪明的父母，这些办法也是需要的，但你的心里首先会提出极端必要的办法去挽救儿子，只用惩罚是不能挽救人的。

——苏霍姆林斯基，《给教师的一百条建议》

教师对学生的仁慈主要表现为**爱心与宽容**，但是又不能止于抽象的爱心或宽容。从具体工作出发，教师工作与伦理的目标还应当集中在对学生成长的有效帮助上。从正面去理解，学生人格健康成长的重要前提条件之一是他的学业成绩的提高。只有发展上比较顺利，学生才能建立自己对未来的自信和对社会、他人的信心。帮助学生的学习成长实际上是对学生最具实质意义的关怀。从反面去看，不当的教育行为，不管有意或无意，都是对学生的伤害，

1　转引自：[美]B. R. 赫根汉. 人格心理学导论. 何瑾，冯增俊，译. 海口：海南人民出版社，1986：411

因而与教育仁慈的原则背道而驰。苏霍姆林斯基曾经表述过这样一种教师对学生的不人道表现："民间教育学断言，复习是学习之母。然而，实际情况往往是，这位慈善的母亲变成了狠毒的后娘。这种情况发生时，学生被迫在一天或几天之内做完几个星期或几个月所做过的事情，例如，被迫复习十节、二十节课或更多节课期间所学过的教材。大量的事实和结论压顶而来，使他脑子里乱成一团……于是，正常的脑力劳动成为不可能的事情，弄得学生精疲力竭，伤了身体。"[1]实际上过多的复习不仅会伤害学生的身体，而且会伤害学生的学习兴趣、积极性和主动性，就是说会影响学习成绩本身。所以教师提高自己的业务素质，包括学科素养和教育技能，才是教师仁慈真正实现的关键。

（二）教师仁慈的特性

1. 教师仁慈的教育性

教师仁慈的教育性可以从两个方面加以说明。

（1）教育事业要求仁慈的德性。仁慈是教育的本性。对于从事教育工作的教师来说，坚持教育公正当然是非常重要的。但是教育事业是一个充满爱心的事业。在一定程度上，教育事业要求我们爱学生，爱学生也就是爱教育事业。同时，教育公正离开教师对学生的爱心、宽容、理解和扶助也是无法真正实现的。此外，教师在日常生活中的仁慈表现也是学生学习和形成仁慈品质的最好教材。所以，教育事业要求教师必须具有仁慈的德性；教师伦理的最基本的范畴之一应当是教师的仁慈，尤其是对学生的仁慈。

（2）教育事业规定仁慈的特质。教育事业对仁慈有一种职业性的规定。就像医生的仁慈表现为对病人的冷静与客观的态度和正确的处置一样，教师的仁慈也是超越了一般的自然情感的。中国人有句俗语，"师生如父子"。但是"如父子"并不等于父子关系。教师的仁慈是一种无私的"类"（人类）的关怀、理智的热爱，一种事业性的伦理实践，而不像父母对子女那样带有个体性和血缘关系的性质——因而可能带有一定的狭隘与盲目性质。

2. 教师仁慈的理性色彩

教师仁慈的第二个特性是它的理性色彩。如前所述，仁慈品质或原则都具有理性的特质。但我们认为这一特质在教师的劳动中更为明显和突出，这主要表现为两个方面。

（1）教师的仁慈并不一定表现在对学生一时一地、某件事情上，真正的教师尊重、重视学生的长远发展，从长远利益出发考虑对学生的关怀——"为之计深远"。诚如一位美国教育家所说过的：教师站在人类的摇篮边。

孔子的学生子路生性狂野，《史记·仲尼弟子列传》中记载子路"性鄙，好勇力，志伉

1　[苏]B. A. 苏霍姆林斯基. 给教师的一百条建议. 周蕖，等译. 天津：天津人民出版社，1981：54–55

直，冠雄鸡，佩豭豚，陵暴孔子”。但是孔夫子并未嫌弃他，而是“设礼稍诱”，使子路“后儒服委质，因门人请为弟子”，最后使之成为“衣敝缊袍与衣狐貉者立而不耻者”“千乘之国可使治其赋”的栋梁之材。孔子本人也在周游列国时得到子路的随身护卫。孔子说：“自吾得由，恶言不闻于耳。”可以这样说，如果孔子只从自己受到当面凌辱的当前状况出发，看不到子路可以造就的潜力，敬而远之或采取其他不当的做法，历史上的子路就可能是一个完全不同的人物。

（2）教师对学生的仁慈建立在教师对教育事业的神圣性的理解之上。实际上，教师的仁慈并不仅仅是个人品质或做人原则，教师的仁慈是保证教育事业目标实现的必然要求。《荀子·法行》中记载了孔子的另外一个学生子贡的故事。南郭惠子问子贡：“夫子之门，何其杂也?”子贡答曰：“君子正身以俟，欲来者不距，欲去者不止，且夫良医之门多病人，檃栝之侧多枉木，是以杂也。”可以说，“欲来者不距”完全继承了孔子有教无类的教育伦理精神。教师之所以是太阳底下最神圣的职业，就在于他对人类发展的自觉关怀。将这一关怀落实到每一个学生的身上，就必然产生对学生真正的、理性的仁慈。教师仁慈的理性来自或者就是教师对事业的深刻理解。

3. 教师仁慈的方法特性

仁慈的理性特质的一个重要内涵是方法特性。教师的仁慈在一般人际关系中运用时也要讲究方法。但是涉及教育对象时，由于学生的年龄与发展的实际、由于教育规律的制约，这一方法特征就会表现得更为明显。包尔生指出：“热爱自己的孩子是一种本性，它既不是一种德性也不是一种技艺，而教育孩子则是一种伟大的和困难的技艺，它首先需要控制自己的柔弱的本能冲动的能力。”[1]教师仁慈的最重要的特性之一就是方法特性。教师，尤其是现代教师，由于经过专业训练，也应当是爱而得法的。

请看以下这则教学案例：

两个男生在课间因为一件小事吵架，其中一个学生挨了两拳，刚要还手，上课铃响了。被打的学生觉得吃了亏，怒不可遏，他站在教室门口指着打人者大声喊叫道：“有种你给我出来，我非把你揍扁不可!”这时来上课的甲老师正好看到了这一切。甲老师愣了一下，马上和蔼地对那位喊叫的同学说：“某某同学，你看老师拿了这么多作业本，你能帮老师发给同学们吗?”这位同学很快接过作业本发了下去。甲老师又对全班同学说：“刚才某某同学虽然和别人闹了点小矛盾，可是他为了不影响上课，愉快地帮老师做事，这很好！我相信他下课后会正确处理这件事的。”挨打的学生听到了老师的表扬，转怒为喜。结果，这位同学不

1 [德]弗里德里希·包尔生. 伦理学体系. 何怀宏，廖申白，译. 北京：中国社会科学出版社，1988：515

仅上课认真，下课后也没有再找那个同学闹别扭。[1]

点评：在这个教学案例中，教师一是有宽容的胸怀，二是宽容有法。他成功地使要与人打架的学生的注意力转移到做好事上来并使之对事情本身有冷静思考的可能性。他委婉、尊重与鼓励学生积极解决问题的方法十分有效。

教师的仁慈与教师的公正一样，都需要高度的教育艺术。除了面对学生的仁慈需要有方法与理智之外，教师在日常生活中对自己的同事和周围的人士的仁慈也必须反映教师的文化涵养，而这一文化涵养的实质也是它的理智与方法特征。

三、教师仁慈的意义

教师职业生活中所有的人际关系都需要用公正与仁慈两项原则去处理。对教师来说，能否做到对人仁慈，尤其是能否对学生做到仁慈施教，是一个关系到教育工作成败的关键性伦理课题。教师仁慈的意义大体上可以概括为以下几个方面。

1. 职业自由感（意义）

这一意义主要是针对教师而言的。由于仁慈具有的超越性，一个能够真正做到对人仁慈的教师，实际上就是一个在道德、业务上达到了某种自由境界的教师。仁慈会使他在工作环境中左右逢源、游刃有余。同时，当教师真正践行仁慈原则时，他也必然会体验职业的自由与人生的意义。自由感是教师本质力量的表现，只有具有自由感，教师工作才是充满乐趣的。所以，仁慈德性能够增强教师的职业自信，使之发现自己的职业意义，从而以更大的热情投身于教育事业。对学生而言，教师的仁慈意义更为重大。具体表现为下面要谈到的动机作用、榜样效应和心理健康功能三大方面。

2. 动机作用

动机作用主要是说教师的仁慈或者师爱会以积极的情感为中介影响教育对象，促进学生的学习积极性，鼓励他们的道德成长。在生活中，师爱对学生的激励使学生成长的例子比比皆是。在实验研究方面，我们只要以皮格马利翁效应为例说明即可。罗森塔尔和雅各布森的实验报告（1968年）证明[2]，教师对学生的友善、亲近和期望对学生的智力发展、学业成绩等都有着十分明显和积极的影响。

3. 榜样效应

正如只有教师的公正才能教育出公正的学生一样，也只有教师的仁慈才能培养学生积极

1　周益华．“宽容”也是教师的美德．江苏教育报，1997-12-23

2　[美]罗森塔尔，雅各布森．课堂中的皮格马利翁——教师期待与学生智力发展．唐晓杰，等译．北京：人民教育出版社，1998

的人生态度。教师的仁慈，无论是对学生，还是对同事、对他人的仁慈态度对学生的仁慈品性的养成都具有重要意义。教育公正让学生形成公平、正直、刚正不阿、遵守法度的品质；通过教师的仁慈，学生则能够体验伦理生活的全面和技巧，形成积极的人生态度，形成对人信任与关怀的品质，以及对人友善、慷慨和宽恕等。

4. 心理健康功能

在学生眼中，教师是神圣的——他既是成人社会的代表，也是是非善恶的标准。所以教师的一言一行学生都十分在意。过于严厉的教师往往会使学生面临不必要的心理压力，造成心理疾患；过于放纵的教师又会使学生失去必要的控制能力的学习机会，形成社会性发展上的错觉，也不利于学生的心理健康。所以，实行真正的教育仁慈有利于学生的心理健康。

我国台湾的著名作家三毛曾经患有严重的自闭症，时间长达7年——不肯上学，害怕所有人，因而不愿与外界接触。起因即是初中二年级时因为成绩不佳，一个数学教师在她的脸上画了两个“鸭蛋”，让她当众出丑。[1]有人认为这一心理疾病还是她后来自杀身亡、英年早逝的主要原因之一。我国著名教育家陶行知先生说过一句名言：“你的教鞭下有瓦特，你的冷眼里有牛顿，你的讥笑中有爱迪生。”所以，教师的仁慈实际上是学生一生成败和整个教育事业成败的一个关键性因素。

教师的仁慈从某种意义上会超越心理健康层面。按照后现代主义代表人物米歇尔·福柯（Michel Foucault）的观点[2]，现代社会是一个知识和权力结合摆布个体的社会。在现实的社会和学校生活中，不正常往往不是你错了，而是你未达到一定的标准。因此，规训与惩罚就成为压迫人的一种手段。由于这一权力系统的存在，即使我们认为正常的东西往往也构成了对个体的压抑。因此，以一种宽容、仁慈的态度对待学生、对待一切人，就成为一种当代社会必须认真对待的抉择。从这一意义上说，仁慈具有更广泛的时代意义。

四、如何做一名仁慈的教师

教师之爱

要在教育实践中真正做到按仁慈的原则行事，教师必须要具备崇高的道德境界，拥有教育的效能感，掌握高超的教育艺术与技能，以及成为一名学生的心理关怀

1 潘洪亮，等. 情境·教育·启迪——教育学教学例话集锦. 郑州：大象出版社，1999：37
2 [法]米歇尔·福柯. 规训与惩罚——监狱的诞生. 郑北成，杨远婴，译. 北京：生活·读书·新知三联书店，1999

者。只有具备了这些基本条件，成为一名仁慈的教师才是可能的。

（一）具有崇高的道德境界

法国诗人路易·阿拉贡在《为了回忆的诗》中曾记载，1944年2月，一个属于即将被纳粹行刑队枪决的人说："我死时心中不怨恨德国人民。"所以安德烈·孔特–斯蓬维尔在他的《小爱大德》中这样评述宽恕和自由的关系："即使套着锁链，他也比杀死他的凶手们更自由，因为他们是奴隶！这正是宽恕所记住或表达的，它以此与慷慨相结合，这就像一种过多的自由，它看到罪人们太缺少自由，以至不能对他们恨之入骨……"[1]

不仅宽恕，而且作为仁慈的全部内容都需要道德上的自由。而道德上的自由实际上就是道德的最高境界。仁慈不同于怜悯，双方在人格上是对等的。但是，人格上的对等并不等于仁慈原则调节的双方在道德境界上处于同一水平。对教师而言，只有在道德修养上处于更高的水平，才能真正践行仁慈的原则。这是因为如果没有较高的道德修养，我们就会陷入日常利害之中无法自拔。自己都是不自由的，我们如何能够心平气和地对人、对事，践行仁慈原则？此外，从仁慈与公正的比较中也可以看到较高道德境界的必要——因为仁慈是一种比公正要求做得更多的道德法则。

（二）拥有教育效能感——教育信心

教师的仁慈不仅要求我们具有较高的道德修养，而且要求我们具有较高的教育效能感（即教育信心）。

依据林崇德教授的观点，教师的效能感可以分为一般效能感、个人效能感和总体效能感三类。随着教龄的增长，一般效能感会逐渐呈现下降趋势，而个人效能感和总体效能感会出现上升的趋势。[2]这是因为随着时间的推移，教师们渐渐认识到教育之外还有许多条件会影响学生，所以教育不是万能的。但是，随着教育工作技能的日益提高，教师对自己和对教育的整体作用会越来越自信，故个人效能感、总体效能感越来越高。

我们认为，教师应当树立"通过教育，学生一定能够成才""通过努力，我一定能够教好我的学生"的教育信心（即一般效能感和个人效能感）。只有有信心，我们才能冷静地面对问题；也只有具有较高的教育效能感，教师才能发现自己的本质力量，更加热爱自己的学生和自己的事业。相反，我们可以看到，对学生苛刻、冷漠的教师往往都是教育上的失意

1　[法]安德烈·孔特–斯蓬维尔. 小爱大德. 吴岳添，译. 北京：中央编译出版社，1998：125
2　林崇德. 教育的智慧——写给中小学教师. 北京：开明出版社，1999：42–45

者。由于对自己的能力失去信心，所以暴躁、蛮横、失去理智。这样的教师，我们是无法期待其具有真正的教育仁慈的。

但是，教育效能感并不能够凭空产生或提高，教师能够做的只能是不断提高自己的业务水平。所以，践行教育仁慈和践行任何其他师德规范一样，其基本条件都是要求教师懂得并掌握真正的教育艺术。

（三）掌握高超的沟通与表达技巧

公正本身即要求显性的规则存在。公正就是这些规则和规则的实施。与公正不同的是，仁慈并不必然具有显性的表现。林崇德教授曾经指出："热爱学生并不是一件容易的事，让学生体会到教师的爱更困难。"[1]

某市教委在教师中随机调查，问"您热爱学生吗？"，90%以上的教师都回答"是"。而当转而对他们所教的学生问"你体会到老师对你的爱了吗？"时，回答"体会到"的学生仅占10%！[2] 这是一个令人深思的问题。我们认为，重要的一点原因是教师缺乏合适的表达情感的技巧。

在中国，师道尊严的传统往往不仅使我们认为"严是爱，宽是害"，而且即使是当我们真正希望表达对学生的热爱、欣赏时，我们也往往是板起面孔的。这样就使我们的情感表达失去了表象，学生无从接受。学生，尤其是低年级的学生，非常在意老师表面上的情感表达，如果教师缺乏表达技巧，教育仁慈的原则就无法实现。所以，如何表达我们对学生的仁慈或热爱，如何使我们对学生的要求也成为学生对爱的解读对象，需要我们掌握高超的沟通与表达的技巧。教师应当学会运用语言、教态和其他手段恰当地表达对学生的热爱、尊重、期待与善意的要求。

（四）做学生的心理关怀者

美国学者林格伦（Henry Clay Lindgren）在他的《课堂教育心理学》中说："当一名心理卫生工作者不一定是教师的主要角色，除非我们考虑到儿童教育在本质上是改善他们心理卫生的过程。……而如果一名教师对他的工作中的诊疗方面无知，那么他所做的比他应当做的，其成效要小得很多。……教师应当清楚他们的心理卫生工作者的角色的重大责任。"[3]

---

1 林崇德. 教育的智慧——写给中小学教师. 北京：开明出版社，1999：36
2 林崇德. 教育的智慧——写给中小学教师. 北京：开明出版社，1999：36
3 [美]林格伦. 课堂教育心理学. 章志光，等译. 昆明：云南人民出版社，1983：670-671

1988—1991年，卫生部曾经对23个省市2.4万名独生子女进行过精神卫生方面的调查，发现我国儿童的心理问题发生率高达15%。[1]稍后一项较大规模的调查则证明，我国中小学生中存在不同程度的心理健康问题，总检出率高达21.60%。[2]

由于市场竞争的日益加剧，家长们已经普遍将未来的竞争自动提前到儿童、少年的学习期。我们还存在着学生们的心理压力日益加剧的趋势。因此，仁慈原则是我们不能忽视的教育伦理原则。

做学生的心理关怀者要求教师至少应当做到这样几点：（1）要注意倾听学生的心声，关心他们的情绪变化，努力形成关怀学生的日常教学环境，使学生得到情感和心理上的有力支持，生活在一个具有安全感的心理环境之中。（2）应当了解必要的心理疏导技术和其他心理学知识，正确地帮助学生调节情绪，减轻焦虑和正确面对不同发展阶段中所遇到的心理问题。（3）对于学业成绩不佳的学生，要在帮助他们改善学习方法、学习习惯和提高成绩的同时，首先注意消除他们的心理压力，让他们“抬起头来走路”。对于学生其他心理上的问题，教师要能够区分问题的性质，予以合适的处理。在心理上关怀学生虽然是现代教育伦理的要求，但是这一目标的实现却要求教师具备必要的心理学素养。所以，教师应当意识到心理知识和技能是实现教师仁慈的必要的基础知识，努力加强这一方面的专业素养。

第四节
教师的良心

学习目标

了解良心及教师良心的内涵、结构、特质，以及教师良心在现实教育工作中的实现。

良心是与公正、仁慈和幸福等概念有密切关系的范畴。首先，良心与公正、仁慈有密切的联系。良心以公正与仁慈为基本准则，又对公正与仁慈原则的落实有支持作用。良心就是要使人爱其所爱、恨其所恨，具有是非感与正义感，具有“恻隐之心”。良心可以视为公正、仁慈原则等的内化。良心不仅包容正义感，也含有仁慈的驱动存在。其次，良心与幸福也有密切的联系。做一个有道德良心的人是成为一个幸福的人的必要条件，凭良心来做事才能获得心灵的充实；一个“丧尽天良”的人是很难获得心灵的宁静与幸福的，因为他（她）时时刻刻都会处于空

1　高明书. 教师心理学. 北京：人民教育出版社，1999：30
2　黄希庭. 中学生心理健康教师读本. 北京：新华出版社，1999：8

虚、悔恨或者恐惧之中，难以实现真正的幸福。苏联著名教育家苏霍姆林斯基曾说："压抑自己良心的声音，这是很危险的事情。如果你养成一种对某件事情毫不在乎的习惯，那你很快就会对任何事情也都满不在乎"[1]。所以，良心无论对社会的健康发展还是对个体的道德生活都有极大的意义。教师的职业良心是教育工作的重要动力和调节机制所在，对教师的专业发展、职业成就和道德境界的提升均具有重要的价值与意义。教育良心是教师职业道德的重要范畴。

一、什么是良心

（一）良心的内涵

"良心"（conscience）是一个古老的伦理概念。孟子将恻隐、羞恶、恭敬、是非之心称为良心，主张人应当注意找回失掉的良心。[2]朱熹则将良心视为宰制人心的"道心"。王阳明将良心看作澄澄朗朗的"本心"。英文中的"conscience"来源于拉丁文的"conscire"，意即"知道"，以后知行合一，就有了按良心办事的意思。在弗洛伊德的心理学中，良心就是"超我"制约"自我"的人格命令的一部分。

道德意义上的良心是一种道德心理现象，是指主体对自身道德责任和道德义务的一种自觉意识和情感体验，以及以此为基础而形成的对道德自我、道德活动进行评价与调控的心理机制。要对良心范畴有正确理解，需要对良心的成分、性质等有正确的认识。

（二）良心的结构

从心理结构上说，良心有三种主要的构成成分，即认知、情感、意向。

1. 良心的认知成分

良心首先是一种对道德责任和道德义务的认知。一个"有良心"的人，实际上就是一个对自己应当做什么和不应当做什么有理性和明确的自我觉悟的人。马克思说："理性把我们的良心牢附在它的身上。"[3]良心也只有凭借对道德责任和义务的内化的认知，才能对人的行为作出评价和调控。

2. 良心的情感成分

良心还表现为一种情感的体验。从某种意义上可以说，良心主要是一种情感体验。我们知道，良心的自我评价和调控之所以有效，从作用方式上讲，就是因为它凭借的主要是情感

---

1 [苏]瓦·亚·苏霍姆林斯基. 给儿子的信. 张因衡，等译. 北京：教育科学出版社，1981：6

2 孟子·告子上

3 [德]马克思. 共产主义和奥格斯堡"总汇报"//[德]马克思，恩格斯. 马克思恩格斯全集：第1卷. 北京：人民出版社，1956：134

武器。当主体选择一种合乎良心的行为时，主体获得一种欣慰、自豪和愉快的积极的心理愉悦感受；相反，当他的行动违背自己的良心时，则会产生一种不安、自责、愧疚的消极的情感体验。同理，当主体遇到一种合乎人性和道德的事情时，他会发自内心地予以赞许、敬佩和羡慕等；相反则会产生鄙夷、轻蔑和厌恶的情感。积极和消极的情感体验是良心的重要组成部分。正是由于良心的情感作用机制的作用，良心才能成为道德秩序的保证。

3. 良心的意向成分

意向是良心的认知和情感的自然延伸。有了一定的道德责任的认知和情感，就必然会对行为起心理的动机引导作用，更进一步，还会产生一定要如此的意志力。许多人正是凭借着这种所谓“天理良心”的体认克服艰难险阻去努力践行道德的。不过，良心结构中的“意”，首先是“意向”的“意”，其次才是“意志”的“意”。这是因为许多情况下良心只表现意向而不表现为意志，或者只有意向而没有意志的参与。而且，良心所具有的意志成分具有较大的自由特性，与那些由纯粹外力产生的强制性的意志力有明显的感受上的差异。

（三）良心的特质

良心具有内隐、神圣和基本的性质。

1. 良心的内隐性

内隐性或先验性可以理解为良心的一种特性。内隐性是说良心是深藏于人心之中的，虽然平常并不外显，但涉及道德行为，尤其是涉及利益与义务冲突的行为时，良心就会内在地发生作用。

古罗马的西塞罗说：“对于道德实践来说，最好的观众就是人们自己的良心。”而斯多葛派的观点则是，良心是“人内的神”，“圣神居在你心中，他是我们所做坏事的监视人，好事的防卫者”。[1]

由于良心是内隐的东西，所以人们往往认为，它的产生具有某种意义上的与生俱来的先验性。卢梭说：“在我们的灵魂深处生来就有一种正义和道德的原则；尽管我们有自己的准则，但我们在判断我们和他人的行为是好或是坏的时候，都要以这个原则为依据，所以我把这个原则称为良心。”[2]所以，黑格尔认为良心是一种先验理性。孟子也说：“人之所不学而能者，其良能也；所不虑而知者，其良知也。孩提之童，无不知爱其亲者，及其长也，无不知敬其兄也。”[3]程颢则干脆说：“良知良能皆无所由，乃出于天，不系于人。”[4]中国古代一直有

1　转引自：魏英敏．新伦理学教程．北京：北京大学出版社，1993：458
2　[法]卢梭．爱弥儿——论教育．李平沤，译．北京：商务印书馆，1983：414
3　孟子·尽心上
4　程氏遗书卷二

“天良”之说。我个人的理解是：天良之“天”，一是合乎天理，二是先天得来的意思。正是因为良心对于个体而言具有这种内隐和先验的性质（对于个体是先验的良心，对于人类社会的整体实践来说当然是后天的），所以良心的作用方式就往往是潜在和内在、自然的，自律性较高。

良心的内隐性也使道德个体往往有被遮蔽的可能。孟子之所以主张“求其放心”，奥古斯丁、卢梭等历史伟人之所以要写《忏悔录》，都是要拂拭遮蔽美好人性的尘垢，袒露和维护人之为人的良心。

2. 良心的神圣性

神圣性的含义在此是指良心可以带来主体的神圣体验。一些伦理学家曾经拒绝历史和心理学对良心的解释，认为这一解释的危险在于剥夺了良心的神圣性。[1]实际上，神圣体验的真实源泉是主体在道德关系和道德生活中所获得的自由感和意义感。简单地说，就是一种人性“伟大”的感受。对于某些有宗教信仰的人来说，良心的召唤就是神的启示，按良心办事，当然也就是践行天命。对于没有宗教信仰的人来说，按良心做事实际上就意味着主体摆脱外在的强制，获得某种心安理得的自由、欣慰和做人的尊严与荣耀感。当然，道德主体一旦违背良心，也就会产生有背天地良心的感觉，就会有心虚、自卑和自责等与神圣感相反的体会。

思想家语录

良知在人，随你如何，不能泯灭。虽盗贼亦自知不当为盗，唤他做贼，他还忸怩。

——王阳明，《传习录》

良心的神圣性来自道德主体所拥有的人生信念和人格理想。包尔生说，每个民族都有自己关于人格的“完善形象”，“这些形象占据了个人的意识，塑造了他的性格和意志。他按照理想衡量自己及其行为，当他没达到它时感到痛苦，他接近它时则感到快乐”[2]。

3. 良心的基本性

良心是主体对于责任和义务的自觉意识与情感，但并不是所有的责任和义务都会成为良心所观照的范围。良心往往是那些最基本和最起码的责任或义务的反映。正因为是最基本和最起码的道德责任的反映，所以当人违背这一基本义务、准则时，主体才会感受到严重的自责。超出最基本的要求的义务当然也是道德的应然，不过这往往表现为一种英雄或崇高的行

1 [德]弗里德里希·包尔生．伦理学体系．何怀宏，廖申白，译．北京：中国社会科学出版社，1988：311
2 [德]弗里德里希·包尔生．伦理学体系．何怀宏，廖申白，译．北京：中国社会科学出版社，1988：315

为，所以大多数人并不认为这是良心要求的范围。当然，不同的主体对自己的良心界定是不一样的。虽然大多数人认为，所谓良心并不要求人做道德上要求很高的英雄行为，但那些人格修养达到一定境界、以天下为己任的人，其良心所自觉囊括的义务范围也可以达到较高的水平。由此可知，良心是有层次或境界上的不同的。良心的基本性质并不妨碍较高的道德追求。

二、什么是教师良心

（一）教师良心的内涵

教师的职业良心可以表现在教育工作的每一个环节中。其主要的内涵我们认为有这样四个方面：恪尽职守、自觉工作、爱护学生、团结执教。

“恪尽职守”实际上就是一种工作责任和纪律的要求。教育工作中的“恪尽职守”，重要内涵主要是两条。第一条是从职业规范上说，教师的良心要求教师应当遵守工作纪律，按照社会和教育事业对教师的要求尽职尽责。比如，认真备课、上课，遵守工作时间及其他工作规范，等等。第二条是从教育效果上说，职业良心要求教师不能误人子弟，要尽全力取得最佳的教育效果。做不到这两条的教师就是某种意义上的玩忽职守，就会受到职业良心的谴责。

“自觉工作”的要求是由教师的劳动特点决定的。首先，教师的教学行为具有个体和自由的特性。“慎独”的美德十分重要，因为教师的工作多数情况下都是无人监督的。虽然有教育对象的在场，但由于学生的未成熟性、由于师生关系的不对等性，学生往往没有全面监督教师工作及其质量的能力。其次，教师的工作在一定意义上是没有边界和限度的。比如，教师不仅要完成校内的工作，还应当与家长、社区等方面建立教育联系。这一联系需要教师大量的精力上的投入。怎样才算践行了使命，我们无法作出明确的界定。又如，“教”无止境。除了基本工作之外，怎样做才算完成了教师的任务？这也完全由教师主观决定。所以，教师能不能自觉要求自己是教师工作成败或效能高低的决定因素。教师必须有自觉工作的良心。

“爱护学生”是教师的天职。教师对学生的爱护有其职业上的特点，这就是他必须对教育对象的成长负责。教师对学生的爱不同于一般的亲朋之爱，主要表现在为学生“传道、授业、解惑”上。苏联教育家赞可夫说得好：“不能把教师对儿童的爱，仅仅设想为用慈祥的、关注的态度对待他们。这种态度当然是需要的。但是对学生的爱，首先应当表现在教师毫无保留地贡献出自己的精力、才能和知识，以便在对自己学生的教学和教育上，在他们的精神成长上取得最好的成果。因此，教师对儿童的爱应当同合理的要求相结合。”[1]此外，教师对学生发展中存在的这样或那样的问题，不能够采取放任的态度，并且，教师在纠正学生

1　[苏]列·符·赞可夫. 和教师的谈话. 杜殿坤，译. 北京：教育科学出版社，1980：30

的缺点时又必须充分考虑到不能挫伤他们的学习积极性、抑制他们的个性成长。现代社会对于个性发展的要求比以往更高，教师良心中对于个性培养的要求也会比以往更高。

“团结执教”也是教师良心要求的重要组成部分。教师的劳动从其活动过程来看具有明显的个体性。但教育效果的取得却是集体性的。学生的人格成长、学生的知识及心智水平的提高都是教师群体合力劳动的产物。所以，教师的同侪关系不仅是一般的同事关系，而且是一种职业道德的本质要求。教师同事关系方面的良心不是一般人际关系方面的良心，而是职业良心的直接构成部分。所以，“应当有这样的教师集体：有共同的见解，有共同的信念，彼此间相互帮助，彼此间没有猜忌，不追求学生对个人的爱戴。只有这样的集体，才能够教育儿童”[1]。

教师良心的上述四个方面，分别反映了教师与社会、教师与自身、教师与学生以及教师与同事之间的道德关系。这四个方面的联系是，它们共同反映了教师对教育事业的责任和义务意识、情感等，所以教师的良心与教育事业有必然的联系。

（二）教师良心的特点

教师良心与其他职业良心相比，有以下两个主要的特点。

1．层次性高

所谓层次性高，是指由于教师劳动的崇高性质，以及教师本人往往对这一崇高的职业及其要求有较高的自觉，所以教师良心在境界上高于一般的职业良心。具体表现是：第一，现代教师经过职前教育和继续教育，都有较高的对于教育道德义务的自觉性。第二，教育良心的调整范围广泛，要求较高。我们知道，许多其他职业道德规范允许的行为，教师未必认为是合适的。比如着装，社会人士可以着时装，而教师的服装却必须庄重、大方，相对保守，才不至于影响或分散学生的注意力。又如，教师的言谈举止，必须力求反映较高的文化和道德修养，否则就不足以垂范于学生，等等。教师只有合乎这些职业道德的要求，才能心安理得。苏联教育家加里宁曾说：“为了真正地进行教育，不仅要很好地熟悉自己的业务，而且要有纯洁的灵魂。”[2]虽然教师也是普通人，但职业良心却时时提醒教师为人师表所必须注意的较高修养要求。这是教师良心的重要特质。

2．教育性强

所谓教育性强，是指教师良心的榜样作用和判断教育良心的最终标准是看良心是否真正符合教育事业的要求。对于教师良心的榜样或教育作用无须作更多的说明。我们这里重点说明一下教育良心的标准问题。良心往往处于直觉状态，即使是在理智状态下，良心也仍然具

1　[苏]安·谢·马卡连柯．论共产主义教育．刘长松，杨慕之，译．北京：人民教育出版社，1981：305

2　转引自：王正平，郑百伟．教育伦理学——理论与实践．上海：上海教育出版社，1998：202

有较多的情感抉择的特性。同时，良心本身仅仅是作为主体对道德义务的一种自觉而存在的，落实良心的要求的行为方式是多种多样的。所以，良心本身及其落实的方式都需要在良心之外寻找最终的检验标准。检验教师良心的最终标准当然只能是看良心所作的判断是否有利于对学生的教育。比如，教师面对非常顽皮的学生容易产生惩罚的念头。有的教师还会"凭良心"采取那种饮鸩止渴的体罚的方式。体罚等看起来有立竿见影的效果，但是它显然不利于教育对象的身心发展，也不利于教育的真正效果的产生。所以，即使体罚是凭良心的抉择，也不意味着它仅仅合乎个体的良心冲动就自然是正确的。

三、教师良心的意义

教师的职业良心就是教育良心，它指的是教师在教育实践中对社会向教师提出的道德义务的高度自觉意识和情感体认，自觉履行各种教育职责的使命感、责任感，以及对自己的教育行为进行道德调控和评价的能力，等等。任何职业良心的意义都主要体现在对职业以及对从事这一职业的主体自身的价值两个方面。教师的职业良心也主要体现在这样两个维度。

（一）良心对教育工作质量的促进作用

教师的职业良心对教育行为的调控作用表现在教育过程的全部环节中。在教育工作开始之前，教师的良心会行使对准备采取的教育行为的"预审权"。教师的良心会问教师自己："这样的行为合适吗?""这样的行为有益学生成长吗?""他会受到伤害吗?"等等。在实际教育过程之中，教师的良心则会努力行使"监察权"，它会提问："预期的行为有应有的效果吗?"如果没有，良心会引导教师采取措施上的调整。教育活动结束，良心会行使"鉴定权"。教育良心对特定教育行为或褒或贬，教师也就或者自豪，或者忏悔。教育良心因此就成为教师职业道德和职业技能水平提高的最好的导师或学校。

我们在谈及教育劳动的特点时早已提及，教师的具体劳动过程具有个人性和自由性。由于教师劳动的个人性质和自由性，教师的劳动就表现为"良心活"的特点。即干多干少，认真还是勉强地完成任务，只有天知、地知。良心作为一种道德自律机制，对教师的调控、对教育工作的质量能够起十分关键的促进作用。此外，良心也会使教师拥有较高的人格，对学生本身有教育意义。

（二）教师良心对于职业生活的精神意义

教师的职业良心实际上意味着一种自我评价机制的存在。在实际生活中，教师常常会遇到社会、学校、同事甚至学生的不公正的对待，会面临许多的矛盾。教师的职业良心一方面抚慰自己，对自己的职业生活作出公正的评判；另一方面则要求教师即使是遇到较大的委屈时，仍然能够按照职业良心的指示行事，做到所谓“事业为重”。所以，教师的职业良心是教师精神人格的保护神，是教师鞠躬尽瘁、积极耕耘的重要精神支柱之一。

四、如何做一名有良心的教师

教师为什么要认真落实全面发展教育方针

不同的教师往往会有不同的教育良心。有的对教育使命和责任的觉解透彻，良心的水平以及对教育行为的调节水平较高；有的则水平较低。所以，讲教师的良心不可不讲如何成为一名有良心的教师。我们知道，教师的良心难免受到社会、群体、学生以及教师个人等多重因素的影响。一个社会正义较多、道德水平较高的社会，会自然为每一位社会成员的职业道德提供涵养上的环境和舆论上的保证，从而有利于教师良心的形成。教师的同侪群体对个体教育良心的形成作用更为直接。同时，教育对象（学生）也会以舆论的形式影响教师良心的修养。由于教育活动的特殊性，教师劳动的意义必须在教育对象身上才能获得，所以学生的尊敬、赞扬或蔑视、批评对教师的道德良心会起非常大的影响作用。

当然，教师不能仅仅被动地接受情境的影响，还应当主动地体验这一情境中的价值、义务因素并加以内化。所有的良心，包括教师良心的形成受社会生活及群体的影响，更受自身修养的制约。这首先是因为良心是一种“自律性”的心理现象，离开主体自身的自觉认知和情感体验的道德良心是不可思议的。所以，教师在知、情、意、信、行等方面应不断进行自我修养，从而提升自身的道德良心。

（1）从“知”的方面而言，就是不断提高自己的教育责任和使命等意识。教师必须从认知和理性上认识到教育工作的神圣性和光辉性，必须认识到自身的教育行为和道德行为会全方位地影响学生的学业发展和道德成长。教师是学生在人生发展中的最为重要的榜样模范和领路人，教师的一言一行都会深深地印刻在学生的大脑里，从而深深地影响到学生的品格建构。因此，一个有良心的教师，必须更好地理解自身的沉重的教育责任和使命，并且敢于担当这种责任与使命。这也是成为一名有良心的教师的认知准备。一旦教师无法对这种教育责任与使命做好认知和理解上的准备，那么他（她）也就很难在自己的职业生涯中做好教育工作这样一个“良心活”。只有当教师充分地认识到了自身的教育使命，同时认识到履行教师职责的重要性，他才具备了成为一名有良心的教师的认知基础。

（2）从“情”的角度而言，就是要不断加强自己的职业道德情感的涵养，爱其所当爱，恨其所应恨。教师在情感方面要热爱自己的学生、热爱教育事业。这种爱是一种深沉的、持久的爱，而不是短暂的、昙花一现的爱。我们也看到，现实生活中那些优秀的教师往往都是具备这种特殊的“教育爱”的教师，他们把学生当作自己的孩子，把教育事业当作最为崇高、最为宝贵的事业。因其能“爱”，所以他们总能在教育工作中坚守职业良心，从良心出发来做事，从良心出发来对待学生。同时，教师也要学会恨，这种恨是对错误的教育行为、教育方法的恨，这种恨是对一切不道德的、不讲良心的行为的恨。教师的这种恨，可以把肮脏的、丑陋的、不道德的行为剔除出教育工作，使得教育工作在纯净的天空下展开。教师的爱与恨是一种辩证关系。没有这种对道德丑陋、道德肮脏的恨，教师也就很难形成对教育事业、对学生的真正的热爱。因此，教师要不断培养自己爱憎分明的情感，大胆地爱自己所爱，恨自己所恨，做一名讲道德良心的教师。

（3）从“意”的角度而言，教师应当培养自身的道德意志力，以应对各种道德挑战。当道德良心受到挑战时，意志力是最关键的因素。正如苏霍姆林斯基所说的，“压抑自己良心的声音，这是很危险的事情。如果你养成一种对某件事情毫不在乎的习惯，那你很快就会对任何事情也都满不在乎”。中国古代伦理思想中有许多修养的方式，诸如尚志、静虚、省思、知行合一等，这都值得教师在意志修养过程中加以借鉴。通过对自身的道德意志力的提升，教师才可能坦然面对各种生活中的不良诱惑而始终不为所动。道德意志力使教师能够坚持选择道德的行为，坚持按照良心的呼唤来做事，从而使教师能够摆脱低级趣味以及一己之私的束缚，成为一名有职业操守的教师。

（4）从“信”的角度而言，教师应当不断提升自身的职业理想和职业信仰，做一名有道德信仰的教师。只有一个有自己的道德理想和人生理想并对自己的这一理想负责的教师，才会有较高的道德或良心的境界，教育良心的作用才会更彻底，水平才会更高。换言之，教师的良心修养的重要内容应当是社会理想、教育理想和教育信仰等方面的综合修养。教师应该形成正确的社会理想，坚信我们的社会正在朝着正确的轨道前进；同时，教师应当坚定自身的教育理想和教育信仰，对于不合理的、不正确的教育理念、教育内容以及教育方法等坚决予以改变，追求自己心中的理想的教育。有了这种理想和信仰的护航，教师在教育事业的路途中将更坚定地坚持正确的方向，更坚定地以自身的道德良心作为教育行为的指挥棒。

（5）从“行”的角度而言，教师还应当不断地基于道德良心来展开教育工作，在行为中践履和磨炼自身的良心和意志。正如我们所看到的，知、情、意、信等方面的道德修养，使得教师在道德认知、道德情感、道德意志以及道德信念等方面获得了稳定的提升，它为教师良好的道德行为打下了基础。但是，仅仅只有这些还是不够的，因为知、情、意、信等方面的道德素质的培养不能离开行为，行为才是统合这些方面的最为核心的要素。行为的重要性在于，它可以促使个体在道德认知、情感、意志以及信念的基础上身体力行，从而真正使个体成为一个实实在在的道德人，使个体真正在现实生活中按照道德良心来做事。因此，教师在培养和提升自己的道德良心的时候，不能忘记行动的重要意义，要在教育实践中不断地进行道德行动，在行动中坚定自己的道德认知和道德信念。

本章小结

1. 幸福的内涵，以及教师幸福的内涵、特性及其在现实生活中的实现	● 幸福的内涵 人的目的性的自由实现时的主体生存状态 ● 教师幸福的内涵 ➢ 教师实现自己的职业理想的一种主体生存状态 ➢ 教师的幸福与教师的德行具有一致性 ● 教师幸福的特性 ➢ 精神性 ➢ 关系性 ➢ 集体性 ➢ 无限性 ● 教师幸福在现实生活中的实现 ➢ 高尚的道德水平和人生境界 ➢ 良好的知识结构 ➢ 高超的教育能力 ➢ 审美的素养
2. 公正及教师公正的内涵、特性，以及教师公正在现实教育工作中的实现	● 公正的内涵 公正原则是以公平合理的方式处理利益关系的原则 ● 公正的特性 ➢ 对等性 ➢ 可互换性 ➢ 最终价值判定的依赖性 ● 教师公正的内涵 ➢ 对自己的公正 ➢ 对学生的公正 ➢ 对同事的公正 ● 教师公正的特性 ➢ 教育性 ➢ 实质性 ➢ 自觉性 ● 教师公正在现实教育工作中的实现 ➢ 自觉进行人生修养 ➢ 不断提高教育素养 ➢ 掌握公正的惩罚艺术 ➢ 把公正与仁慈有机地结合起来
3. 仁慈及教师仁慈的内涵、特性，以及教师仁慈在现实教育工作中的实现	● 仁慈的内涵 具有高度理智性、超越性的爱心和宽恕的伦理精神与道德原则 ● 仁慈的特性 ➢ 情感性 ➢ 理智性 ➢ 超越性 ● 教师仁慈的内涵 将理智性、超越性的爱心和宽恕运用到教育活动当中，以宽容和爱来对待学生 ● 教师仁慈的特性 ➢ 教育性 ➢ 理性色彩

续表

	➢ 方法特性 ● 教师仁慈在现实教育工作中的实现 ➢ 具备崇高的道德境界 ➢ 拥有教育效能感 ➢ 掌握高超的沟通与表达技巧 ➢ 做学生的心理关怀者
4. 良心的内涵、结构，以及教师良心的内涵及其在现实教育工作中的实现	● 良心的内涵 主体对自身道德责任和道德义务的一种自觉意识和情感体认 ● 良心的结构 ➢ 认知 ➢ 情感 ➢ 意象 ● 教师良心的内涵 ➢ 恪尽职守 ➢ 自觉工作 ➢ 爱护学生 ➢ 团结执教 ● 教师良心在现实教育工作中的实现 在知、情、意、信、行等方面不断进行自我修养，从而提升自我的道德良心

总结 >

关键术语

教师的幸福	教师的公正	教师的仁慈	教师的良心
teacher's happiness	teacher's justice	teacher's benevolence	teacher's conscience

章节链接

本章内容主要涉及幸福、公正、仁慈、良心等教师职业道德的基本范畴，它是第一部分第一章相关内容的具体化，同时它与第二部分第一章“教学伦理”、第二章“科研伦理”、第三章“社会伦理”有着紧密的联系，这几章内容是对幸福、公正、仁慈、良心等教师职业道德基本范畴的具体落实。

应用 >

批判性思考

1. 在现实生活中，我们看到有些教师总是会偏爱某些学生，比如那些家庭背景比较好的、成绩比较高的、性格比较外向活泼的学生，而忽略了另外一些“不起眼”的学生。从教育公平的角度来分析，您觉得这种做法好吗？教师在自己的日常教学生活中应该如何尽量避免或者完全改变这种行为？

2．我们经常能听到有些教师抱怨工作太累了，学生的事情太烦琐了，考试的压力太大了，以至于在教学生活中几乎没有幸福可言。请您分析一下，教师的幸福源自哪里呢？教师应该如何超越日常工作的烦琐和劳累而让自己变得更幸福？

3．正如很多人说的，教师工作是一种“良心活”，只有从良心出发来从事教育工作，一个教师才能真正把自己的工作做好。您是怎么理解教师工作是一种“良心活”的？做一个有良心的教师，应该具备怎样的素质？

体验练习

以下这些测试题有利于您了解教师职业道德的基本范畴，请从A、B、C、D四个选项中选出您认为最合适的选项。

1．当一个“差生”和一个“优生”发生争吵时，您会（　　）。

A．偏袒优生　　B．偏袒差生　　C．视而不见　　D．公平处理

2．当某个同学犯错误的时候，您会采取什么措施？（　　）

A．体罚或变相体罚　　B．当众责骂

C．视而不见　　D．以仁慈的方式批评

3．您觉得，幸福是否应该成为教师所追求的目标？（　　）

A．是　　B．不是　　C．绝对不是　　D．说不清楚

4．在课堂上，当学生指出教师的错误时，作为教师，您会（　　）。

A．责骂学生　　B．批评学生

C．不理会学生　　D．宽容学生并改正错误

案例研究

2012年，浙江温岭某幼儿教师颜某因某男童比较顽皮，就在教室里揪着孩子的耳朵悬空拎起。由于耳朵被撕扯产生的剧烈疼痛，男童的脸都变形了。颜某却始终微笑着，并让另一名教师拍下这一幕以取乐。这张触目惊心的照片一经曝光就让网友无比愤怒。经过搜索，网友还在她的QQ空间里发现2张将幼童嘴用宽胶带封住的照片，还有3张将幼童头朝下扔进垃圾桶的照片。事件引发了人们的极大关注，人们纷纷对颜某的做法进行了谴责。但是，在面对记者的

采访时，颜某仅说了一句话："当时就感觉是闹着玩嘛……"

案例反思：

（1）在这个案例中，教师颜某的做法是否有违教师的职业道德，违背了哪些教师职业道德规范？请予以分析。

（2）从道德良心的角度出发，颜某的行为符合道德良心的要求吗？教师对儿童是否做到了充分的仁慈、关怀和宽容？

（3）如何避免类似颜某的这种行为的产生？请予以思考。

教学一线纪事

以前有个同事说："我当班主任，只要能把座位排好，就感觉没什么事了。"说得有些夸张，但足见班主任排座之难。

的确，排座位是敏感的事——当然，在中国，座位永远是最敏感的事。尤其是在省城里，更敏感。以前在县城，一个班有八九十人，排好以后，很少动，很多人的位置一坐就是一年。现在一个班五十多人，座位却更难排。它总是与班主任是否公平扯上关系，引发诸如唯分数论呀、偏心呀、有领导打招呼呀、家长送礼呀等方面的猜测。

作为班主任，我也是俗人一个，难免受一些情况左右。但有一条一直是我的底线，那就是不按成绩排座。有人问，那你有什么好办法？当老师的都知道这里边的头痛之处。其实没有绝对的好办法，只要本着对学生有益，关心孩子成长，尊重孩子人格，哪种办法都可以。下面介绍一下我常用的一个方法——组团座位法。2008年高一接一个新班，我就采用了这种办法。

班里五十几个人，我就按男女比例、印象性格以及入学成绩等诸多因素，把全班同学分成8个组团，每组6~7人。他们坐在一起，组内协商搭配，坐在教室成八个方阵，交作业和值日都在一起，班内按组团轮流执行出黑板报、常规管理等各项活动，并按常规纳入考核评比，每周两个优秀组团，一个进步组团。每两周八个方阵按"公转和自转"（如向前又向左、向后又向右）结合的方式调整座位。而组团内部座位由组长协调转换搭配，多数组团内形成了固定的模式或规则。

总体来说，组团大多很团结，他们很欢迎这种方式。尤其是每个月的评比，他们都很在意、很激动，这激发了他们的小集体主义精神，又进而激发了他们的大集体主义精神。

资料来源：刘从良．班级座位怎样排［EB/OL］．（2014-06-26）．http://blog.sina.com.cn/s/blog_5e6cba8e0100zzfu.html

拓展>

补充读物

1 [美]约翰·罗尔斯．正义论．何怀宏，等译．北京：中国社会科学出版社，1988．

该书是当代著名哲学家罗尔斯的经典政治哲学著作。罗尔斯在该书中指出，应当以一种更抽象的社会契约论来替代功利主义以及直觉主义等理论。正义的基本原则是人们在无知之幕下选择的结果，这样根据正义的基本原则而构成的社会制度才可能最终实现正义的目标。

2 檀传宝．教师伦理学专题——教育伦理范畴研究．北京：北京师范大学出版社，2010．

该书是一本独具特色的教师伦理学专著。作者以教师的幸福为起点，循序渐进地探究了教师的公正、仁慈、义务、良心等核心的教育伦理范畴，形成了一个较为严密的教育伦理体系。该书的很多思想观点是开创性的，为教师职业道德研究做出了重要的贡献。

3 赵汀阳．论可能生活．北京：生活·读书·新知三联书店，1994．

该书以无立场的方法论分析了幸福、公正等伦理学基本问题，提出了不少创新性的观点，尤其是关于幸福的讨论，对于我们探讨教师幸福问题有很大的启发意义。作者提出了幸福的两个必要条件，即创造性和给予性。幸福来自人的创造性的发挥，同时幸福意味着给予而不只是占有。作者的观点具有较强的创新性，对于我们分析教师伦理问题有很好的借鉴意义。

4 林崇德．教育的智慧——写给中小学教师．北京：北京师范大学出版社，2010．

该书从教师职业的价值、教师的素质、学生的特点、智育与德育等方面探讨教师职业道德问题，提出教师是学生的保健医生，教师是学生全面发展的重要推进者等思想观点。该书作者认为，教师不仅要具有较强的教学水平和管理能力，还要具有较高的道德境界，从而以自身的道德品格影响学生的人格成长。

5 [加拿大]伊丽莎白·坎普贝尔．伦理型教师．王凯，杜芳芳，译．上海：华东师范大学出版社，2011．

该书是一本教学伦理方面的著作，它试图告诉我们如何开发教师伦理标准，从而为教师处理教学事务提供更好的伦理实践指导。该书作者认为，教师要真正做一个坚守职业道德的人，就必须鼓足勇气坚持伦理上的正当行为，直面教学生活中的道德困境，坚持职业的标准与规范，从而维护和提升职业的道德感。

在线学习资源

1．全国中小学教师继续教育网．http://www.teacher.com.cn/

2．班主任工作网．http://www.banzhuren.cn/banzhuren/

3．新华网-教育频道．http://www.xinhuanet.com/edu/xqjy.htm

第二部分

教师职业道德的实践规范

第三章

教学伦理

本章概述

教学是教师最平常，也最重要的工作。本章主要介绍教学伦理的内涵及基本特征，阐释教学伦理应遵循的基本原则。在此基础上，本章还将具体阐释教学伦理的具体内容及实践策略，为保障教学的教育性提供理论保障。

结构图

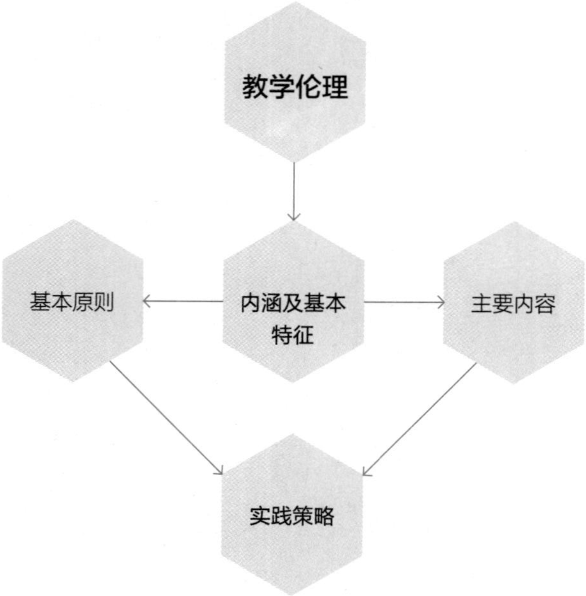

学习目标

学完本章，你应该能够做到：

1. 通过对“教学”概念内涵的讨论，深入理解“教学伦理”的内涵及基本特征。
2. 在了解教学伦理基本原则的基础上，深入理解并掌握教学伦理的主要内容。
3. 了解教学伦理的实践策略，在教育生活中切实践行教学伦理。

读前反思

许多教师对教学内容的处理、教学方法的选择等日常教学课题尚且头痛，而对于较为复杂的教学伦理问题的处理可能就更感棘手。因此，仔细反思并依据伦理原则来规范自己的教学行为，进行合道德的教学活动，已经成为广大教师面临的最迫切任务。在阅读本章之前，不妨思考一下教学伦理的具体内涵和基本特征究竟是什么，然后再结合自身受教育的经历，想想教过自己的老师，他们的哪些教学行为使自己印象最深刻。

- 想一想，那些在课堂上能够一视同仁的公正的好老师，他们是如何进行课堂提问的？他们是如何进行课堂评价的？
- 再想一想，你是否遇到过某些老师总是在课堂上随意嘲笑学习成绩不好的同学呢？其他同学会不会在课堂上用眼神漠视那些同学呢？
- 最后，说一说，你自己想成为哪一类型的老师？自己在实际的教学工作中，在教学内容的处理、教学方法的选择、教学评价的运用等方面应该注意处理好哪些与教育伦理相关的细节呢？

第一节 教学伦理的内涵及基本特征

学习目标

通过对“教学”内涵的研讨，深入理解“教学伦理”的内涵及基本特征。

一、教学伦理的内涵

（一）教学是什么？

要弄清楚“教学伦理”的内涵，需要首先解释清楚究竟什么是“教学”。

广义地讲，任何知识、技能、经验的教授和学习相统一的活动都可能属于教学。具体而言，存在以下四种界定方式。

1. 描述性定义，即传统意义上的教学：教学是知识或技能的授受过程。

2. 关系性定义，教学被理解为“教—学”（teaching-learning）两者之间相互联系、相互牵连的互动过程。杜威曾经用买与卖的关系来阐明教学的这种含义，如果没有人买，也就无所谓卖，如果学生没有学会，也就无所谓教，教也就不存在。

3. 意向式定义，教学被理解为一种意向活动，是一种有意向的行为，其目的在于诱导学生学习。教师的行为表现受其意向所左右，而教师的意向是以教师自身的信念体系和思维方式为基础的。

4. 规范式定义，教学被理解为一种规范性行为，教学是符合特定道德规范的一系列活动，应具备特定的道德条件。

尽管上述四种定义方式之间存在差异，但如果综合而论，我们可以概括出教学这一概念所具备的两个最基本的内涵要素。

首先，教学是教师的“教”与学生的“学”两种活动辩证统一的过程。教学并非教与学两个过程的简单相加，而是两者有机地结合或辩证地统一在一起的。教之于学，就如同卖之于买。当然，虽然教与学两个过程都非常重要，但在教学研究中，“教的行为”乃是中心问题。[1]而教学伦理是这一“教的行为”，进而是整个教学活动成立的重要条件之一。

其次，教学是人类有意识、有目的的“以善致善”的活动。教学这一概念的内涵不仅包含方法论层面，而且涵括目的论层面：教学过程的工具性必然需要用应然的规范属性或价值法则予以说明，教学过程需要以道德的手段促进学生的全面发展，所谓“教学”乃是指“以善致善”的过程。在此过程中，人类文明所选择的教学内容，即传授的知识、技能和经验本身的授受并非教学的最终目的，实现学生向善的全面发展才是教育的最终目的。换言之，

1 施良方，崔允漷．教学理论：课堂教学的原理、策略与研究．上海：华东师范大学出版社，1999：12

就工具论、技艺论层面而言，教学过程当然可以被理解为一种知识授受或经验传递的技术过程。但就目的论、价值论层面而言，这个技术过程必须符合道德善的规范属性或价值法则。

故此，所谓“**教学**”，实际上是一种“**以善致善**”的德性生活过程[1]，是一种以知识、技能、经验为媒介的师生交往与正向价值对话过程。在此过程中，发展个体的智慧潜能，增长个体的知识技能水平，陶冶个体的道德性格，促使每一位学生都达到自己的最佳发展水平[2]。

（二）教学伦理是什么?

人们对“教学伦理”内涵的深入理解，存在两种方式：一种是“教学中的伦理”（ethics in teaching），即外在于教学过程的社会道德规范、法则、法规、制度在教学过程中的体现。另一种则是“教学的伦理”（ethics of teaching），这是一种“本体伦理”，而非外在的规范伦理，指的是教学活动本身所具备的“以善致善”的本质规定性的自然流露，即赫尔巴特所谓教学过程自身天然具备的“教育性”。赫尔巴特曾说过，“我不承认有任何‘无教育的教学’”[3]，并且认为教学如果没有进行道德教育，就只是一种没有目的的手段。

教育家语录

我不承认有任何“无教育的教学”。

——赫尔巴特，《普通教育学》

概言之，对教学伦理的内涵界定存在两种基本思路：“**教学中的伦理**”（ethics in teaching）以及“**教学的伦理**”（ethics of teaching）。前者是规范性伦理，它体现着应用伦理学的视角，是关于教学一系列“应该”的外在人为设定。后者是本体性伦理，它体现着教学实践本身的内在合伦理性。它可以被理解和解释，但不能通过简单的外在的强行人为规定而决定其存废。[4]

在本书中，所谓教学伦理，乃是指“教学的伦理”（ethics of teaching），指的是教学活动本身所具备的“以善致善”的本质规定性，它是由教学活动自身所具备的天然的教育性规定（教学活动自身内在的价值规定性及伦理道德精神）及其外在表征（教师的教学行为所反映出的外显的伦理规范）所构成的综合体。

1　刘万海．教学即德性生活：走向新的教学理解．全球教育展望，2005，（7）：36-40

2　全国十二所重点师范大学联合编写．教育学基础．北京：教育科学出版社，2002：174-175

3　张焕庭．西方资产阶级教育论著选．北京：人民教育出版社，1964：257

4　王凯．国内教学伦理研究综述．上海教育科研，2007，（8）：18-21

二、教学伦理的基本特征

（一）内隐性

内隐性是教学伦理的本质特性，相应地，教学伦理对教的行为的外在规范功能是教学伦理本质特性的外在表现。人为规定的外在的教师伦理规范，其效果往往并不一定好。例如，某些学校刻板地要求教师上课时脖领扣子必须扣上，类似于这样的教学伦理规范在实际的教学情境中往往会闹笑话、出岔子。相反，恰恰是教师潜在的教学风格、提问时的留白技巧、课堂活动时真诚的眼神交流所展现出来的敬业精神、关怀美德、生活热情，会有效地感染学生、影响学生。

教学伦理的内隐性决定了其对学生影响的长期性和深刻性。教学伦理对学生的内隐性影响主要通过如下两种途径得以实现：一是潜移默化地影响学生的道德人格，干预学生深层的道德结构。重要的是，这种内隐性的教学伦理（即教学自身的伦理，ethics of teaching）会通过干预学生深层的道德结构而长期影响学生为人处世的风格和态度，甚至是其一生。二是教学伦理会形成潜在的教学氛围，从而深刻影响学生的心理氛围、学习动机及心智成长。本书第一章所谈到的皮格马利翁效应就是一个很好的例证。这样的影响同样是长期性，甚至是终身性的。

（二）双向性

所谓双向性，是指教学过程中最基本的人际关系——师生关系是互为因果的，教师怎样对待学生，学生就会怎样评价和对待教师。双向性换一种表达即是教学伦理的互动性，而所谓互动性，是指教学伦理的功能及评价需要通过学生来实现。[1]

具体表现为：首先，教学伦理作为教的行为本身的一种基本伦理属性，必须通过学生自身的道德结构的调适才能得以实现。在教学过程中，教师向学生传授知识、技能、经验的过程，必然是学生进行自我教育、自我学习的过程。其次，在教学过程中，学生的伦理态度、行为方式、思想、情感、态度、见解等，也会影响教师伦理及教学伦理。

我们之所以采用“教学伦理”而非“教学道德”的概念，其重要原因就在于教学伦理的双向性与互动性。一般而言，“伦理”侧重于社会范畴，强调客观方面，关涉人与人之间的关系（包括师生关系），例如，人们常用“社会伦理”而非“社会道德”的概念。而“道德”的范畴则侧重于个体，强调个体的主观内在操守方面。例如，人们常用“个人道德”而非“个人伦理”的概念。[2]也就是说，教学伦理关涉的是教学过程中教师与学生之间的关系

1　檀传宝．教师伦理学专题——教育伦理范畴研究．北京：北京师范大学出版社，2010：15
2　王凯．国内教学伦理研究综述．上海教育科研，2007，（8）：18-21

伦理，强调的是教学过程中师生双方伦理的双向性与互动性。

（三）规约性

所谓**规约性**，是指教学伦理由于关涉教师职业的角色规定性及外在教育制度的规定性而表现出的不可选择性，这种不可选择性主要表现在外在的伦理规则层面。正如黑格尔所言，伦理是客观法，强调客观的伦理关系。[1]教学伦理是客观的教学过程所自然延展而形成的客观的伦理法则。教师作为教学行为的承担者，在学生面前是社会伦理规范的代言人，教师职业具有其特定的不可选择的角色规定性。

在教学过程中，教师以自己的身体与人格作为最重要的教学工具（言教、身教），教师在教学过程中的一言一行、一颦一笑都是最重要的教学工具和教学方法。这也就决定了教学伦理与教学效率是内在统一的，遵循教学伦理的教学行为本身就是一种好的、高效的教学工具和教学方法，能够提升教学效率也是必然的。因此，由于教学行为及教学过程的主体与工具、方式、方法无法剥离，故而教学伦理实际上是一种主观法与客观法的统一，教师道德乃是实现教学伦理的重要根基，完全区分教师的一般道德与教师的职业道德是做不到的。同时教学伦理的规约性必然与灵活性完美统一在一起，故教师的教学行为及教学过程具有其自身的独特魅力与风格。虽然教学伦理规范是死的，但运用规范的方式却是灵活的，而且带有明显的个体独特性与“不可复制”性。例如，一位教师可以模仿另一位特级教师的课堂录像的每一个细节，却不一定能够取得同样的教学效果。

第二节
教学伦理的基本原则及主要内容

学习目标

在了解教学伦理基本原则的基础上，深入理解并掌握教学伦理的主要内容。

一、教学伦理的基本原则

（一）真善美相统一

真、善、美是人类所有实践活动的基本价值尺度，也是教学活动应当追求的基本价值。因此，教学伦理必须首先需要遵循求真、向善、趋美相谐的基本原则。而所谓“**相谐**”，既是指真、

1 [德]黑格尔．法哲学原理．范扬，张企泰，译．北京：商务印书馆，1961：164

善、美相互携手，并肩随行，相互促进，也是指三者之间你中有我，我中有你，浑然天成，不可分割。

求真原则是从教学自身的本质规定性出发，自然延展而为教学伦理的重要原则。教学过程首先是教师以教学内容为媒介，带领学生探索科学奥秘的求真活动。教学过程的求真原则，主要体现在教学内容与教学方法两个方面：一方面，教学内容要揭示事物的发展规律，要符合科学性、真理性的要求，这就要求教师在备课时应刻苦钻研所传授的知识内容，力求深入发掘教学内容本身的科学性、规律性；另一方面，教学活动要采取合理的认知活动，采用与科学认识活动相一致的方法进行科学知识的教学，要符合学生身心发展的科学规律和客观要求。[1]

伦理的本质规定性是求善。故而教学伦理必然要求教师在教学过程中以“善的方法”去教授“善的内容”，以达到学生全面完善发展的教学目的，即所谓“向善”。教师一方面通过自身的言传身教对学生进行显性或隐性的向善的替代性强化，把言传身教与所有教学方法的运用紧密结合；另一方面充分发掘教学内容本身所具有的情操教育、思想教育、人格教育的内容，使教学永远具有教育性。

教育家语录

要进行教育，首先是要关切地、深思熟虑地、谨慎小心地触及青年人的心灵。

——苏霍姆林斯基，《给教师的一百条建议》

趋美原则，则是指以美的心灵唤醒美的心灵的教学原则。教学伦理的趋美原则，不仅要求教学内容、方式的考究与生动形象，而且要求以美的心灵为根基，以师生之间心灵沟通、相互理解为路径，以培育学生的审美情感为契机，把教学过程对科学之真的探索、对人性之善的追寻，自然而然地转变为一幅美丽的画、一曲动听的歌。[2]因此，教学过程中清晰的语言、生动的表情、形象的教具、新颖的教学技艺之美的背后，必须具备美好的精神追求和美丽的心灵依托。

（二）公正与关怀相统一

如果把教学伦理比喻为一枚硬币，则公正原则与关怀原则是教学伦理不可分割的两面，若舍其一，教学伦理的整体将不复存在。无论是教学公正还是教学关怀，如果片面强调其

1　钱焕琦. 教师职业道德. 上海：华东师范大学出版社，2008：113

2　檀传宝. 让德育成为美丽的风景——欣赏型德育模式的理念与操作. 合肥：安徽教育出版社，2006：1

一，则无所谓教学伦理可言。

教学公正原则是课堂教学过程中平等原则与正义原则的辩证统一。

首先来看平等原则。一般而言，平等原则意味着“无差别”的平均分配，侧重数量分配的平等。从资源分配的层面看，教学过程实为教师进行教学资源分配的过程。在教学过程中，尤其是在初等义务教育阶段，尽量平等地分配教学资源有利于照顾到每一位儿童。例如，教师在课堂上不应该仅仅注视少部分学生，因为教师关注的眼神是一种重要的教学资源，如果某些学生长期得不到与教师的眼神交流，他们就会在心灵深处感受到被漠视、被疏离。

其次来看正义原则。正义原则是对平等原则的价值补救，“无差别”的一视同仁在许多情况下并非都是“善”的。恰恰相反，简单的一视同仁往往意味着平均主义，意味着不正义。在教学过程中，学生是否能够获得“公平体验”是从平等原则上升为正义原则的关键环节。教师对教学资源是否进行了无差别的平等分配在很多条件下并不是最重要的。而在平等的基础上，关注每一位同学的具体、特殊的需求，关心每一位同学的身心健康发展的特殊性，往往更能得到每一位同学的理解与支持，即使教学资源的数量分配不能做到“无差别”，也能借助正义原则对平等原则的价值补救，使学生产生深层次的“公平体验”。

因此，“教学公正”与其他类型的公平不同，强调的是学生在课堂上获得的实际的公平体验，强调教师教的行为必须触及学生的本心，这是检验教学效果及是否符合教学伦理的关键要素。而教学行为必须触及学生本心则决定了教学公正的过程必须同时是教学关怀的过程，否则，教学公正不但难以达成，而且本身就不成立。因为教学公正与教学关怀本应是合而为一、不可分割的。可以说，教学公正是一种“**作为关怀的公平**”。

概言之，教学伦理对公正与关怀两个伦理基本原则的要求是一种“相依”的原则，即教学公正与教学关怀相互依赖，唇亡齿寒。

（三）效率与幸福相统一

教学效率与师生的幸福之间是“如影随形”的关系，后者是前者的依据和最终归宿。依此而论，教学伦理是一种投射性的结构，教学效率是否符合教学伦理的要求，重要的判断标准是看教学行为背后所折射出的教学理念，看是否符合“一切为了一切师生的幸福”的教学伦理原则。

长期以来，无论是学生、家长还是教师，早已习惯了以“学生考得怎么样”来评判“教师教得怎么样”，“学生考得越好”就意味着教学的“有效性”越高，这是对教学效率的误读。其原因在于：其一，对“教学效率”的理解不能局限在学生的考试成绩方面，而应该着眼于激发和调动学生学习的主动性、积极性和自觉性，最终实现有效促进学生的学习和发展的目的[1]；其二，效率仅强调教学的工具性，这种工具性需要借助于实现师生幸福的目的性才能成立，因为师生幸福是教学效率的价值依据和最终判断标准。

实际上，效率与师生幸福相随的原则实为“以善致善”原则。其中，第一个“善”是工具善，乃是指教学技艺本身的效率高下，强调同一单位的教学行为能够最终使学生在其学习及全面发展方面取得最大的成效，即亚里士多德所强调的“物尽其用”层面之善。例如，具有好的视力，能够充分发挥其自身应有的功能即意味着眼睛具有某种善，即工具效率之善。第二个“善”是目的善，乃是指教学自身的效率得以最终价值确证的最高依据，即师生的幸福。师生的幸福不仅为教学效率提供了价值确证，而且为教学效率提供了一个操作阈限和最终的评价标准，教师教的行为必须被限定在促进师生幸福的范围之内。

教育家语录

在教学大纲和教科书中，规定给予学生各种知识，却没有给予学生最重要的东西，这就是：幸福。

——苏霍姆林斯基，《给教师的建议》

幸福与效率相统一的原则能够有效避免教学过程中“两张皮”的割裂现象：表面打着“为了学生的幸福”的旗号，而实质上却只强调教学效率，甚至把教学效率窄化理解为考试成绩。也就是说，教学效率的每一个评价环节都必须折射出“致学生之善”的实质性价值理念。“相随”原则实为“实质性原则”，强调每一个教的行为背后实质的价值确证。

我曾经观察到一名教师一天天地来帮助一个笨拙的、愁眉苦脸的、充满敌意的、吵吵嚷嚷的、懈怠的男孩学习加法和减法的基本原理。不顾少年肉体暴力的威胁、难堪的反对、假装生病和跑厕所，教师跟他一起花去规定好了的20分钟（一天）。这样，他慢慢说服了年轻人觉得自己能够学好，他觉得他可以教会这个年轻人，他觉得这个小家伙对他十分重要。现在我能够带着极大的兴奋回忆起来，那天这个孩子出现了弄懂算术的第一次真正的闪光，他的模糊的眼睛开始放着快乐的光芒。这是在若干星期坚持努力以后发生的。坚韧，而不是娇惯，贡献出教师的爱，看来成功了。这个教师在讨论到这个孩子和他顽固地拒绝学习时，很多次曾表现出愤怒与厌恶的情绪，因为小家伙曾使他的努力受到挫折。当你读到这些经过的时候，我肯定你认为那种爱是这样的——以他人的幸福为中心的爱，像父母那样乐意跟他们的孩子在一起以帮助他们获得学习的乐趣，以及日后获得一个有用的公民过着的有成果的生

1 陈厚德．有效教学．北京：教育科学出版社，2000：29

活的愉快，那时，流露出他们的爱。[1]

点评：不放弃那个笨拙的、充满敌意的孩子，教师的算术教学刚开始时是低效甚至无效的，但教师最终用爱和关怀，促使这个孩子“出现了弄懂算术的第一次真正的闪光，他的模糊的眼睛开始放着快乐的光芒”。

教师专业道德建构

二、教学伦理的主要内容

（一）对教学行为的专业认同与承诺

对教学行为的理解是理解教师职业的根基。然而，职业理解并不等于专业理解与专业认同。在当前教师职业专业化运动的历史背景下，必须在“专业行为”而非“职业行为”的层面审视教学行为。如果教学行为仅被视作一种社会职业分工、养家糊口意义层面的职业行为的话，那么，教师职业的专业性与崇高性就会失去根基。因此，对教学伦理的理解不应局限于职业伦理层面，教学伦理属于专业伦理的范畴。教师对自身职业及教学行为的专业认同与承诺乃是标识教学伦理为一种专业伦理的重要表征。教师承担着维护最高伦理标准的责任，对这种责任的承担与教师的教学行为及教学过程息息相关。

1975年，由美国教育协会制定的《全美教育协会道德规范》值得我们借鉴。该规范的重要特征之一是特别强调教师对教育教学行为的专业认同与承诺。

教育专业被公众赋予了信赖和责任，这就要从业人员拥有和追求专业服务的最高理想。

教育职业的服务质量直接影响着国家及其公民的利益。基于这点，教育工作者应该竭尽全力提高专业水平，推动形成鼓励专业判断的风气，以营造吸引贤能加入教育事业的氛围，并协助阻止不合格的人进行教育实践。

在履行对专业义务方面，教育工作者——

1．在申请教育职位时，不得蓄意错误陈述能力和资格或隐瞒相关事实。

2．不得错误陈述专业资格。

3．不得协助任何在品德、教育程度或者其他相关品质方面不合格的人成为专业教育人士。

4．不得有意地给专业职位申请人的资格做虚假陈述。

5．不得帮助非教育工作者从事未经授权的教育活动。

1 [美]林格伦．课堂教育心理学．章志光，等译．昆明：云南人民出版社，1983：670（在引用时略有改动，特此说明）

6. 除非出于不得已的专业目的或者法律需要，不得泄露在专业服务过程中获得的有关同行的任何信息。

7. 不得有意地制造关于同事的虚假和恶意的言论。

8. 不得接受任何可能削弱或影响专业判断或专业行为的赠品、礼物或者恩惠。[1]

《全美教育协会道德规范》涵括了教师对教育教学专业认同与承诺的最主要问题，而且，规范的内容十分具体，具有针对性，充分彰显出其“**专业伦理规范**”的特征。在我国，教师职业伦理规范的制定经历了由经验型的“职业伦理”向专业型的“专业伦理”转变的过程，表明我国越来越重视教师职业规范的专业性，而且更为清晰具体、具有针对性。2012年年初，教育部正式颁布的《小学教师专业标准（试行）》和《中学教师专业标准（试行）》把“职业理解与认识”作为“专业理念与师德”的首要判断标准。

1. 贯彻党和国家教育方针政策，遵守教育法律法规。

2. 理解小学/中学教育教学工作的意义，热爱小学/中学教育事业，具有职业理想和敬业精神。

3. 认同小学/中学教师的专业性和独特性，注重自身专业发展。

4. 具有良好职业道德修养，为人师表。

5. 具有团队合作精神，积极开展协作与交流。

概言之，教学伦理的首要内容是强调教师对自身所从事的教育教学行为作专业性的理解、认同与承诺，强调教师从专业伦理的角度去理解教学行为和教师职业。如此一来，教学伦理就有可能超越日常经验性的道德规范，促使教师的教学行为更加符合教师专业伦理规范的要求。

（二）教学过程中的人际关系

1. 教师对待学生的伦理要求

教师与学生的关系是教育教学过程中最基本的人际关系，是构成学校教育关系的基础。教师对待学生需要遵循的伦理道德规范，既是师德修养的核心内容，也是教学伦理的核心要求。师生关系是一种工作关系而非私人关系，具备明显的社会属性，其基本特征、发生方向都与社会对教育的内涵理解、对教师职业的功能定位密切相关。而且，师生关系具有内隐性和长期性，教师对待学生的道德修养水平，往往会潜移默化地影响学生的一生。

---

1 檀传宝，王丽娟，译. 全美教育协会《道德规范》. 中国教师，2005，(7)：63

具体而言，教师在教学过程中应遵循如下四个层面的伦理要求。

第一，尊重学生。

尊重学生的人格尊严是教育教学最基本、最重要的伦理要求，是教学伦理的核心内容。失去对学生人格尊严的尊重，其他的一切教学伦理都会失去其存在的人性根基。

（1）尊重学生的人格尊严，呵护学生的自尊心。无论是从法理意义层面，还是从教学的教育性特征层面而言，在课堂教学过程中，教师必须尊重学生的人格尊严，必须从内心深处真正视学生为与自己完全平等的人，呵护学生的自尊心，这是教学伦理的最基本要求。《中华人民共和国未成年人保护法》的总则中，非常具体地把“尊重未成年人人格尊严”列为我国保护未成年人工作应当符合的基本要求之一。课堂教学过程是一个复杂的、动态变化着的影响学生的知识结构、品性结构、心灵结构的育人过程，教师不当的教学方式会直接或间接地挫伤学生内心深处最敏感之处——自尊心。没有对学生人格尊严的尊重，教育关爱、教育公正、教育良心等教学伦理都将失去其根基。

教育家语录

只有教师关心学生的人的尊严感，才能使学生通过学习而受到教育。教育的核心，就其本质来讲，就在于让儿童始终体验到自己的尊严感。

——苏霍姆林斯基，《给教师的建议》

（2）尊重学生的个性特征及智力特征。每个学生都有其独特的个性特征及智力特征，这是教学伦理的基本起点。

不同的学生由于生理素质、成长环境不同，故具有不同的个体特征。有些学生虽然学习成绩一般，却具有广泛的兴趣爱好和独特的创造性，教师必须充分尊重并细心呵护学生独特的兴趣爱好。例如，虽然某学生的语文成绩较差，但其音乐素养却非常好，语文教师不应该“嫌弃”他是个“差生”，而应该因材施教，充分利用其音乐才能，让这位学生为欣赏性的充满美感的语文课堂做贡献，为这位学生提供展示才能的机会。也就是说，语文教师不应把眼光局限于学生的语文成绩，而应该着眼于其独特的个性发展，并积极为其创造机会。

思想家语录

一个有价值的东西能被其他东西所代替，这是等价；与此相反，超越于一切价值之上，没有等价物可代替，才是尊严。

——康德，《道德形而上学原理》

尊重学生还必须尊重不同学生的不同智力特征。依据心理学家霍华德·加德纳的“多元智力理论”，人类的智力类型至少包含言语语言智力、数理逻辑智力、音乐节奏智力、视觉空间智力、身体动觉智力、自知自省智力、人际交往智力等多种类型。学生具有不同的个性特征，往往意味着学生的智力类型有异。许多奥运会世界冠军在言语语言智力或数理逻辑智力方面也许就是个“差生”，如果教师一味打压，甚至挖苦讽刺，而不能够充分尊重其个体特征，充分发挥其身体动觉智力，那么，他们就会被埋没在课堂之中。许多时候，学生调皮捣蛋并不意味着这个学生就一无是处。何况，即使某学生在所有智力方面都不尽如人意，在人格方面也必须受到最充分的尊重。

教育家语录

你这糊涂的先生！你的教鞭下有瓦特，你的冷眼里有牛顿，你的讥笑中有爱迪生。你别忙着把他们赶跑。你可要等到坐火轮、点电灯、学微积分，才认他们是你当年的小学生？

——陶行知，《糊涂的先生》

（3）尊重学生的意见及在课堂上提出异议的权利。在课堂教学过程中，只要是在双方相互尊重的前提下，教师就应该做到实质性地鼓励学生在课堂教学过程中提出自己不同的意见和见解。在知识面前，教师和学生是完全平等的，“闻道有先后”，先掌握真理者即为“师”。尤其在当今互联网时代，就某些知识体系而言，学生获取的途径甚至比作为成年人的教师都来得及时、全面。在某些层面，学生是课堂上的实质性的“师”。因此，“教师的权威”必须是通过尊重学生的不同见解而获得的。

而且，课堂上一旦有学生提出异议，就立即打压或转移论题，长此以往，课堂教学过程就会沦为死水一潭，失去创造性，学生的创造性人格及主体性人格也会在潜移默化之中被压制。譬如，只要学生不是故意难为教师，不是故意破坏课堂教学秩序，在举手的情况下，学生拥有提出不同见解的基本权利。教师必须予以尊重，并认真听取，仔细辨析。

第二，关爱学生。

教师对学生的关爱是一种美好的职业道德情感，是提高教学效率、奠定良好师生关系的重要基础。教师对学生的关爱，其源泉在于教师对教书育人这种崇高事业的高度责任感和仁慈心。所以，师爱是一种无私而高尚的教育关爱，师爱并非一种私人关爱，而是一种基于教师职业道德的社会关爱。

关怀型教育关系的四个构成要件

（1）关心学生的整体发展。对学生的关爱，首要原则是不能仅仅关心学生的学习成绩，而要对学生的整体发展全面关切。在当前的中小学教育实践中，一些教师为了自己的职称晋升或争先评优，片面强调学习成绩，导致学生沦为考试机器。如此一来，学生整体发展的其他方面被忽略。据上海市某区的调查，2006年的9个月内，轻生的中小学生就多达13人，其中有3人因抢救无效死亡。这13名学生中，最大的18岁，最小的只有11岁。造成学生轻生的原因固然很多，但是，仅仅关注学生的学习发展，而忽略对学生抗压能力、心理健康、人格全面发展的关切不能不说是重要原因。

（2）关爱每一位学生。师爱是最无私、最博大、最公正的爱。皮格马利翁效应表明，如果有教育的关爱与无理由的期待，每一个孩子都有可能成才。教师不能因为从私人情感上“看不惯”某个孩子，就有意忽略甚至去打压这个孩子。不论外界的评价制度、考试制度如何，在教师的内心最深处，都不应存在“尖子生”与“差生”之区分。顾明远先生曾多次表示对中小学校评选三好学生的顾虑，这是很有道理的。一旦师爱以外在条件为依据，那么，可以肯定的是，这已经不再是师爱。因此，教师的心灵美不美，教师的道德情操高不高，从教师是如何分配自己的教育之爱这个层面可以看得很清楚。教师能否在教学过程中真正做到把教育之爱公平地洒向每一个孩子的心灵，是教学伦理的一面镜子。

（3）谨防教师之爱变质。教师之爱是一种社会爱而非私人爱，是一种崇高的职业之关爱。所以，强调教师之爱的同时必须强调理智处理好学生的“恋师情结”。“恋师情结”是青少年时期的一种复杂的生理、心理问题。从心理学角度看，初、高中阶段正是青少年“向往年长者时期”的发展阶段。这一阶段的学生特别是女生，常常会将爱慕与盲目崇拜的目光投向明星或自己身边最崇拜的年长异性。那些知识广博、谈吐优雅、风度翩翩的教师往往非常容易受到学生的盲目崇拜与爱慕，尤其对于刚入职不久的年轻男教师而言，更要清晰地认识到这一点，管控好自己的思想与行为。

在教学过程中，如果遇到类似的情况，教师应注意两个方面：一是不能急处理，而应该“冷处理”和“隐处理”。教师之爱是无私的爱，润物无声的爱，教师要在和风细雨、不知不觉之中正确引导学生的心理发展，不能急于报告，急于“证明自己的清白”。否则，常常会使学生面临尴尬、无法应对的境地，无法解脱、误入歧途，甚至威胁到学生的生命安全。二是不能失去理智，不能使师爱变质，陷入所谓“爱河”。大学阶段的师生恋在法律层面虽无明令禁止，但这种行为由于师生地位的不对等及存在利害相关等因素，在道德层面仍然会受到社会的强烈谴责，是一种不负责任、缺乏理性的不当行为。

第三，严格要求学生。

（1）严而有理。所谓严而有“理”，包含两个层面：一是必须保证学生“心服口服”，对学生的严格要求要有理、有据、有节。严格要求学生是对学生的尊重、对学生的信任、对学生的关心与爱护，而非控制或训育。二是采取的教学方式必须符合学生身心发展的客观规律，符合教育教学的客观规律。只有这样，才能保证对学生的严格要求是对学生的智能、品格、体格、心理素养等方面的全面提升，才是因合乎科学规律的有理有据，才是合伦理的。

（2）严而有度。对学生的严格要求必须有个边界的限定，有个严格之“度”作为制约。这个边界就是学生的最近发展区，即学生在知识技能、品性发展等方面原有的水平与在教师有效指导及自我努力的基础上能够达到的新的水平之间的发展区域。因此，对学生的严格要求必须防止“过”与“不及”两种毛病：要求过高，容易令学生产生畏难情绪，知难而退；要求过低，则会延缓学生的发展，甚至延误时机。

（3）严而有方。严格要求却又必须让学生能够接受、易于接受、乐于接受，这就涉及伦理智慧：严格要求学生必须有方法、有智慧、有策略。首先，严格要求必须避免“一刀切”，切忌对所有学生的要求难度大体一致，缺乏针对性。其次，对学生的严格要求必须坚持循循善诱、相机而动的策略与智慧。例如，在课堂上发现有的学生随地吐痰时，如果教师马上厉言斥责、“严加管教”，不一定能够起到很好的教育效果，甚至会引起逆反效应。此时，教师可以与正在讲授的自然科学知识联系起来，说：“大家请看，在显微镜下，可看到一滴痰里包含了大量的病菌，肺结核就是由痰传播的，大家都应该养成不随地吐痰的卫生习惯。”如果能这样做，教师对学生的严格要求就避开了最直接却往往最无效的“直接厉言斥责”的方式，而是采取了循循善诱的智慧策略，效果必然事半功倍。可以看出，教师对学生严格要求应该“用巧劲”，而非“使蛮力”。

（4）严而有恒。对学生的严格要求最忌“一日曝十日寒”，朝令夕改。对学生的严格要求必须是一个长期恒久的过程，对学生的要求要保持一定的稳定性。因此，严而有恒必须在严而有理、严而有度的基础之上才能成立，必须坚持在科学适度的前提下才能坚持对学生长期恒久的严格要求。当然，在实际的教育教学过程中，在某些情况下难免需要做些微调，这属于正常现象。当然，虽然调整是可以的，但也应遵循“渐变”原则，否则，教师在学生心目中的内在威信就会大打折扣。而且，严而有恒还必须把对学生的要求切实落实到位，有步骤、有计划、可调适地进行。

第四，公平对待每一位学生。

（1）在课堂教学过程中，教师应注意使自己的教学行为实现从“公平需求”到“公平需要”的飞跃。在课堂教学过程中，教师们往往忽视的是教学伦理的基本概念：“公平需求”与“公平需要”的区别，前者多与教学资源分配有关，而后者则多与教学关怀有关。所谓“需求”，其原始含义是“缺乏”，常理解为缺乏生命之所需的生活资料，着重强调外在物质生活资料的缺乏；而“需要”是指“感觉到了的或者想到了的缺乏”。[1]这就要求教师“内外兼修”：向内求，力求及时进行教学反思；向外求，力求及时了解、关怀每一位同学的需要，而不是想当然地把教师自己的想法当作学生的想法。

1 [德]沃尔夫冈·布列钦卡．教育科学的基本概念：分析、批判和建议．胡劲松，译．上海：华东师范大学出版社，2001：151

（2）实现从“操作公平”到“关怀公平”的提升。前者就教学过程中实际的教学技能而言，后者则多关注教学技能背后与学生相关涉的伦理要求。教学伦理是以教师道德为基础的，教学公平与教学关怀的相依以作为教师持久品格的教师德性为根基。因此，必须让教师真正学会关心、理解学生，真正体察学生正当的公平需要，并以之作为判断教师课堂教育行为是否公平的重要维度，促使教师用“替代父母”式的内在良心命令自身，真正提升自身关怀学生的道德水平。

（3）实现从“抽象公平”到“具体公平”的转变。实现教学公平与教学关怀相统一的重要契机是对差异性的把握，差异性和具体性是实现“作为关怀的教学公平”的重要依据。学生的独特性、不可重复性要求差异性的教育方式，学生的差异性需要必然要求教师对每一位学生独特的生命关怀。着眼于差异性的因材施教既是一种具体化的课堂教学公平策略，同时也是实现教学关怀的重要路径。

2. 教师对待教师集体及学校领导的伦理要求

（1）处理好同一学科教师之间的关系。一般而言，根据所任教学科，不同的教师隶属于不同的学科教研组。同一学科的不同教师往往可能毕业于不同的学校，甚至专业也大相径庭。而且，教师之间的教龄有长有短，教学经验的差异也比较大，教法方法、教学风格更是因人而异。教龄长的老教师不能因新任教师的经验不足而不屑于与新教师交流，而新教师也不能因老教师的“因循守旧”而不“与之为伍”，同一学科的不同教师之间不应相互拆台、相互嫉妒，而应该团结协作、相互学习、相互尊重、取长补短。

（2）处理好不同学科教师之间的关系。尤其是任教于同一个班级的不同学科的教师之间，必须以相互尊重、相互配合为相处的基本伦理原则。这要注意三个方面：一是所谓“正课”任课教师必须打消对所谓“副课”教师的不屑、不尊重、不理解；二是在课堂教学中，每个教师都不应该为了使学生重视自己所任教的学科，而在学生面前有意无意地诋毁其他任课教师，否则，不仅会引起不同学科教师之间的相互反感和不满，造成同事之间本应避免的矛盾与隔阂，而且会对学生的人格健康发展起到极为不利的负面影响；三是在布置课外作业及安排课外辅导时间方面，各科教师也要依据班主任及学校教务部门的统一安排，统筹考虑，切不可为了迫使学生多利用课余时间学习自己所任教学科，而有意加大作业量，试图挤占学生学习其他学科的时间。

（3）处理好班主任与任课教师之间的关系。虽然班主任也是普通教师，但是班主任却往往在学生心目中有着更重的分量。这是因为班主任往往比其他教师掌握有更多的资源，拥有更多的对学生进行评价的权力。因此，作为班主任教师，考虑所有问题都应该首先立足于班级学生的全面发展及班级工作的公正有序。班主任教师必须善于团结其他任课教师，在某些情况下，班主任教师要有奉献和牺牲的精神。此外，作为任课教师，也要考虑到班主任工作的烦琐和不易，认识到班主任工作的付出与艰辛，积极配合班主任教师的工作，及时向班主任教师反映学生的思想或学习情况，帮助班主任教师出谋划策、相互尊重、相互配合。

（4）处理好先进教师与一般教师之间的关系。每个教师集体中都有某些教师由于学历、资历、教学技能等方面的优势而处于教师集体的“优势”地位，是其他教师学习的先进楷模。一方面，作为其他教师，必须认识到这些先进教师在某些方面的过人之处值得自己认真学习。“见贤思齐”，争取练好本事，自己也做先进，而不是嫉贤妒能，正所谓“生气不如争气”。另一方面，作为先进教师，切忌盲目自大、孤芳自赏、骄傲自满，必须清醒认识到人外有人，必须保持谦逊大度，虚心接受其他教师的意见和建议，待人以诚，团结所有教师，尊重其他教师，以实现共同进步。

（5）处理好与学校领导之间的关系。学校领导是学校各项工作的规划者、管理者，作为教师，首先应当尊重学校领导的工作，出色完成本职岗位的工作任务。一是在实际工作中遇到能够自己解决的困难尽量自己解决，实在难以自己解决的应该及时向领导如实反映，寻求帮助。二是教师应该具备一定的全局意识，遇事不可过于自私、钻牛角尖。例如，在进行年度的推优评先时，往往不乏教师面红耳赤地与领导“理论”，仅仅站在自己的角度而非全局的角度来考虑问题。三是教师在处理上下级关系时应该不卑不亢，用一颗平常心与学校领导相处，切忌溜须拍马、阿谀奉承。

（三）教学态度与行为

1. 教学方法中的伦理

方法是关于解决思想、说话、行动等问题的门路、程序等，是人们以对客观事物的内部联系和运动规律的认知为基础所制定的操作性的行动方案，是实现某种目的的方式、方法和途径。广义地讲，教学方法是教师教的方法与学生学的方法的统称；而狭义地讲，所谓教学方法乃是特指教师教的方法，指的是教师在教学过程中为完成教学任务而采取的教的行动方式的总称，是实现教学目的的手段。在本书中，教学方法的概念是从狭义上来讲的。据此，所谓教学方法伦理，乃是指教师的课堂教学行为所涉及的道德精神及伦理规范。

教学方法主要分为四类：一是以语言传递为主的教学方法，如讲授法、讨论法、谈话法、读书指导法等；二是直观演示的教学方法，如演示法、参观法等；三是实际训练的教学方法，如练习法、实验法等；四是情境陶冶的方法，如陶冶法等。在实际的课堂教学情境中，教师所采用的方法往往是综合的，是方法的综合体。在这些教学方法或方法组合之中，最常用的当数讲授法中提问的方法。

教育家语录

最有效的教育方法不是告诉他们答案，而是向他们提问。

——苏格拉底

（1）课堂提问。概括地讲，教师在课堂提问时应遵循这样一些具体的伦理规范：

第一，问题本身必须是健康的、合乎道德的。问题的内容要健康、道德，不能问一些侮辱性的，损害别人利益、侵犯他人权益的问题。

第二，问题的语言表述要健康、道德，注意语言文明，不能使用脏字、脏话或伤害学生自尊和权利的文字。

第三，问题的导向要符合一般伦理道德要求，不能问有损国家利益或学校合法权益的问题，不能有意或无意地引导学生接受一些不道德的观念。

第四，问题的设计要给学生自由选择和自由回答的权利，不能武断地、强制性地要求学生必须作出某种回答。

第五，提出的问题必须照顾到不同层次、不同类型的同学，能够引起全体学生的积极思维，不能只面向个别同学提问。总之，教师提问时应该具体体现现代教学尊重每个学生的合法权益，公平、公正，利于全体学生健康发展等伦理精神。[1]

（2）教学节奏。**教学节奏**实际上与教学分量密切相关，虽然容易被忽视，却对学生的认知、道德、情感发展发挥着十分重要的、潜移默化且长期的伦理熏陶功能。教师如果能够控制好课堂教学的节奏，就能够缔造课堂教学的美感，增强对学生的吸引力和感召力，引起学生的学习兴趣，培养学生健康的审美情趣。

具体而言，教师在课堂上对教学节奏的控制需要符合如下规范：

第一，张弛有度。无论是教学内容的分配，还是教学方法的调适，都牵涉到紧张与放松的关系。教学节奏过于紧凑，不仅容易造成学生的紧张或畏难情绪，而且容易影响学生思维的流畅性、独创性。而过于放松或缓慢，又容易导致学生注意力涣散，影响教学的效果及学生的思维发展。最合适的策略是保持“适度的紧张”，这是一种“动态的平衡”策略。

第二，起伏有致。课堂教学过程中有所谓“**教学态势**”，这样的态势源于教师的一言一行、一颦一笑所反映出的言传身教的整体价值氛围，以及教师对整体的教学内容与教学方法的综合掌控能力，会直接影响学生在课堂上的情绪状态。心理学领域的“耶克斯-多德森定律”表明，如果学生长时间处于较高的情绪激动状态，则会对其掌握较难的教学内容产生重要影响。因此，教师必须根据不同学生注意力的分配情况，适时调整课堂氛围及

---

1 董凤瑞，王永红. 浅谈课堂教学提问的伦理规范和科学规范. 现代教育论丛，2000，(2)：55-56

教学态势。

第三，动静相生。教师要促使学生动起来参与实际的课堂教学。“动”是指学生参与教学活动中的动手、动脑、动口等实践活动，但绝不是杂乱无章。而“静”也不一定是死寂一片，悄无声息。重要的是教师要善于调动各种教学手段，综合运用各种教学方法，巧妙安排各种教学方式，使课堂教学过程有动有静、动静相生、错落有致。

2. 教学内容中的伦理

教学内容是教学活动中教师向学生传授的知识技能、传达的价值观念、培育的行为习惯、提高的各个方面素质的总和。为了避免概念泛化所引起的概念歧义，在本书中，所谓教学内容伦理，不是指教学内容中可能包含的伦理学课程的内容，也不是指教学内容本身所蕴含和体现的伦理道德，而是具体指教师在选择教学内容、编写教材、进行课堂教学过程中所应当具有的道德精神和遵循的道德规范。[1]更明确一些，它指的是教师在处理教学内容时所涉及的道德精神及伦理规范。

（1）教学内容详略。在课堂教学有限的40/45分钟之内，对哪些做重点讲解，而哪些则一笔带过，该选择过程涉及教学内容处理过程中的“**内容详略伦理**”。课堂教学过程中所谓教学重点实际上可以区分为两个层面，新入职的教师们应该格外重视：一是在课堂教学之前备课过程中事先确定好的，以文本形式呈现出来的教学重点，主要表现形式为教学大纲或教案、学案中规定好的教学重点；二是在实际的教学过程中，教师对教材内容的实际呈现比例，该层面主要受到教师原有的知识储备情况及深层价值观念的影响。教学“内容的详略伦理”主要表征在第二个层面。

实践“内容详略伦理”的关键在于根据实际的教学情境，依据“求真、向善、趋美”相谐的原则，灵活地、适时地调整实际的教学重点。

请看下面一则教学案例：

在学习小学六年级语文课《鹬蚌相争》时，学生对课本内容产生了疑问。这虽出乎老师的意料，但他认为这是生成课程资源的好时机，于是抛开原计划，决定让学生围绕自己的疑问展开讨论。全班同学正在兴高采烈地读课文，突然有个学生说：“老师，我觉得课文有问题。你看，书上写鹬威胁蚌说：‘你不松开壳儿，就等着瞧吧。今天不下雨，明天不下雨，没有了水，你就会干死在这河滩上！’你想呀，鹬的嘴正被蚌夹着呢，怎么可能说话呀?”受此启发，其他同学认为蚌也不能对鹬说：“我就夹住你的嘴巴不放，今天拔不出来，明天拔不出来，你也会饿死在这河滩上！”因为蚌一开口，鹬就会趁机拔出嘴巴逃走。

老师鼓励学生谈谈自己对这个问题的看法。同学们议论纷纷：有的认为课文这样写的确

1　欧阳超. 教学伦理学. 成都：四川大学出版社，2008：105

不妥；有的认为课文是根据古文改编的，没什么问题；有的反对说，改编也要古为今用，不正确的要修正；有的认为课文是寓言，是在借这个故事说明道理，这么写没什么问题；有的坚持认为尽管是寓言，也要符合实际，譬如总不能说鹬夹住蚌的嘴巴吧。

最后老师鼓励学生把教材改一改，并给编辑叔叔写一封信。下面是其中一个小组写给编辑叔叔的建议："鹬用尽力气，还是拔不出来，便狠狠瞪了蚌一眼，心想：哼，等着瞧吧，今天不下雨，明天不下雨，你就干死在这河滩上吧。蚌好像看透了鹬的心思，得意扬扬地想：哼，我就夹住你的嘴巴不放，今天拔不出来，明天拔不出来，吃不到东西，你就会饿死在这河滩上!"

正当老师要结束讨论时，又有一个学生说刚才的讨论有问题。因为鹬的嘴巴被夹住了确实不能说话，但蚌就不一定了。蚌的嘴巴在壳里，也许不用开合壳就能说话。对于这个问题，学生提出可通过上网或去图书馆查资料、请教科学教师、观察蚌来解决。[1]

点评：在案例中，学生对寓言《鹬蚌相争》中的故事内容产生了明显的分歧：一部分学生认为故事内容是根据古文内容改编的，寓言故事主要是借事说理，不必非要追求与生活常识完全一致的"真"；另一部分学生则认为寓言故事也应该符合生活实际，例如，不能说鹬夹住蚌的嘴巴。这种教学情境是教学过程中的"突发事件"，教师在课前备课时确定好的教学重点必须进行巧妙的调整。面对这种情况，教师临时决定放弃原先预设好的教学计划，把原来规定好的教学内容重点转变为学生在课堂上即兴生成的问题，使学生围绕自己的疑问展开讨论成为课堂的重点内容，学生成为了课堂实际教学内容的创造者、参与者。在此过程中，教师较好地实现了由"求真"到"向善"的过渡，把"求真、向善、趋美"原则自然而然地巧妙融合在一起。

（2）教学分量掌控。**教学分量**的处理是教学内容伦理的重要内容，主要表征为如下两个方面。

其一，教学内容的难度是教学分量的重要构成部分。教学内容的难度必须符合学生认知的生理及心理能力，符合学生已获得的知识、能力，以及已经具备的价值观念、道德水平，既不过易，也不过难。教学的难易度应该处于学生认知、情感、品德发展的"最近发展区"内。

其二，作业量也是教学分量的重要构成因素。作业布置的量的多少、作业完成方式的要求、呈交给教师的方式，既是教学智慧的体现，同时也涉及教师的教学伦理。教师不应该为了提升自己所任教学科的教学成绩而任意加大学生的作业量，或者缺乏教学责任感不布置作业。作业量既要满足学生的实际学习需要，又不能使学生的负担过重，影响学生的全面发展。

1　摘编自：周益民．无法预约的精彩．人民教育，2004,（1）：34-35

（3）课堂教学的留白策略。留白不是空白，留白同样是教学内容的重要组成部分。“此时无声胜有声”在课堂教学过程中是重要的时间安排策略。课堂教学结构中的留白策略与教学内容的伦理维度紧密联系在一起。

实践“课堂留白伦理”的关键是灵活运用“趋美”原则。所谓“留白”，原是国画创作中的一种构图方法，意指计白当黑，创造虚实相映、形神兼备、无画处皆成妙境的艺术境界。而所谓课堂留白，不是指课堂空白，而是指在课堂教学过程中，教师应懂得在课堂内容的整体结构安排方面巧妙地“留下空缺”。教师通过有效引导，从留出悬念、留出时间、留出空间、留出耐心等方面，构建“不着一字尽得风流”的课堂美学之境。

一位老师讲授余光中的《乡愁》时，放了一位名家的朗读录音，名家深情诵读，感情充沛，读至“乡愁是一方矮矮的坟墓，我在外头，母亲在里头”时，语音凝重哽咽，令人鼻头发酸；而读至“乡愁是一湾浅浅的海峡，我在这头，大陆在那头”时，语音断续，声断而气流不绝，盼归向往之情切切、意绵绵，使人深受感动。教室里一片寂静，学生眼圈发红，喉头发紧。此时老师没有马上说话，稍停之后问：“余光中先生的这首《乡愁》蕴含着哪些深情?”这时学生在感情震撼后，已初步走出文章，正是有感而发之时，因此，学生发言十分踊跃。他们谈到诗中有诗人对家乡的思念，对亲人的思念，更有对祖国的思念，对统一的期待。认识十分到位。

试想，如果录音一停，老师马上发问，沉浸其中的学生只能如鲠在喉，就不会有充满深切体会的精彩回答。而老师如果停顿时间过长，学生激情已过，讨论评说的愿望也会减弱，同样不会有好的效果。这里相机诱导是十分重要的，要使学生入于其内，又能出乎其外。因此，高明的教师是一位高明的指挥家和艺术大师，有敏锐的洞察力，善于给学生感情空间并善于把握最佳时机。[1]

实践**课堂留白策略**主要应做到如下四个方面[2]：一是把“问”的权利交给学生。整节课的教学“由教师唱主角”往往不是好课。二是把“读”的时间留给学生。在课堂教学过程中，教师要舍得“空”出时间让学生充分地读，在读中整体感知、有所感悟、潜移默化地接受熏陶。三是把“讲”的机会让给学生。课堂留白强调教师的精讲，同时强调学生主动表达自己的认识、情感、态度。四是把“练”的安排纳入课堂内容结构。教师要舍得“空”出时间让学生在课堂上练习，而且练习不一定非要放到课的结尾。在教师的有效引导下，学生多练习才能出真知。

1　张秀红. 此时无声胜有声——试论语文课堂教学艺术中的无声效应. 中国科技信息，2007，(6)：255-256
2　管向群. 中国教师最需要的新理念. 南京：南京大学出版社，2010：221-223

课堂留白既是一种教学智慧，更是一种对教学伦理的基本要求。有些教师习惯于采用“满堂灌”式的课堂结构安排，唯恐在有限的课堂教学时间内讲得不够多、不够充分。这实际上不仅会影响学生的学习效果，也会在无形中增添学生的学习负担，引起学生的反感，降低学生的学习兴趣，不利于培育学生的主动性、创造性，不利于学生的全面健康发展。

3. 教学管理中的伦理

（1）奖励与惩罚。在课堂教学的实施过程中，如果运用得当，奖励与惩罚都会成为非常重要且有效的教学管理手段。首先来看奖励的实施过程应注意哪些问题。

第一，奖励的指向不仅是成功的结果，而且是获得成就的过程，即过程中表现的动机、态度、学习方式、意志力等。

第二，奖励的频率和程度应当恰当。频率是指当奖则奖，不能无原则地滥用奖励，使之成为一种效应逐渐降低的手段。程度是指奖励的级别应与成就的高低相当，过高和过低的奖励都会降低奖励的功效。

第三，注意奖励的灵活运用。在奖励对象上，一些胆小和没有信心的学生特别需要鼓励；而一些自尊稳定、有骄躁表现的学生，过多的奖励反而对他们有害。所以，奖励既要有统一和公平的性质，又要有一定的灵活性。此外，奖励的形式也应当是多种多样的，从点头赞许到口头表扬，到用特定形式（奖状、奖品、奖金等）进行的奖励都应当恰当和灵活运用。

第四，无论何种形式的奖励，本质上都应是精神上的鼓励。作为鼓励的外在象征可以是奖品或奖金，但在学校教育中，除了要慎用物质奖励外，还要努力引导学生将奖励的象征意义而不是象征形式看成是第一位的。

第五，奖励应当尽可能面向全体学生，以形成集体道德舆论，获得学生群体的支持，收到教育全体学生的功效。

月考的奖励与表扬

进入10月份，高二年级的第一次阶段性检测结束后，我就在思考：学校的奖励似乎已经不再能调动学生的积极性了。突然一个想法在我脑海涌现：学生最怕的就是老师联系家长，因为这个情况往往带有告状、投诉的性质。如果我们是打报喜电话给家长的，我相信学生们肯定会很高兴，而且家长也会把这个好消息转达给学生。那这样的表扬是不是会有出其不意的效果呢？人常说：心动不如马上行动。于是，我拿出成绩单和手册，对照进步名单，无论是飞跃性的进步还是十名的小进步，都逐个打电话通知家长。正如一开始所说的，家长一听到是班主任，马上很紧张地问：是不是小孩子又闯祸呢？我赶紧解释说不是投诉，而是报喜。从电话里，我可以听出家长由担忧到欣喜的明显变化。接着，我把此次联系的主要目的告诉家长：一则家长能以此鼓励一下学生，二则也要对学生提出更高的激励。家长也都一个个在电话里答应了我的请求。挂下电话，我的第一步已经成功了，现在就等着下个礼拜回来看学生的反应。这样，就可以检验出我的尝试是否成功了。

周日晚自习，我留心看了一下学生，我发现大家都很兴奋地投入作业和学习当中，连林某也做起了作业。但此时我还不能完全肯定，直到一本周记才让我发现，原来“润物可以细无声，借力照样塑造人”。学生写道：今天回家吃完午饭，爸爸突然拿出三百元让我自己去买双鞋，说是作为我此次进步的奖励。我心想：我都还没说，他怎么知道呢？后来爸爸告诉我班主任打电话回来报喜了。爸爸也希望我能继续保持这种状态，争取更大的进步。那天下午，我并没有接过爸爸的三百块，因为对我而言，一向严肃的爸爸能表扬我，那已经是最大的奖励了。我还得继续加油，不辜负爸妈的期望。看到这里，我知道我的所有预期目标都已经实现了，剩下的就是如何继续巩固成果了。[1]

相应地，在教学过程中，实施惩罚措施时应该注意惩罚的教育性问题，注意从以下几个层面着手。

第一，实施惩罚的目的是教育，而不能为了惩罚而惩罚，更不能仅仅为了使学生获得痛苦体验而实施惩罚。实施惩罚必须让学生认识到问题所在，认识到惩罚手段实际寄寓了教师的爱心、善意与尊重。在学生已经认识到错误所在并决心不再犯时，教师应免于或者减轻处罚。

第二，惩罚的实施应当合情合理、公平、准确，要避免那种主观、武断和随意的惩罚。

第三，惩罚的灵活性。不能刻板地使用惩罚手段：一方面，惩罚的形式应当多样化；另一方面，惩罚应该因对象而异。比如，对于感受性较强、自信心不足的学生，应少用或减轻惩罚的强度。反之，则应当加大惩罚的力度。

第四，惩罚的实施应与对学生的尊重相结合。一方面，惩罚强度必须足以警醒学生；另一方面，惩罚又必须避免伤害学生的自尊，不应对学生造成精神或身体上真正的伤害。此外，惩罚的实施还应有时机的意识，注意场合与火候。

第五，适合公开处罚的惩罚应当充分发扬民主，获得学生群体的道德支持，同时也扩大惩罚的教育面。[2]

校园“冷暴力”值得反思与警醒

西安一小学让调皮、成绩不好的学生戴绿领巾，老师要求上学、放学都不能解开，不然就在班上点名批评。老师称此举是为了激励学生上进。

1　如何善用表扬[EB/OL].（2008-05-11）. http://blog.sina.com.cn/s/blog_5f7609520100ctjm.html

2　檀传宝. 奖其当奖，罚其当罚. 人民教育，2005,（12）：11

山东省东营市某中学有班级实行奖罚制度，违规违纪的学生会被罚款，罚金将用来奖励学习进步者。事件曝光之后，学校纠正了该班级的做法。

内蒙古自治区包头市某中学实行差异化校服：红校服是优秀生的专利，普通学生穿的是蓝色或白色校服。红校服背面印有白色“优秀生”字样。

浙江省慈溪市某小学的3个男孩因为不遵守课堂纪律，遭到老师惩罚：脱下裤子，在学校操场上跑步，旁边还站着两个女生“监督”。目睹此事的网友拍下照片，发到网上。[1]

（2）“差生”转化。在教学过程中，被贴上“差生”标签的往往是那些考试分数较低的所谓“学困生”。虽然该群体在课堂教学中往往成为课堂教学秩序的破坏者，但是，这主要是因为该群体长期受压抑所积聚而成的自卑心理、恐惧心理、消极沮丧心理、对立心理、自我封闭心理在作怪。因此，教师应该因势利导、因材施教，用尊重、关爱、公正及智慧来与该群体相处。

具体而言，第一，动之以情暖心田。情感结构往往封存着一个人内心深处最脆弱、敏感的神经，触及人的情感结构是打开其心扉的重要法门。学习成绩差的学生其实更需要尊重。如果不是智力问题或学习基础太差，那么，学生不愿学习或在某方面的发展明显存在滞后，就一定存在某种特殊且不易为人所知的深层次原因。教师应该善于深入了解学生的情感世界，真正走入学生的心灵，对症下药、因势利导，让学生真正从其深层的情感结构层面产生对学习的向往、对人生的美好憧憬与希望。

第二，细微之处找亮点。“差生”往往被“标签”长期压得难以翻身，久而久之，产生了自己一无是处的自我心理暗示，强化了“破罐子破摔”的自暴自弃心理。教师应该善于在细微之处找亮点，相机而动，春风化雨，于细微之处寻找打开学生心灵结构的钥匙。

一位幼儿园的女教师在介绍本班孩子的美术作品时，举起了一幅图画，那上面除了一些规则的横竖道道之外，什么都没有。这位老师微笑着向大家介绍：“我数过了，这位小朋友的画中一共用了24种颜色，是我们班使用颜色最多的小朋友。我为他在这方面先行一步而高兴。”这位女教师从学生一幅似乎一无是处的画中发现了不寻常的“亮点”。我们在教育“学困生”时也应该像这位女教师一样去尽力挖掘并逐渐扩大其“闪光点”，让他们看清自己的前途，奋发努力。

第三，因势利导显智慧。“差生”的转化关键在于抓时机、使巧劲、“四两拨千斤”，彰显教师的伦理智慧。如此，“差生”的转化过程就显得容易很多，否则，直接的硬碰硬或干

1　赵婀娜. 校园冷暴力：让孩子伤在起跑线上. 湛江日报，2011-11-15

脆放任不管，都不符合教学伦理的基本要求。我们可以从著名教育家陶行知先生用四块糖果巧妙处理学生打架事件的教育案例中，仔细体悟、品味“差生”转化的时机与智慧。

陶行知在做校长时，一天，他看到学生王友用泥块砸自己班上的男生，当即制止了他，并让他放学时到校长室去。

放学后，陶行知来到校长室，王友已经等在门口准备挨训了。可一见面，陶行知却掏出一块糖果送给他，并说：“这是奖给你的，因为你按时来到这里，而我却迟到了。”王友很惊讶地接过糖果。

接着，陶行知又掏出一块糖果放到他手里，说：“这块糖也是奖励给你的，因为当我不让你再打人时，你立即就住手了，这说明你很尊重我，我应该奖励你。”王友更为惊讶，他眼睛睁得大大的。

陶行知又掏出第三块糖果塞到王友手里，说：“我调查过了，你用泥块砸那些男生，是因为他们不守游戏规则，欺负女生。你砸他们，说明你很正直善良，有跟坏人做斗争的勇气，应该奖励你啊！”王友感动极了，他流着眼泪后悔地说道：“陶……陶校长，你……你打我两下吧！我错了，我砸的不是坏人，而是自己的同学呀！”

陶行知满意地笑了，他随即掏出第四块糖果递过去，说：“为你正确地认识错误，我再奖励你一块糖果，可惜我只有这一块糖了，我的糖没了，我看我们的谈话也该结束了！”说完，陶行知就走出了校长室。

第四，齐抓共管成合力。教师应该与其他任课教师、学生家长形成合力，因为“差生”的学习成绩不好，或其他方面的发展困难，往往是复杂的环境因素导致的，因此，必须多方面形成智慧与关爱的合力，共同发力，在学生的周围形成一种长时间、大空间的高效教育体系，为学生的学习与生活重新点亮希望之光。

第五，持之以恒固成果。对“差生”的转化工作是一个需要长期持之以恒才能完成的工作。有些学生可能会因为进步不明显而放弃努力；也有的学生可能会在取得一些成绩后，因为沾沾自喜而放松了对自己的要求。因此，教师必须具有内在的教育责任感、使命感，不能视课堂教学为40/45分钟之内的教育工作，更应该把教学工作视为一种常态化、终身化的工作，长期关注“差生”们的学习与生活点滴，持之以恒、持续关注、坚持不懈。

（四）教学过程中的个人修养与行为

1. 教学过程中的“四心”“一力”

在教学过程中，教师的教学行为应始终伴随“四心”：对学生有爱心、对教学内容和方法选择有责任心、对教学问题的处理有耐心和细心。在教学过程中，教师要始终保持爱心的厚度、责任心的强度、耐心的程度、细心的密度。其中，爱心是基础，责任心是关键，耐心是核心，细心是重点。[1]

具体而言：（1）让教学过程充满爱，让教学知识的传授过程体现爱的温度，用爱心去化解教学过程中的困境与问题。（2）对学生、对学科知识、对教育事业充满尊重与敬意，不把教学效率仅仅理解为知识传授的效率，不把教育竞争的弱势群体视为“废品”“差生”加以歧视、冷落、淘汰、放弃。教师在教学过程中应始终保持高度的责任心，抱着负责任的教学态度，因势利导，通过教学过程中的因材施教，帮助所有学生认识自己的优势、实现自我价值的最大化。（3）耐心是教学伦理的重要要求。教学过程面临的不同学生具有不同的知识基础及价值观念，学生发展水平参差不齐，个性差异明显。因此，教师在教学过程中必须具备足够的耐心，沉得住气，心胸宽阔，宽容大度，教学过程需要发展的眼光。（4）在教学过程中，教师要对自己的教学行为进行适时的道德控制和道德诊断，把细心变为自己的职业习惯和工作重点，教学伦理的魅力与影响力往往体现在易被忽视的教学细节中（如本书将要谈到的教学眼神）。

与“四心”相伴随的还有“一力”，即亲和力。一个广为流传的教育“金句”说：“教育本身意味着：一棵树摇动另一棵树，一朵云推动另一朵云，一个灵魂唤醒另一个灵魂。”所谓教师的亲和力，就是在教学过程中，教师的情感感染学生情感的作用力。对于学生而言，教师教学行为的亲和力直接影响到学生的精神面貌、学习劲头甚至学习成绩。具有亲和力的教师，学生不但喜欢其人，模仿其言行，而且还喜欢他（她）所教的课程，学生学习成绩自然就会比较高。

在具体的教学过程中，人格魅力是教师亲和力的起点，广博的知识、幽默的语言是教师亲和力的核心，和谐的教学活动设计是教师亲和力的着力点。教师亲和力可以通过以下途径获得：关爱学生，树立朴实的平等意识；加强学习，提高学科知识水平；注重锻炼，提高语言表达能力以及应变能力。[2]

2. 教学过程中的个人修养与平和心态

在教学过程中，教师的平和心态往往能够向学生和周围的同事展现出好的个人修养。这就要求教师在教学过程中遇事冷静，始终保持平和且积极向上的心态。调节好自己的情绪是保持平和心态的重要路径之一。情绪可分为基本情绪和复杂情绪。基本情绪包括愉快、恐惧、好奇、痛苦等；复杂情绪包括厌恶、焦虑、骄傲、内疚、尴尬、嫉妒、羡慕、爱、恨等。情绪还可以分为积极情绪和消极情绪。消极情绪包括：忧愁、悲伤、愤怒、紧张、焦虑、痛苦、恐惧、憎恨等；积极情绪包括：喜悦、感激、宁静、兴趣、希望、自豪、激励和

1 教师专业标准研究课题组. 中学教师专业标准：要点·行动·示例. 北京：北京师范大学出版社，2013：43-44
2 教师专业标准研究课题组. 中学教师专业标准：要点·行动·示例. 北京：北京师范大学出版社，2013：45

爱等。

在教学过程中，许多教师可能会面临“好心没好报”“出力不讨好”“十分耕耘一分收获”等情况，教师首先要“看得开”，不能动辄发怒，失了脾气，丢了形象。在面临这种情况的时候，教师应掌握恰当合理的自我情绪调节方法，其关键在于调节自身对特定教学事件的信念或想法。因此，在教学过程中，当消极情绪产生时，教师一定要反省自己的信念或想法究竟是什么、有何不当之处，然后再用新的恰当的信念或想法来驳斥旧的不当的信念或想法，从而产生新的更为积极的情绪与行为。这种保持平和心态、调节自我情绪的方法称为“**合理情绪疗法**”，其具体路径如下图所示。

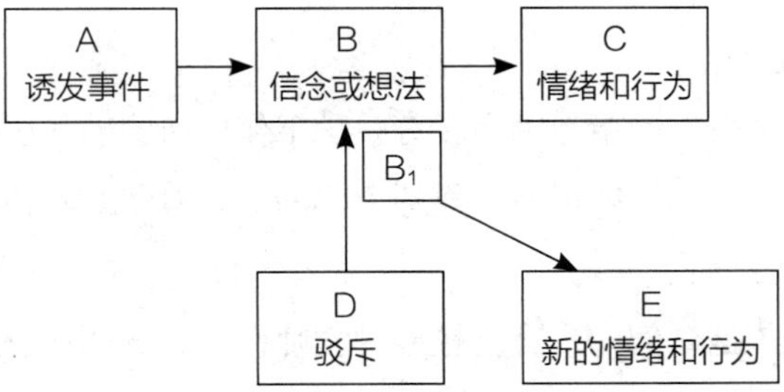

如上图所示，当教师因为事件（A）而出现某种不良情绪和行为（C）时，教师必须反思直接作用于自己的情绪和行为的不是该教学事件或困境本身，而是其导致自己产生的某种信念或想法（B）。让自己感觉痛苦或悲哀的正是这种信念或想法，而这种信念或想法很可能是不正确的。所以，教师可以用事实或道理来驳斥（D）该信念或想法（B），产生新的信念或想法（B_1），从而导致新的情绪和行为（E）。

更具体些，在教学过程中，教师可以如此操作：

（1）体察自己的情绪，时刻提醒自己注意：“我此时此刻的情绪状态如何?”例如，当你因为学生上课说话而对他冷语相向时，问问自己：“我的情绪是什么？我为什么要这么做？我现在有什么感觉?”如果你体察到自己很生气，这种体察和反思可以为自己接下来的教学行为调节奠定基础。

（2）适当表达自己的情绪。在上面的例子中，教师可以婉转地告诉这名学生：“这个内容比较难以理解，你上课没有好好听讲，我担心你不懂。”教师尝试把“我好担心”的感觉传达给他，让他体察到他在课堂上说话的行为带给教师怎样的感受。

（3）以合宜的方式疏解情绪。疏解情绪的方法有很多，有些人会痛哭一场，有些人会找好友倾诉，有些人去逛街、听音乐、散步等。其目的在于找到一个合适自己的方式和时空，给自己一个理清想法或信念的机会，让自己更有能力去面对未来。[1]

中小学、幼儿园教师专业标准（试行）摘录

（四）个人修养与行为[2]

富有爱心、责任心、耐心和细心。

乐观向上、热情开朗、有亲和力。

善于自我调节情绪，保持平和心态。

勤于学习，不断进取。

衣着整洁得体，语言规范健康，举止文明礼貌。

3. 教学形象中的伦理

（1）着装规范。教学着装是指教师在教育教学工作中所穿着的服装及所佩戴的饰物。教学着装直接体现着教师所在学校的形象及教师个体的个人尊严。具体而言，教师的教学着装规范主要依据如下几个方面：

一是以身体条件为依据。例如，身材较矮的教师，衣着选择适宜简洁明快、上下色泽一致，或上浅下深，以便把身材衬托得高一些；再如，颈部较细长的教师，衣着选择适宜V形领口类，以便使颈部的长度在视觉上有所延伸。

二是以年龄特征为依据。教师的着装选择应该与自己的年龄相符。青年教师在着装时应朝气蓬勃，充满活力，适宜活泼明快的服饰，当然，也要注意避免在学生面前穿着奇装异服。而年长的教师则应该通过服饰的选择衬托自己德高望重、沉稳通达之内涵，适宜稳重大方的服饰。

三是与周围的环境相协调。首先是与社会大环境相协调。社会在发展，着装的标准也在与时俱进，教师不可一味地、古板地拘泥于自己的天地之中，与外世隔绝。其次是与学校环境、课堂环境相协调。在课堂教学时，教师着装应端正整齐，在劳动、活动时应简便轻盈。

四是考虑教育对象的特点。学生具有明显的向师性，低龄阶段的学生更是如此，因此，教师的衣着具有一定的榜样示范性。实践证明，教师衣着的颜色、做工、款式都足以影响学生的态度、注意力和行为方式。学生们往往对着装整齐大方得体的教师特别有好感，这些教师的威信及影响力随之得到加强。对于较高年龄段的学生，教师在着装时则要

1　教师专业标准研究课题组. 中学教师专业标准：要点·行动·示例. 北京：北京师范大学出版社，2013：47-48

2　2012年，由教育部正式颁布的中小学、幼儿园教师专业标准（试行）中，“个人修养与行为”层面的标准完全一致。具体可参见由教育部教师工作司组编、北京师范大学出版社出版的《幼儿园教师专业标准（试行）解读》《小学教师专业标准（试行）解读》《中学教师专业标准（试行）解读》。

朴素、整洁、端庄，这样有利于培养他们成熟的着装行为，并使他们受到思想情操方面的启迪。[1]

（2）仪容规范。[2]首先是面部礼仪规范。第一，面部干净。教师应该保持面部清洁卫生，无灰尘、无泥垢、无汗渍、无分泌物，无其他一切被人们视为不洁之物的杂质。在进行课堂教学时，教师忌讳蓬头垢面、体味厚重。第二，口腔清洁。教师吃的是"开口饭"，教师大部分时间是在与学生、同事进行面对面的交流，如果张口说话时露出满嘴黄牙，同时喷出刺鼻的大蒜、大葱或烟草等异味，必将令人生厌。因此，教师必须十分注重自己的口腔卫生，经常刷牙，保持口气清新，牙齿洁白。第三，神态和蔼，端庄自然，大方得体。虽然容貌不能更改，但是神态、表情却往往能够反映出一位教师的内在素养。端庄、自然、大方、和蔼的面容使学生或同事看上去"面善"，应忌讳神态猥琐，缺乏风度。

其次是头部礼仪规范。第一，干净整洁。教师应该保持自己的头发清洁、卫生，没有头屑，没有异味，忌讳蓬松凌乱，不修边幅。第二，发型适度。教师职业忌讳怪异的发型。教师职业的育人特性决定了教师的发型不能够像电影明星或体育明星一样。具体而言，男教师的头发长度以6厘米左右为宜，前面不超过额头，后面不超过衣领，两侧不遮挡耳朵。女教师发型的限制相对宽松一些，但不宜怪异新潮、过分夸张、过于花哨。

（3）举止规范。教学举止是指教师在教学过程中的动作、活动以及身体各部分在其过程中所呈现的姿态。教学举止可以反映出教师的教学风度与气质。对于教师而言，遵守举止礼仪规范，即要求其举止合乎约定俗成的行为规范。其关键在于举止文明、优雅、有度。所谓举止文明，是要求教师举止自然、大方、高雅而不粗俗，以表现出良好的个人文化修养。所谓举止优雅，是要求教师举止规范美观，得体适度，不卑不亢，风度翩翩。所谓举止有度，是要求教师举止适当、适时、适宜，能够配合相关的场合，符合常规。[3]

4. 教学语言伦理

（1）教学口头语言规范。在教学工作中，教师要与学生经常进行口头交流，教师的教学口头语言应注意如下规范：

一是口齿清晰。能够通过教学语言清晰而准确地传达教学内容及教育思想是教师最重要的基本功之一。其基本要求包括：其一，发音准确，口齿清晰，让学生能够听得清楚、听得明白。其二，易懂活泼，生动形象。即使是讲授枯燥无味、深奥难懂的数学定理，教师也要尽可能采用浅显易懂的口语表达出来，深入浅出，尽量清晰明了。其三，简明扼要，不要拖泥带水，应该重点突出，语意明确。

1　刘维俭，王传金．现代教师礼仪教程．南京：南京师范大学出版社，2006：52-53

2　刘维俭，王传金．现代教师礼仪教程．南京：南京师范大学出版社，2006：24-35

3　金正昆．教师礼仪概论．北京：北京大学出版社，2007：59

二是语言标准。语言不标准就会导致学生产生理解的误区，影响教育教学质量，在许多情况下还可能闹笑话。其基本要求包括：其一，讲普通话。普通话是各科教学的规定教学用语，是我国法定的现代汉语的标准语言，教师在进行课堂授课时应统一采用普通话。其二，发音正确。一方面，教师在口语表达时不能念白字；另一方面，注意普通话阴平、阳平、上声、去声四种基本声调的区别，注意前鼻音与后鼻音、前舌音与后舌音的区别。

三是语调柔和。语调指的是教师进行授课时的具体腔调，体现为讲话时的语音高低、轻重、快慢的具体配置。而且，教师应该做到音量适中，快慢有度。

四是语气谦恭。教师进行教学时，教学语言应避免居高临下训话式的傲气。陈述、疑问、祈使、感叹、否定等句式要运用恰当，不能矫揉造作，给学生以不真诚之感。具体要求：忌语气急躁、激动、不耐烦（如“快点儿，我还有别的事”）；忌语气生硬、粗暴、勉强（如“少废话”）；忌语气轻狂、歧视、怠慢（如“知道吗，你”）。

封杀教师语言冷暴力

2003年6月，重庆市渝中区教师向全市教师发出倡议：要规范教师用语，使教师用语文明、人性和艺术化。同时，推出教师不能使用的十条禁语。这十条禁语是：

（1）你为什么这么没用。

（2）你简直无药可救。

（3）你再这样调皮，我就要请家长。

（4）你怎么这么笨。

（5）你再不努力学习，就考不上好中学（大学），将来就没有什么出息。

（6）你这样总是全班最后一名（或者倒数几名），对得起你的父母吗？

（7）全班同学不要像他（她）那样。

（8）某某同学是我们班最好的学生。

（9）某某品德不好，是全班最差的。

（10）你不认真学习可以，但不要影响其他同学。[1]

五是用语文雅，讲话文明。教学过程中即使情绪高昂也不可讲脏话、粗话，尽量选用文雅的词汇，努力回避不雅之词。教师在授课过程中应做到：不讲粗话、不讲脏话、不讲黑话、不讲怪话、不讲废话、不讲别人的坏话。

（2）教学肢体语言规范。心理学研究表明，肢体语言所传达出的心理信息和人际交往效

1　盘点2003年中国教育：“现代教师”十大看点（下）. 基础教育（重庆），2004，（5）：36-37

果是有声语言的4~5倍。因此，在课堂教学过程中，往往是那些并不为教师自身所意识到的体态语言、肢体语言长期形成了某种教学的风格或氛围，潜移默化地深刻影响着班级风气、教学氛围、教学效果、学生的学习态度及处世风格。真可谓是此时无声胜有声，教学过程中教师的肢体语言不容小觑。

教师要做到肢体语言规范，首先就需要了解清楚经常使用却一般不易觉察的具体的**教学肢体语言**，然后认真对照、反思，而后在教育教学过程中有意识地加以调控与调适，在实践中不断完善，逐步做到肢体语言与教学内容、教学氛围、学生的身心发展规律等诸多方面的内在契合。

有研究对教师常用的肢体语言及其内在的含义做了如下整理：

- 头部侧向一旁——对学生的观点、见解、意见有兴趣
- 头部挺得笔直——对学生的观点、见解、意见持中立态度
- 低头——对学生的观点、见解、意见不感兴趣或持否定态度
- 肩部舒展——自己有决心并体验到自己的责任感
- 肩部牵拉——心情沉重，内心感到压抑
- 肩部收缩——正处在气头上
- 肩部耸起——正处于惊恐之中
- 用手指蹭蹭鼻子下方——有些局促不安
- 双手抱住胳臂——内心需要保护
- 眯着眼——不同意，厌恶，发怒或不欣赏
- 在讲台上来回走动——深思、发脾气或受挫
- 扭绞双手——紧张，不安或害怕
- 正视学生——友善，诚恳，自信，笃定
- 搔头——迷惑或不相信
- 笑——同意或满意
- 咬嘴唇——紧张，害怕或焦虑
- 抖脚——紧张
- 身体向前倾——注意或感兴趣

大家可以对照后多加反思：自己在课堂教学的过程中经常会出现哪些常用的肢体语言？这些肢体语言向学生传达了哪些不尊重、不关爱、不公正的负面信息？自己应该在今后的教学过程中首先注意哪些细节问题？

为了进一步阐释，本书以教学过程中的教学眼神为例，进一步来探讨教学过程中的肢体

语言规范。

思想家语录

人的眼睛与舌头所说的话一样多，不需要字典，就能够从眼睛的语言中了解心灵的世界。

——爱默生

在肢体语言中，教师的眼神是最“传神”的一种教学工具和教学方式，运用得当往往能够撼动人的心灵，起到潜移默化且深入心灵的教育效果。那么，对于教学眼神的运用，教师应该遵循哪些伦理规范呢?

第一，尊重和信任。教师在课堂上看学生的眼神往往会在不经意间折射出教师对待不同学生的不同态度、不同评价。教师眼神的背后折射出的是教师的学生观、教育观、价值观。

第二，保持精神饱满，目光有神，不可把不好的心情带进教室，不可目光呆滞、黯然无神、情绪低落。

第三，协调一致。教师的目光要与教学内容一致，能够恰当地表现教材的内容。教学内容丰富多彩，教师的目光也要随之变化。教师应当根据教学内容的需要，配以适当的目光，从而使学生更好地理解教学内容。教师的目光还要与课堂气氛、教育对象相一致。如在热烈的课堂讨论中，教师突然瞪着眼训斥某个学生，这样会使学生莫名其妙；又如用犀利的目光盯住正在回答问题的性格内向的学生，这样会使学生更加惊慌失措。因此，教师运用目光时要考虑到具体的运用环境，注意其中的特殊要求。

第四，顾及四周。在课堂教学过程中，教师的目光要照顾到班上每位学生，这就要求教师上课时学会调整方向，照顾各个角度。一是纵向角度，即教师视线上下角度问题。教师视线太低，只能看到前几排学生，照顾不到后面大多数学生；眼睛仰视，又会使学生感到趾高气扬，盛气凌人。正确的方向是，眼睛保持平视，并且把自己的视线落在教室中排偏后的学生身上。这样，既可弥补因空间距离带来的沟通缺憾，也不会使前排学生受到冷落。二是横向角度，即教师视线左右角度问题。教师上课时，绝不要长时间把视线停留在某一点上，应该从左边扫视到右边，然后再从右边转向左边。当然，也不要太拘泥于此，要尽可能自然些。

第五，注视恰当。教师在注视学生的课堂行为时，要根据不同的情况，采取不同的注视行为，因为不同的注视行为对师生交往的性质和交往的结果会产生不同的影响。注视可分为公事注视、社交注视和亲密注视三类。公事注视是用眼睛看着对方脸上以双眼为底线，上顶角到前额的三角部位；社交注视是用眼睛看着对方脸上以双眼为上线，下顶角到嘴部的三角部位；亲密注视是看着对方的双眼和胸部之间的部位。教师批评一个犯了错误的学生，如果采用社交注视，那么，尽管讲话是非常严肃的，但这个学生也可能在听你训话时候表现出漫不经心的态度，因为这种注视会削弱教师有声言语的严肃性；若采用亲密注视，就会使学生感到窘迫，从而使学生对教师所讲的话产生抵触情绪。在此情境中，如果教师采用公事注视，再加上教师的有声言语，教师就会对学生产生一种强有力的影响。[1]

"窗户"的学问[2]

眼睛，心灵的窗户。我们做教师的须精心了解、审慎研究，洞悉其中的奥秘。小陆的眼睛是双普通的眼睛，不过稍有点近视而已。在和他接触的不长的时间内，这双眼睛可起了不少变化。开始，我给他们上课，他的目光时聚时散，时而恍恍惚惚。从这双眼睛中，我看到了他学习漫不经心，对语文缺乏兴趣。我很着急，多么想通过精彩的讲解、有趣的练习，把他牢牢吸引住。然而，虽作努力，收效不大。打开他的作业，我更为焦虑，最常用的"吃"，也错写成"吃"，三百多字的作文别说遣词造句、谋篇布局，单错别字就有十几个。课后我常问他懂不懂，有没有问题，他总先点点头，再摇摇头，手朝同学肩膀上一搭，走开了，眼睛没有表情。有一次，我严肃地找他谈心，指出他上课没有真懂，提不出问题正是未开动机器的缘故，不积极思考就不可能真正理解。起初，他目光呆滞，慢慢地，目光中增添了怀疑的色彩，仿佛说："真是这样吗？""不信，你试试看。上课越认真，越能发现问题。"我鼓励他说。说起来真怪，也就半年左右吧，不知不觉地小陆上课的目光凝聚了，集中了，稳定了。他听得入神时，不仅眼睛发亮，注视着我，甚至嘴也微微张开；我讲到关键处，若朝他一瞥，他也不再躲闪，而是报以不易觉察的会心的微笑……

眼睛，心灵的窗户，你是多么富于变化！怀疑、信赖、期望、渴求、欣喜、调皮……学问不浅啊！面对着几十扇各具特色的"窗户"，我必须精细地加以观察，通过它们洞察小心灵的秘密；我要学会敏捷地捕捉它们在课堂上瞬息之间的变化，适时适量地撒播智慧的种子，开启求知的欲望，创造良机，让学生施展聪明才智。

1　储召红，方绪平．此时无声胜有声——浅谈教师目光与课堂教学．现代中小学教育，1999，(4)：61-63

2　于漪．语文教苑耕耘录．福州：福建教育出版社，1984：274-275（在引用时略有改动，特此说明）

第三节
教学伦理的实践策略

一、凝练教师的职业道德信念

2012年，教育部正式颁布的中小学、幼儿园教师专业标准（试行）突出强调了教师的职业道德信念，明确要求教师必须从内心认同教师职业的专业性和独特性，理解教师工作的意义，热爱教育教学事业，具备职业理想和敬业精神。离开对于教育事业的深度认同与理解，一切具体的教育教学规范都可能是偶然的。因此，凝练教师职业道德信念，是师德修养的核心问题。教师职业道德信念是教师对职业理想、职业人格、职业原则、职业规范坚定不移的确信，是深刻的师德认知、炽热的师德情感、顽强的师德意志的综合体，是把师德认知转变为师德行为的中间媒介与内驱力。教师职业道德信念能够促使教师遵循职业道德规范的要求，不折不扣、忠诚地履行自己的道德义务[1]，为教师的教学行为符合教学伦理规范提供源自教师心灵深处的价值依据。唯有确立职业道德信念才能促使师德行为表现出明确性和内在一致性。因此，教师应当通过自我修养不断确立、强化自己对教育事业的忠诚，凝练自己的职业道德信念。

凝练教师职业道德信念是一个综合性的修养功夫，其具体路径应是如下五个层面的综合体：一是增强对国家教育方针、教育法规的理解；二是在敬业精神和专业理想层面下功夫；三是修内功，注重自身的专业素养提升；四是修外功，注重为人师表对职业信念的外塑功能；五是增强团队合作的能力，积极开展协作与交流。

二、优化教师的教学能力

教学伦理是“教学中的伦理”与“教学的伦理”的内在统一，而“教学中的伦理”必然要求其有教学方法、能力层面的技术依托。教学过程外显为教师一系列教学行为的组合模式与风格特征，故教师的教学方法、能力的水平高低就与教师教学伦理水平高低具备了某种程度的内在联系。这种内在联系尽管不是直接的因果关系，却是相互影响、相互作用的关系。而且，在实际的教学过程中，如果教学效率高、教学方法引人入胜，教师知识渊博、谈吐优雅、口齿清晰，教学能力令学生由衷地钦佩，那么，教师的教学行为就相对容易产生一种自然而然的价值吸引力，教师的教学能力也就自然具备了一定程度的伦理导引功能。恪守师德

1 钱焕琦. 教师职业道德. 上海：华东师范大学出版社，2008：214

与业务上的精进实际上是一体两面的任务，一个愿意遵守教育伦理的教师，就不仅应该修养道德，而且要通过优质的教学去展现自己优良的职业道德。

具体而言，首先是提升教师的教学设计能力，通过优化教学目标和教学计划、合理利用教育教学资源、引导和帮助学生设计其个性化的学习计划等途径，在“设计、反思、调整、再设计”的教学过程中逐步提升教学能力。其次是提升教学过程中实质性的教学实施能力。尤其是要关注多种教学模式的综合化，合理处理课堂偶发事件，注重培育学生的独立思考、主动探究、发散创新的人格特质。

学习目标

了解教学伦理的实践策略。

三、提升教师的道德敏感力

教师的**道德敏感力**是决定教师职业道德素养高低的重要因素之一。在实际的教育教学过程中，教师们每天忙于繁重且烦琐的日常教育教学事务，而且，还必须疲于应付来自多方面的检查、考核、继续教育培训任务等。在有些情况下，不是教师要故意违反教学伦理规范，而是教师并不认为这样做有什么不当之处。对此，不能仅仅提升教师的道德认知水平，更重要的是要提升教师的道德敏感力。

其具体路径包括：（1）通过真诚的师爱，涵养基于专业能力的教育同情心，逐步学会“迷恋学生的成长”。马克斯·范梅南曾经断言：“教育学是迷恋他人成长的学问。”[1]也可以说，教学过程需要教师始终“心向着学生”，始终牵挂并理解学生们的困难、喜悦、收获，用心灵去倾听心灵，保持与学生们之间的“心灵感应”。（2）在实际的教学过程中，与学生共同发现日常教学事件中所蕴含着的道德意义，与学生共同提升道德认知水平。通过这样的方式，教师会更加清楚自己的哪些行为会伤害到学生，哪些做法能够更加巧妙地保护学生的自尊和自信，从而保证教师对自己的教学行为的认知、反思、调控更加敏感、及时、准确，逐步努力接近“从心所欲而不逾矩”的教学伦理的最高境界。而与此同时，学生不仅可以学读书，而且可以学做人，在与教师实际的课堂交往过程中自然而然地提升道德敏感力。师生双方的道德敏感力会在“不断的反思、进一步认知”的教学循环与师生互动过程中得以相互促进与共同提升。

四、涵养教师的幸福能力

人类生命的三重属性与幸福人生

教学伦理水平的提升不能仅仅依靠提升教师的教育教学能力和道德认知

1　[加]马克斯·范梅南. 教学机智——教育智慧的意蕴. 李树英，译. 北京：教育科学出版社，2001：18

力、敏感力、意志力，还需要通过提升教师主体自由的审美能力，在遵循教学伦理规范的过程当中，成就一种教学人生的美感。这种美感的获得其实就是教师幸福感的获得。

其具体路径包括：（1）教师在教学过程中始终要保持一颗平常心，在对得起自己的专业理解和良心的前提下，适当看淡某些形式上的考评、考核。（2）在保持平和心态的同时，学会情绪的自我调节，乐观开朗、积极向上、勤于学习、不断进取，在专业收获的同时去体悟教师职业的独特魅力与幸福。（3）伦理自觉与伦理反思相结合。如果教师能够以一颗平常心，一种欣赏自我、欣赏学生、欣赏人生的美感心态，使自己的教学行为始终充满着善意、美感、自我实现的希冀，那么，无须特意地反思、监控，几乎是出于一种幸福自觉、伦理本能的教学行为本身符合教学伦理的可能性就极大。当然，在遇到教学过程中的道德困境时，适时的伦理反思就显得非常重要。如此，在伦理反思与享受教育幸福感的同时修炼自己的幸福能力，教学伦理最终的价值依据就会同时向师生显现：教师的幸福、学生的幸福、师生通过教学互动同时收获的充满善意与美感的幸福！

本章小结

1. 教学伦理的内涵	● 教学的内涵 ➢ 就技艺论层面而言，教学是一种知识授受或经验传递的技术过程 ➢ 就目的论层面而言，教学这个技术过程必须符合道德善的规范属性或价值法则 ● 教学伦理的内涵 ➢ 教学活动自身内在的价值规定性及伦理道德精神 ➢ 教师的教学行为所反映出的外显的伦理规范
2. 教学伦理的基本特征及基本原则	● 教学伦理的基本特征 ➢ 内隐性 ➢ 双向性 ➢ 规约性 ● 教学伦理的基本原则 ➢ 真善美相统一 ➢ 公正与关怀相统一 ➢ 效率与幸福相统一

续表

3. 教学伦理的主要内容	● 对教学行为的专业认同与承诺 ● 教学过程中的人际关系 ➢ 教师对待学生的伦理要求 ➢ 教师对待教师集体及学校领导的伦理要求 ● 教学态度与行为 ➢ 教学方法中的伦理 ➢ 教学内容中的伦理 ➢ 教学管理中的伦理 ● 教学过程中的个人修养与行为 ➢ 教学过程中的“四心”“一力” ➢ 教学过程中的个人修养与平和心态 ➢ 教学形象中的伦理 ➢ 教学语言伦理
4. 教学伦理的实践策略	● 凝练教师的职业道德信念 ● 优化教师的教学能力 ● 提升教师的道德敏感力 ● 涵养教师的幸福能力

总结 >

关键术语

教学	教学伦理
teaching	ethics of teaching

章节链接

本章中关于教学伦理的内涵、基本特征、基本原则、实践策略等内容与第一部分第一章关于“教师职业道德的内涵与特性”的阐释有着紧密的联系，同时与第一部分第二章“教师职业道德的基本范畴”也密切相关。

应用 >

批判性思考

1. 在实际的教学活动中，许多教师往往“好心办坏事”。他们往往会忽视许多应该遵循的教学伦理的细节要求，从而在不经意间扭曲了自己的价值结构，并影响了学生价值结构的健康养成。请您从“工具性—目的性”的维度思考一下，这些教师的做法是如何违背了教学伦理的呢？

2. 在课堂教学过程中，我们经常看到一些教师不喜欢用眼神与学生们交流，而且对于许多“差生”更是连看都懒得看上一眼。这些教师对眼神关注的吝啬说明了什么呢？除了教材中提到的“眼神伦理规范”之外，您还能从中看出更深层次的教学伦理问题吗？您的依据是什么？

体验练习

以下这些测试题有利于您了解教学伦理的内涵、特性及实现路径，请从A、B、C三个选项中选出您认为最合适的选项。

1. 您在课堂上是否允许学生对自己进行实质性的提问呢？（　　）

A. 从来不允许　　B. 偶尔允许　　C. 允许

2. 您是否会有意识地在课堂上平均分配自己关爱的眼神呢？（　　）

A. 没考虑过这个问题　　B. 关注那些回答问题踊跃的学生

C. 尽量会用眼神关注整个班级

3. 你是否曾在课堂上向学生表示过对其他任课教师的不满？（　　）

A. 从来没有　　B. 也许有　　C. 不能确定

案例研究

有两位小学教师讲授同一篇《荷花》，效果却截然不同。

其中的一位老师问：“荷叶像什么？”某一学生主动回答：“荷叶像扇子。”老师不高兴地大声说：“荷叶怎么会像扇子呢？不像！”其结果是不仅羞辱了这位学生，而且把其他已经举手的学生都吓得缩了回去。后来她再三要求学生开动脑筋踊跃发言，可是教室里仍然鸦雀无声。

另一位老师在自己的课堂上同样提问：“荷叶像什么？”第一个学生回答后，老师满脸笑容点头称好，于是教室里出现竞相抢答的生动场面，达到了非常好的教学效果。

案例反思：

1. 在该案例中，两位老师的区别主要表现在哪些方面？第一位老师的哪些教学行为违反了教学伦理的基本原则和基本要求？请予以具体分析。

2. 如果是您在教学《荷花》一课，您会如何处理类似的教学情境？

教学一线纪事

本案例纪事摘编自袁卫星老师的一篇文章。在袁老师的班级中，有一名高中生因学业压力、交往困惑、青春期萌动等对生命产生了无序感、无意义感和焦虑感，并在日记中写下了类似于遗书性质的文字，后被同学及时发现并秘密报告。面对这种境况，作为班主任、语文老师的袁老师在上课前30分钟临时决定取消原定的语文课授课计划，改为《善待生命》。特选取课堂实录之片段如下。

1．师：先请同学们抄写这样一首诗——

我还有一只脚

周大观

贝多芬双耳失聪，
郑龙水双眼失明，
我还有一只脚，
我要站在地球上。

海伦·凯勒双目失明，
郑丰喜双脚畸形，
我还有一只脚，
我要走遍美丽的世界。

2．师：同学们，谁知道这首诗的作者是个怎样的人？

生1：少了一条腿的残疾人。

3．师：作者是台湾的一名9岁的恶性肿瘤患者。在截去一条腿的情况下，她创作了40首童诗，内容灵巧聪慧，真诚感人，其中就有这首《我还有一只脚》。请同学们发自内心地读一遍这首诗，体会生命的坚韧。

（生读诗）

4．师：请大家在纸上写下来，你最欣赏这首诗中的哪一句？这一句最触动你心灵的是什么？

（生写）

生2：我最喜欢“我要站在地球上”这一句。这句话最能表现作者对生命的热爱。她不畏惧，她渴望生命。

师：说得好！

生3：我也喜欢这一句……我有健全的双脚，我要站得直，走得正，我不能枉度此生!

（生自发鼓掌）

5. 师：我们不能仅仅把勇敢和坚毅写下来，我们还需要付出更多的实际行动。做个假设——假如你的生命仅仅剩下6个月，你最想做的事有哪些？最想见的人是谁？最想对他说的话是什么？最大的遗憾是什么？

生4：我最想为妈妈做一顿丰盛的饭菜，她太辛苦了……

师：你妈妈的贫血症好些了吗？

（生4点头）

……

生5：我最想做的就是与死神斗争到底，我不相信自己会输给死神……

……

6. 师（带头鼓掌）：你这是思想的成熟、生命的成熟，成熟是生命的巅峰。（板书“成熟：生命的巅峰”）

……

生6：我最想做的事是结婚。

（众生笑）

师：为什么？

生6：因为结婚与出生和死亡一样，也是人生的一件大事。

7. 师：我十分赞同你的观点。结婚是一个人成熟的重要标志之一。同学们想知道老师今生最大的遗憾是什么吗？（停顿片刻）老师今生最大的遗憾是在父亲辞世的时候，我虽已走上工作岗位，却还没结婚。我家境贫寒，父亲生前唯一的担心就是自己的儿子找不到一个理想的媳妇……

（课堂静默）

8. 师：同学们，幸好我们的生命不是真的仅剩下了6个月，所以我们一定要珍惜好我们的生命。只要我们不自戕生命，我们的生命还很长，我们还可以做更多有意义的事……

资料来源：袁卫星．一堂课能不能挽救一个学生的生命？——《善待生命》课堂实录．教师之友，2003，(5)：41-43

拓展 >

补充读物

1 [美]肯尼思·A. 斯特赖克，乔纳斯·F. 索尔蒂斯．教学伦理（第4版）．洪成文，等译．北京：教育科学出版社，2007.

该书是教学伦理研究的经典之作，对教学伦理问题展开了详细的理论思辨和案例研讨，为教师理解并践履教学伦理提供了重要的参考框架。

2　[加拿大]伊丽莎白·坎普贝尔．伦理型教师．上海：华东师范大学出版社，2011.

该书是教育教学伦理方面颇具影响力的著作，突出强调了为何、如何建构伦理型教师，强调了教师职业的伦理维度对于处于危机中的教学所具有的重要意义，对于我国的教育教学伦理的建设具有重要的参考价值。

3　檀传宝．教师伦理学专题——教育伦理范畴研究．北京：北京师范大学出版社，2010.

该书是当前我国教师伦理学研究领域内的重要学术著作，它严密论证了教师伦理学的主要范畴，逻辑论证严密且深刻，具有重要的理论价值及实践指导意义。

4　欧阳超．教学伦理学．成都：四川大学出版社，2008.

该书是专门研究教学伦理学的教育学教材，它对教师的教学伦理行为有着比较深入的研究，其主要特点是教学伦理研究的针对性、全面性、完整性。

在线学习资源

1．中华人民共和国教育部．http://www.moe.gov.cn/

2．十八岁成人仪式主题网．http://www.18year.net.cn/

3．未成年人网．http://www.kids21.cn/

第四章

科研伦理

本章概述

科研兴教已经成为许多教师的自觉选择，而教学科研也是一项伦理性的实践。科研伦理应当成为广大教师的必修课。本章主要介绍科研伦理的内涵及基本特征，阐释科研伦理所应遵循的基本原则。此外，本章对科研伦理的主要内容及其实践策略的具体研讨也可以为教师遵守科研伦理提供切实帮助。

结构图

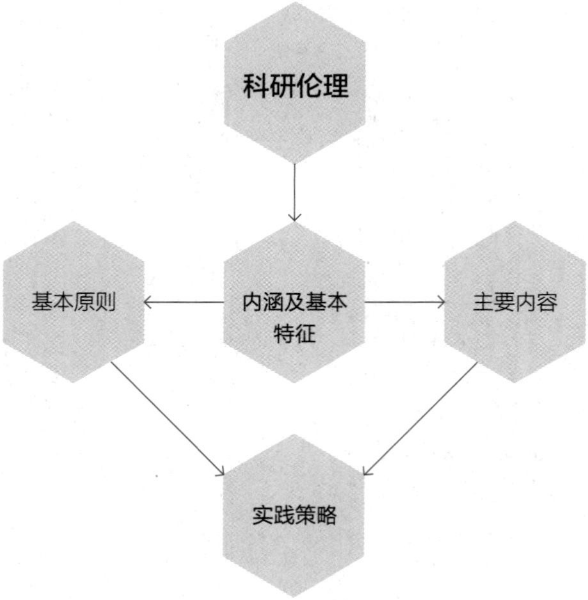

学习目标

学完本章，你应该能够做到：

1. 通过理解“科研”的内涵，继而深入理解“科研伦理”的内涵及基本特征。
2. 在了解科研伦理基本原则的基础上，深入理解并掌握科研伦理的主要内容。
3. 了解科研伦理的实践策略。

读前反思

许多中小学教师认为，“教书”才是教师的“本分”和“正业”，至于科学研究，特别是教学科研则是“副业”，或职称晋升的附加条件而已。因此，对于科研及其基本伦理，许多教师都没有给予应有的重视，以至于在科学研究、教学研究过程中出现许多道德上的不当行为。在阅读本章之前，请认真思考一下，为什么科学研究对于教师而言是必要的？教师的科学研究应该注意哪些基本的伦理规范？然后再结合自身经历，想想自己或身边所熟悉的老师，有哪些科研行为符合教师职业的伦理要求，哪些行为不符合？

- 想一想，自己的内心深处是怎样看待科研的？是把科研过程视为提升教学质量的内在需求，还是仅仅作为晋升职称的临时性的努力呢？
- 再想一想，自己或身边的科研团队，在进行访谈时，对于访谈对象，是否体现出应有的尊重呢？在进行问卷调查时，有哪些行为方式最令您感到不合适呢？
- 最后，说一说，自己在实际的科研过程中，在科研选题、方法运用、成果发表等方面应注意处理好哪些细节问题呢？

第一节
科研伦理的内涵及基本特征

学习目标

通过理解“科研”的内涵，继而深入理解“科研伦理”的内涵及基本特征。

一、什么是科研伦理

（一）什么是科研

什么是科学研究？广义而言，科学研究并非什么神秘之物，也并非那些高不可攀的科学家们的专利。实际上，我们每个人每天都在做研究：遇到某个问题或困境时，我们就会去搜集资料、解决难题。

难题：需要福特公司野马型汽车（1965年生产）用的汽缸床垫片。

研究：打电话给汽车零件商，或上网查询哪里有存货。

难题：想知道篮球明星迈克尔·乔丹的出生地。

研究：去图书馆查阅名人辞典，或到网站里在5000多万份有关乔丹的资料中去挑选。

难题：想知道更多关于新品种热带鱼的新发现。

研究：上网搜集报纸或杂志里的相关文章。[1]

当然，日常生活中的这种研究往往是无意识或下意识的。所以，首先，反思意识是使日常研究提升为科学研究的第一个条件。其次，除了反思意识之外，作为科学研究，我们还必须把我们所从事的从难题到难题解决的过程用书面语言记录下来，使之成为一则可供阅读的研究文本。这样做的好处在于：一是对资料或相关研究的尊重；二是在形成研究文本的过程中，通过阅读其他研究成果，我们可以避免局限在当下的意见，将井底之蛙式的日常经验或傻瓜般的道听途说予以纠正；三是能够为其他研究者提供可供阅读、参考的研究文本，成为其他研究的资料，避免重复研究；四是把研究过程写下来，往往会获得更多更为清晰的新观点。研究文本的呈现过程实际上就是把研究思维进一步清晰化、准确化的过程，这个过程会促使原有的资料、结论发生进一步的整合，往往可以形成更为清晰的新的观点。

因此，所谓科学研究，就是从难题、困境的发现出发，提出科学假设，经过资料的收集、梳理、分析比较，验证或推翻研究假设，得出结论，从而获得对难题、困境的认知，并解决问题、揭示事物规律的科学探究过程。而且，该过程要用书面形式记录下来，以供其他

1　[美]韦恩·C. 布斯，等. 研究是一门艺术. 陈美霞，等译. 北京：新华出版社，2009：9

研究者阅读。实际上，科学研究与杜威所阐释的“问题解决五步法”异曲同工。在杜威看来，科学研究的过程就是解决一个问题的过程，这个过程需要经历五个步骤：

第一，意识到难题或困境究竟是什么；

第二，识别出研究问题并划定研究问题的清晰边界；

第三，搜集材料并对之整理，提出假设；

第四，接受和拒绝假设；

第五，形成和评价结论。

简言之，科学研究的过程就是问题探究、解决及其成果呈现的过程。然而，这仅仅是从技术层面来理解的科学研究。若仅限于此层面，科学研究的内涵很容易被窄化，仅被视为静态孤立的问题探究、解决的技术过程。而事实并非如此。对科学研究的概念内涵还需要做进一步深入澄清。

无论是科学研究的过程，还是对研究成果的呈现过程，都不仅把我们与那些即将使用我们的研究成果的人联系起来，而且也把我们与那些使用其他研究的人联系起来。而且通过这些人，更把我们与原始资料所用到的研究联系起来。因此，科学研究并非单单是一个静态、孤立的问题探究并解决的技术过程，科学研究几乎对社会的每个方面都非常重要。科学研究过程会牵涉一个广泛的社会网络，研究者之间的相互关系网络是社会基本构造的一个决定性因素。也就是说，科学研究过程必须对这个相互关系网络内的成员负有道德责任和社会责任。就此意义而言，科学研究过程具备很强的社会道德属性，必须处理相关的伦理关系，遵守合乎道德的学术规范，即遵守必要的科研伦理。

（二）什么是科研伦理和教育科研伦理

我们可以先从一个个案开始，讨论什么叫科研伦理。

荷兰鹿特丹伊拉斯姆斯大学医学中心于2011年向《科学》杂志提交了一份研究论文。该论文公布了关于H5N1型高致病性禽流感变异病毒的研究结果，即把一段基因插进著名的H5N1，病毒就变得很容易在哺乳动物间传播，包括人之间传播。尽管1997年在香港暴发的禽流感是由鸟类传染给人，不能在人与人之间传播，可是后一种情况的发生一直是公共卫生官员的心腹之患。研究专家们达成的共识是，假如这种病毒的突变体具有在人际中轻易传播的能力，那将对人类极具杀伤力。预防这一灾难的过程中存在一个难题，即科学家并不清楚是什么让其他物种间的流感病毒变得容易在人际传播的。这正是伊拉斯姆斯大学医学中心研究的出发点。研究人员希望《科学》杂志能将他们的研究成果公之于众。

那么，这项研究成果是否应该向公众公布？美国国家生物技术安全顾问委员会（NSABB）建议发表其基本结论，但不包括草稿中的方法学和其他细节，以免别有用心的人或组织重复那些实验，并且只能将全部内容提供给一部分需要看的人。众所周知，美国所有的社科研究成果，除了确实涉及国家安全之外，都应向公众真实地公开。在自然科学领域，这也是NSABB自2001年成立以来第一次发表此种建议。此建议一出，立即在科学界引起了轩然大波。许多科学家认为，这一审查行为是对学术自由的干涉，它为限制科研信息的自由流动开了一个先例。世界卫生组织（WHO）认为，这些研究信息能为H5N1病毒变异的检测、预防和治疗提供指南，但是也存在着潜在滥用这些信息的可能，因而，有关研究首先应考虑有可能对公众安全造成的影响，不应该急于公布有关研究的结果。WHO决定进行一次安全评估。紧接着，《科学》宣布他们更愿意由WHO进行安全评估，届时，将会遵循WHO的建议。事实上，在这场H5N1事件激烈争论的过程中，同时也是在等待官方最终决定的过程中，伊拉斯姆斯大学医学中心保持了冷静态度，自发停止了相关的研究课题与研究方向，以免被他人或组织用于不正当目的。

毋庸置疑，这场争论凸显了科学研究的二重性及其伦理道德问题。在科研人员——科技——社会之间存在着多层次的道德与利益关系，当这种道德与利益关系出现冲突时，就会引发出严肃的科研伦理问题。[1]

通过以上个案不难看出：所谓**科学研究**，不仅仅是问题的探究、解决的技术过程，更是富有社会道德责任、具有深刻社会道德意涵的社会行动。[2]作为一种伦理性活动，科学研究是一把双刃剑。如果没有道德对科学研究的规约，科学创新成果就很有可能一夜之间演变为屠杀人类的凶器。这里所谓“道德对科学研究的规约”，指的就是科研伦理。

具体到教师职业，中小学教师所从事的科学研究多是教育科学研究，所要解决的问题是教育问题，这与自然科学研究所面临的纯粹自然世界的问题在性质上存在明显差异。教师所进行的教育教学研究面对的是活生生的人及其在教育教学过程中产生的困境或问题，是人及其关系的问题，而自然科学研究面临的则是物的纯客观问题。如果说自然科学研究成果有可能在一夜之间演变为屠杀人类的凶器的话，那么，教育科学研究成果就更须具备伦理道德规范的制约，否则，也很有可能在不知不觉之间成为扼杀师生人格、破坏学术风气、危害年轻一代健康成长的凶器。

自然科学研究的本质特征在于研究假设和结论的可验证性（testability）或者可证伪性（refutability）。由于教育是一种基于人际互动的社会实践，教育科学研究的本质特征不在于研究假设和结论的可验证性或可证伪性，而在于教育研究具有更为突出的**伦理属性**。所谓教育科研伦理，即教师在解决具体而生动的教育教学困境、问题，探索教育教学规律的研究过程中所必须遵循的伦理道德规范及伦理精神。教师个体作为研究者，其内在品性（virtue）是支撑教育科研伦理的重要根基。

1　白勤，龚鉴瑛. 大学科研伦理的三维架构——“H5N1”所引发的思考. 高等教育研究，2012，(9)：42-45

2　[美]韦恩·C. 布斯，等. 研究是一门艺术. 陈美霞，等译. 北京：新华出版社，2009：277

二、教育科研伦理的基本特征

（一）复杂性

教育科学研究过程的复杂性导致了教育科研伦理的复杂性。

（1）在教育科学研究过程中，研究者很有可能同时是被研究者。一是教育教学的实际问题关涉教师的可能性非常大，教育问题或教育困境的产生，教师自身的态度、价值观及教学行为本身往往是非常重要的诱因。二是行动研究是教育科学研究的一种主要形式。教育科学研究一般有两种类型：一类是以科学的方法研究别人的问题。研究者通常是大学教师、研究机构科研人员，他们可称为专业研究者。其研究目的在于建立较普遍的原理、原则。另一类则是以科学的方法研究自己的问题。研究者通常是学校教育实际工作者，包括教师和行政人员。其研究的目的在于此时此地的实际应用，而不是理论的建立和发展，此所谓教育过程中的行动研究。在行动研究过程中，研究者往往同时是被研究者。如此，科研伦理过程就必然涉及教师的“自我公正”问题：教师对待自我、对待教师职业的公正。

（2）教育科学研究方法对研究者的依赖性是教育科学研究与自然科学研究的重要区别所在。自然科学的研究方法是客观的外在于研究者的手段、路径、方式、工具等，但对于教育科学研究而言，教师作为研究者，教师自身往往就是非常重要的研究工具。恰如威廉·狄尔泰所言：自然界需要说明，对人则必须去理解。教育问题往往是人的问题，教师作为研究者，必须学会反思性理解以及移情性理解。

（3）教育科学研究对象的主体能动性。研究对象不等同于研究问题，研究对象之间的相互关系、矛盾才是教育科学研究的问题所在。教师或学生都可以是教育科学研究的对象，他们都是活生生的人，具有很强的主体能动性，其变动不居的思想、情感、态度和价值观导致了研究对象的不确定性。在教育科学研究过程中，研究者必须具有尊重意识和关怀意识，并具备相关能力。无论是对教育对象的访谈还是调查研究，都要尊重研究对象的主体性，他们对研究过程的自愿接受、隐私保密、公正对待和劳动回报等权益都要得到有效保护，并且研究者要充分考虑研究过程可能对他们造成的显性和隐性影响。[1]

（二）教育性

教师所承担的科学研究必须具备教育性，这是由研究主体的职业特性所决定的。教师职业的根本特性在于其教育性，教师所承担的所有工作，都必须具备教育性这种根本属性，教师的科研工作亦是如此。教师是一个“双肩挑”型的职业类型，既要从事教育教学科研，又要进行教育教学的实践工作；既要搞好科学研究的学问，同时要搞好课堂教学的学问，教与研相长，

1　金遂，等．对中小学教育科研伦理道德建设的思考．上海教育科研，2009，(10)：55-56

教与研密不可分。因此，教师的教育科学研究过程具备“亦道亦术”及“亦德亦才”的基本特性。

也就是说，教师的科研工作不仅仅是解决教育问题、探究教育规律的技术性工作，科研求真的过程同时承担了为人师表、教人向善的价值引导功能。教师的工作应时时刻刻地以“为人师表、以身作则”为伦理范围，不可逾越。当前，在中小学教育科研活动中，许多教师的研究动机存在唯功利倾向：教育科学研究工作仅仅是为了晋职评优或完成科研工作量，过分追求科研工作对于个人的实用功利性。为此，有些教师甚至投机取巧，把别人的研究成果改头换面，重新申报研究项目，随之对研究过程作简单演绎，照搬研究结论。这样的做法明显违背了教育科学研究的基本伦理规范。教师教育自己的学生要为人诚实，而自己却在科研工作过程中违背了诚实原则，这是教师在教育科学研究过程中必须警惕的。

（三）创新性

创新是科学研究的灵魂，教育科学研究的创新性既与教育问题的情境性及不确定性相联系，更与培育学生的创造性品质密不可分。教育科学研究的创新性主要表现为教育理论创新、教育方法创新、教育技术创新、思维方式创新、教育教学模式创新等层面。

低水平的重复研究或模仿研究是一种资源浪费，甚至可以说是一种学术腐败。有些教育科学研究过程基本上是已有研究的重复、拼凑、简单演绎，或者是出于职称晋升等功利主义的目的把已有研究改头换面而已。这样一来，就科研伦理的层面而论，就不仅仅涉及研究抄袭、模仿的学术诚信问题，更存在对科研最基本的特征，也就是创新性的根本背离。因此，创新性反映了研究者的研究态度及道德水平。教育科学研究不能局限于实现自我的功利主义目的，更要具备一个教育工作者必备的社会责任感：教育科学研究必须着力于哪怕一点点创新，教育科学研究工作不仅仅是个体私人的工作内容，更是社会进步对教育创新的必然要求。创新性作为一种伦理要求，是对教育工作者担当必要的社会责任的基本诉求。

科研工作的“六敢”精神

在科研工作中，应提倡“六敢”精神。一敢：敢想前人或他人未想过的研究课题，敢想前人或他人未想过的事业。二敢：敢说前人或他人未说过的研究课题，敢说前人或他人未说过的事业。三敢：敢做前人或他人未做过的或未做完的研究课题，敢做前人或他人未做过的事业。四敢：敢于和善于克服一切困难去探索真理，发明新物品。五敢：敢于坚持真理，敢于修正错误。六敢：要敢于发表自己的学术见解。[1]

对教育科研伦理的创新性特征不可作僵化的理解，创新性与继承性是辩证统一的，谈论

1　栾玉广，等. 科技创新的艺术. 北京：科学出版社，2000：405-406

创新性必然同时在谈论继承性，两者不可分割。就研究问题的选题而言，创新性并不否定某些“老问题”，比如，“德育的实效性”问题。创新性的关键不在于“与别人不一样”的“新奇”，“老树开新花”同样是难能可贵的创新。面对老问题，我们可以贡献新思路，提供解决问题的新方法。总之，创新就是要在已有研究的基础上，确确实实有所贡献，对教育问题的解决、教育规律的探索能够提供新的实质性的研究内容和研究结论。

第二节 科研伦理的基本原则及主要内容

科研伦理的基本原则

学习目标

在了解科研伦理基本原则的基础上，深入理解并掌握科研伦理的主要内容。

一、科研伦理的基本原则

（一）公正性原则

依据涉及的主体关系，科研伦理的公正性原则可概括为三个方面：一是“我—我”公正，即自重：自己对自己的公正；二是“我—你”公正：人格对等的公正；三是“我—他”公正：对规范的同等遵守的公正。[1]该方面实现了由个体公正到社会公正的转变，由德性化公正到制度性公正的转变。

一是“我—我”公正，即自重：自己对自己的公正。科研伦理首先讲究自重，从科研课题的选择、研究问题的勘定，到资料收集，科学论证，逻辑推演，假设的提出、证实或证伪，结论的得出等诸多环节，都涉及一个学术态度的诚信问题。这个问题的实质是教师作为研究者能否公正地对待自己。比如，当抄袭别人的研究成果时，是否能够堂堂正正地面对自己的良心？再如，为了能够证明自己预期的研究结论，篡改数据从而达到自己的目的，这样的研究结论发表出去，是否会令自己的内心感觉到持久的安宁与幸福？

二是“我—你”公正，即人格对等的公正，“己所不欲，勿施于人”。试想，当在某个教育期刊上看到别人的研究论文，基本上是对自己研究成果的断章取义、改头换面、简单演绎，自己的心中会产生怎样的愤慨呢？这种愤慨就是对不公正感的体验。所以，如果自己在从事教育科学研究时，不希望自己的研究成果被人抄袭、篡改，那么，首先就要做到自己不去抄袭、篡改别人的研究成果。因此，从某种程度而言，“我—你”公正也可以视为另一种

1　檀传宝．教师伦理学专题——教育伦理范畴研究．北京：北京师范大学出版社，2010：52

形式的“我—我”公正。

三是“我—他”公正，这是一种超越个体公正，迈向社会制度性公正的公正类型，强调所有个体对社会公正原则的遵守，是一种集体的公正契约，类似于艾德勒所谓“制度正义”。这种公正虽然与个体密切相关，但其落脚点却一定是社会整体性的制度正义。教师从事科研工作，不仅是探究教育自身发展规律的教育性需求，而且是促进社会整体发展的应有之义。百年大计，教育为先。教育子系统在社会系统的整体发展过程中具有非常重要的意义。教师对教育理论的创新、对教学实践问题的解决，这些教学科研工作都必须在整体社会制度正义层面得以观照，才能进一步彰显科研的伦理价值。

（二）关怀性原则

（1）科研工作必须是对人类教育发展的关切。关怀理论的重要代表人物内尔·诺丁斯认为，关怀伦理所关注的对象不仅仅是对人的关怀，而且，对于自然、宇宙、人类的思想等方面都要具备关怀意识及关怀能力。就本质层面而论，抛开科研对于教师自身的实用的现实功利性，教师进行教育科研工作首先是对人类社会发展进步的关切，是对人类教育思想完善的关切。教师的科研工作体现的是一种对人类教育思想的“大爱”。这种基于“大爱”的“科研关怀”体现出“负有责任”与“责任感”的重要区别。如果教师从事科研工作不是出于对人类教育发展命运的真正关切的“责任感”的话，那么，科研工作就只是一件沉闷的杂活，科研不是沦为晋升职称的外在功利性工具，就是沦为不幸或负担的同义语。

受到人们珍爱的物件（比如教育思想——引者）实际上由于亲近的感情而得到新生。比起人们毫不在意的东西或只有空间属性的东西，这些物件具有更高的真实性。[1]

（2）科研工作必须坚持对教师自身发展的关怀。教师进行出色的教育科学研究，不仅可以提升自身的教育素养、科研素养，而且从现实功利主义的角度而言，真正好的教育教学研究对于提升自己所任教学科的教学成绩、帮助新教师跨越职业适应期、帮助老教师克服职业倦怠感等都大有裨益。此外，科研素养的提升，还可能会提升教师自身在所在学校的威望，赢得领导、同事及学生的尊重，获得教学、科研两方面的自我效能感、自我尊重感、成功感、幸福感。

（3）科研工作必须坚持对培育学生科研素养的关怀。科研工作要有长远的育人眼光，科研工作不仅仅是为了进一步探寻教育教学规律、克服眼前遇到的教育教学困境、解决当下所遭遇的教育教学问题、提升目前所任教学科的教学成绩，而且，出色的科研工作必须着眼于在潜移默化之中影响并培育学生内在的创造性与科研素养。

1　[美]内尔·诺丁斯．始于家庭：关怀与社会政策．侯晶晶，译．北京：教育科学出版社，2006：167-168

（三）务实性原则

（1）科研内容必须真实，研究过程必须诚信。科学研究的根本目的是探究现象世界的客观真理，判断科学知识及理论的标准是真与假。科学研究的首要原则为“求真”，力求客观真实、实事求是，这就要求研究过程必须坚持诚信原则。无论是纯粹客观的自然事实，还是基于人文价值关切的教育事实，都要求科研内容的真实客观性、可靠性。科研是对教育客观规律的探寻，是对客观存在的现实教育问题的解决路径的探寻，求真是科学研究的生命。

（2）研究方法必须务实，切忌虚华浮躁。研究方法非常重要，但是，究竟需要选择何种研究方法必须依据研究问题的性质以及整体的研究目的而定，切不可“为了方法而方法”。例如，在当前的中小学科研过程中，许多教师表现出对“质性研究法”的盲目崇拜，认为如果自己的研究论文采用了这种方法就是自己的研究“创新”的表现，而实际上并没有完全根据“是否真的需要”及“研究方法与研究问题的性质是否匹配”等原则来选择研究方法。此时的“质性研究法”仅仅是一种起到负面作用的方法摆设。

（3）研究成果的表述力求平实、客观。科学研究成果的呈现是研究过程及研究思维的具体化，成果的语言表述力求平实无华，不要在语言表述方面哗众取宠、过度渲染。研究成果的语言表述不平实，尤其在教育科研论文中表现得非常突出。许多教师在写作科研论文时喜欢“喊口号”，或者是喜欢“炫文采”，总而言之就是“虚”，缺乏科学研究成果表述应有的平实与稳重。从道德角度看，这些文字浪费读者时间，也是对同行的不尊重。

二、科研伦理的主要内容

（一）研究课题的选择

课题选择的总体指导思想是“既顾其大，又顾其小”[1]。所谓“大”，简单说就是题目的意义重大，选题必须具有重要的价值与意义，否则整个研究从起始处就会失去其存在的必要性，后续研究就成为一种不必要的资源浪费。所谓“小”，可简单理解为问题的关键之处、焦点要害之处。教育科学研究的选题不能只顾及其意义重大，还要关注这种重大意义最集中、最丰富、最精华之所在，这是大意义的切入口、着力点。

就科研伦理层面而论，所谓“大”，指的是两个层面：一是胸怀天下的社会责任担当之重大；二是社会关怀、教育关怀之深切。教育科学研究的选题不能是任意的，或仅仅局限于自己的研究强项，不能固守自己的“一亩三分地”，而应该不断拓宽视野，着眼于对教育事业的整体把握。在选题之前及起始阶段，都应该在强烈的责任担当意识和社会关怀意识的指

1　周文辉．导师论导——研究生导师论研究生指导．2版．北京：北京理工大学出版社，2012：253-254

引下选择研究课题。

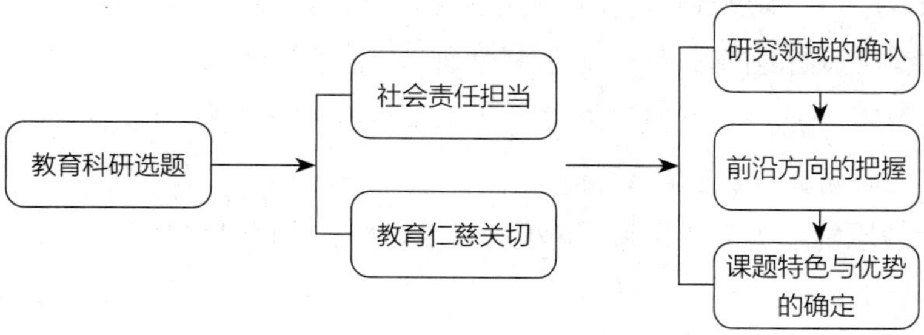

就科研伦理层面而论，所谓“小”，指的是两个层面。一是求真务实、实事求是的精准性。课题选择最终必须由大的选题领域逐步聚焦于边界清晰的研究问题，研究问题必须是“真”问题。所谓研究问题的真假，其判断标准有两个：教育理论逻辑层面能够自洽、教育实践层面可以举证。最终聚焦而形成的边界清晰的研究问题必须是真问题、小问题、精准的问题，这样的问题必须具有一定的代表性，必须能够在教育实践中找到明确可对应的症结，这是课题选择的首要伦理要求。

二是特色创新，避免重复研究、模仿研究的学术资源浪费。就此意义而言，创新性是科学研究对以往研究的尊重，也是对研究者人格的尊重。而且，选题必须有特色、具有代表性，不仅能够反映实际的教育症结，而且应该体现自己的研究风格。对于同一个研究领域，例如教育公平，不同的研究者会聚焦出不同的“小”问题。例如，有的研究者会聚焦于课堂内部的眼神公平，而另外的研究者则可能聚焦于某个省、市的教育资源配置公平。前者很可能会选择质性研究的方法，而后者则很可能采用问卷调查法。两种不同的聚焦方法，折射出研究者两种不同的“小”的选题风格。而且，问题的聚焦过程，不仅能够反映出研究者的研究水平，更反映出研究者的道德敏感点或道德倾向性。关注课堂语言暴力的研究，往往反映出研究者的课堂关怀意识。关注惩戒问题的边界研究，往往反映出研究者的教育公正意识。

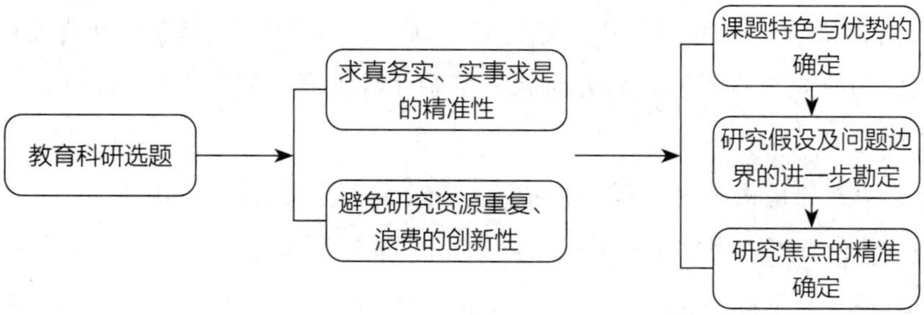

在从“大”到“小”的课题选择过程中，应注意以下原则。

一是重要性原则。选题必须具有鲜明的时代特色，针对重要研究领域内的重要问题进行选择。

二是创新性原则。课题选择过程必须注重创新，注重研究特色的考虑，避免重复研究及低水平的简单改头换面的模仿研究。教育科学研究应该能够促进教育理论向前发展，填补理论研究或实践模式探索过程中的某些空白，或对某些不正确的观点予以纠正，并对前人的研究给予补充，使研究成果更为丰富完整。

三是科学性原则。所选择的课题必须符合准确可靠的现代教育科学理论及伦理学科学规范。

四是务实性原则。该原则是与教育本身的实践特性紧密联系在一起的。教育科学研究必须强调选择的课题是个“真”问题，具有较高的理论价值和应用价值，并采用确切的研究方法展开务实可靠、可信的研究过程。

五是可行性原则。确定研究课题必须从如下几个方面考虑是否具备相关的研究基础及研究条件：理论储备、实践感悟、技术能力、资料来源、前期研究基础、研究团队合作条件等。

（二）研究方法的规范

科学家语录

科学是随着研究方法所获得的成就而进步的。研究方法每进一步，我们就更提高一步，随之在我们面前就开拓出了一个充满种种新鲜事物的、更辽阔的远景。

——巴甫洛夫

课题选择之后，就需要借助研究方法把选择好的符合伦理规范的研究课题付诸实施。研究方法乃是指证实或证伪研究假设，解决研究所提出的困境或难题所采用的方式、手段或遵循的途径、程序、格式或规则。研究方法并不是外在于研究者的僵化不变的条条框框，而是人们在长期的研究过程中不断总结、提炼出来的。研究方法同样是一个认识过程，由于人们的研究角度不同、研究对象的复杂性等因素，研究方法本身处在一个不断发展变化的过程之中。

研究方法的划分是相对的，而非绝对的。一般而言，依据研究问题的不同，研究方法可以划分为五大类：历史研究（historical research）、描述研究（descriptive research）、相关与比较研究（correlational and comparative research）、实验研究（experimental research）、理论研究（theoretical research）等。实际上，这些研究方法必须通过资料收集、数据统计、调研、文献注释等具体的操作环节而得以实现。而在具体的操作、落实研究方法的过程中，就需要注意研究的伦理规范问题。

1. 资料客观

资料收集是落实研究过程的首要环节，也是观察研究过程始终的研究步骤。在资料收集的过程中，必须做到全面、客观、准确，并避免重复。

（1）研究开始前的资料收集过程应遵循**全面原则**，否则不仅会影响研究者对研究方法的选择、研究性质的定位，更会影响到研究结论的科学性。资料收集过程的全面性有两个方面的要求：一是全；二是深。所谓“全”，是指资料收集必须全面，包括如下内容：该课题领域前人或他人的主要研究成果、达到的研究水平、研究的重点、采用的研究方法、经验和问题，哪些问题已基本得到解决，哪些问题有待于进一步修正和补充、在此问题上争论的焦点是什么，等等。所谓“深”，是指资料收集过程应遵循“饱和原则”：在现有的研究条件许可的范围内，尽量开展多层次、全方位的资料收集、比较、分析、整理、录入等工作，直至从资料的收集到分类、分析过程已难以得出新的实质性的研究假设或研究命题为止。

（2）资料的收集过程还必须遵循**客观原则**，该原则与全面原则密切相关。所谓客观，是相对于主观而言的。有些教师在收集资料准备开展研究工作时，往往由于掌握的资料较为偏狭，而且由于研究素养所限等因素，干脆“手头有什么算什么”，而且，对于资料的挑选也比较主观、随意。所谓客观，是指资料的收集、选择的依据是研究问题本身的性质、研究文献本身的内在逻辑线索、研究过程的客观需要等因素，而并非教师自身的个体喜好，更要摒弃资料收集的随意性、盲目性。这是资料收集时必须遵循的伦理原则，既是对研究过程的尊重，也是对自己所从事的教师职业的尊重。

（3）收集到的资料必须进行去伪存真，保证资料的科学性、准确性。而且，资料的收集过程必须注意对当前最新的研究动态的跟踪与把握，了解国内外最新的研究理论、手段、方法。通过资料的收集、文献的检索，从过去和现有的相关研究中得到启发，准确地找到研究的关键点、突破点、创新点，准确性、科学性是资料和文献的生命所在。

（4）资料的收集过程必须注意避免重复劳动，提高科学研究的效益。目前，一些研究者的研究素养有限，对图书资料收集、文献体系、检索工具等知识缺乏应有的了解，导致在进行科学研究的过程中重复劳动，不仅浪费了大量的时间与精力，而且，所呈现出来的研究成果往往缺乏应有的研究价值，造成研究资源的无端浪费，导致教育科学研究长期处于低水平重复的状态，违背了研究的基本伦理。

2. 数据真实

数据是支持论点并最终得出研究结论的重要论据。所以，所呈现的研究数据的真实性，直接反映出研究者的研究伦理水平。

（1）在数据收集及运用过程中，应避免以偏概全，断章取义，甚至篡改数据。这种学术不端行为的重要特征是：研究者仅选择能够支持自己研究结论的数据，对于不支持自己研究结论的研究数据则不予呈现。这样一来，研究结论早已被预设，所谓研究数据作为论据也仅仅是一种摆设：如果与预想的研究结论相符合就取之而用，甚至故意放大，把部分数据作为整体数据，再或者是直接篡改数据，以支持预设好的研究结论。这些都是严重违背研究伦理的学术不端行为。

著名海归学者论文造假　论文图片被篡改

据《京华时报》报道，学者王志国因两篇论文造假，被加拿大蒙特利尔大学心脏病研究所关闭实验室。记者昨晚从该研究所网站获悉，王志国确因学术不端被免去科研权利，其实验室也被关闭。调查结果是论文中的图片（重要的研究数据类型）被篡改。

报道称，王志国本人曾承认，被撤销的论文中用以说明数据的图片在合成中出现错误，论文其余部分包括结论准确无误，实验结果也可重现。但对于图片问题，蒙特利尔大学心脏病研究所负责人接受采访时表示，其所关心的问题是所用的图片“是如何被人为篡改”的。

据蒙特利尔大学心脏病研究所官方网站消息，研究所主任Tardif博士在9月2日召开的记者会上介绍，工作人员今年6月发现，王志国两篇已公开发表的论文被相关期刊撤销，经严密调查，专家委员会认定王志国违背研究所的科研伦理标准及其自身作为研究者的职责。

据蒙特利尔大学心脏病研究所官方网站消息，研究所主任Tardif表示，调查报告和参与调查的专家委员名单将予以保密，以继续对此学术不端行为进一步调查。研究所决定，立即免去王志国的科研权利及其研究者身份，并关闭其实验室，并要求其同时撤销另外3篇已发表的论文。

据加拿大广播公司（CBC）9月2日报道，王志国此前已获加拿大联邦政府、相关科研机构及协会数百万美元科研经费。调查结果公布后，相关机构已冻结经费，并永久取消其资助资格。[1]

（2）更要警惕那些“隐性”的不真实数据。也就是说，从表面看，数据不存在任何问题，但这些数据却经不起进一步的推敲，这些数据的形成具备某种“隐性”的不易察觉的虚假性。也就是说，单从资料收集、数据采集等技术层面来看，许多数据（例如，访谈数据或文件调查数据）的真实性不容怀疑。但是，在许多情况下，我们还必须对这些“客观真实”的数据本身做进一步的深入分析，才能确保研究数据的真实有效。

举例而言，对于问卷调查法中所得到的研究数据，在许多情况下，问卷的回答者并未客观反映事情的真实情况，因此，必须对收回的问卷进行偏斜估计（response bias）[2]，主要包括

1　摘编自：著名海归学者被曝论文造假. 京华时报，2011-09-05

2　裴娣娜. 教育研究方法导论. 合肥：安徽教育出版社，1995：176-177

如下五种情况。

① 对事实的回答错误。比如根据记忆回答而造成的事实有误。

② 装假倾向。包括如下两种情形：一是社会性期望，当问及有关社会不容忍的态度或行为，回答者按照社会所认可的方式，故意做出符合社会倾向的回答；二是问及私人问题，使回答者难以回答而不做出真实反应。

③ 默认倾向（acquiescence）。指问卷中有的问题答案的选择项事先给填答者预定了一个框架，不管提问内容如何，都只能回答“是”或“不是”。比如这样的问题：“偷别人的东西是不道德的，是吗？”“正直的人是不会假公济私的，是吗？”

④ 道义理论与事实相悖。例如，关于大学生社会公德的调查，问及对加塞插队的看法，所有的答卷者都认为，“在一般情况下最好不要加塞”或“不应该加塞”。可事实上，多数人都有过加塞插队的行为。

⑤ 无回答。一种是整个问卷不答，一种是部分项目不答。对此需要分析原因，或表示回避倾向，或判断力不足，或项目过多，内容过于复杂，或问卷设计的问题本身不易理解。因此，必须做出具体分析。

3. 调研合宜

调查研究法的运用，必须注意对调查对象人格的尊重。为了确保调查研究法合乎伦理规范，调查研究法的运用应注意如下几个层面。

（1）避免问及个人隐私。对访谈、调研对象的个人隐私的尊重是最基本的研究伦理要求。在实际的调查研究过程中，有些研究者会有意无意地采用变相的强迫回答的方式进行调研。对于与个人隐私相关的问题，在被访对象不愿意回答时仍然坚持让对方回答，或者是以隐性的故意诱导方式诱使访谈对象说出自己不愿意吐露的个人隐私。这在对较低年级的学生进行访谈或调查研究时更需要加以注意。否则，调查研究法会演变为一种研究名义掩盖下的人格或人权侵犯。

（2）访谈或调研之前应消除主观偏见。例如，有的研究者事先把访谈对象定位为“问题学生”或“差生”来进行访谈，这样就容易形成一种有意或无意的“调研暴力”。有些研究者根据自己的“研究目的”和“样本分类标准”，在抽取所谓“问题学生”或“差生”进行访谈时，在访谈之前已经下意识地形成一种自上而下的询问式的访谈或调研思维方式，被访者被事先预设为“犯错误者”“应该受到批评者”的身份，访谈的过程被扭曲为一种“训育”“训导”甚至是批评过程，从而使访谈者在访谈过程中出现不自觉的语言软暴力或隐性人格侮辱的情况。

（3）故意隐瞒式的调研方式。主要包括如下三种情形。

① 研究者旁观式的身份隐蔽。研究者淡化自己的研究者身份和目的。田野研究中的研究者与研究对象身处一个生活环境之中，研究者本身就是研究对象生活圈中的一员，在研究

对象毫无防范的情况下获得的研究数据。

② 研究者诱导式地隐蔽使用的语言“陷阱”。在研究访谈过程中，看似宽松的访谈，却常常安排甚至策划某些事件，甚至预先设计好某些话题的“陷阱”，一步步“诱敌深入”，最终使受访者说出最真实的想法。

③ 对录音、录像工具的隐蔽使用。在没有取得受访者同意的情况下，隐蔽使用录音或录像工具。

（4）在未经许可的情况下，公布被访者的身份信息或个人隐私信息。在运用问卷调查研究法时，问卷前的告知语一般需要注明“本问卷仅作研究使用，您的个人信息将会被绝对保密”。但是，在进行实际的调研数据录入时，研究人员会有意或无意地在调研数据中呈现出被访者的单位或身份信息，给被访者的工作或生活造成不可预期的难题。例如，在录入调查问卷数据，采用SPSS软件分析某个维度的研究变量时，在呈现的数据分析图表上却标明了“×省×市×学校×班级学生对班主任的工作满意度调查情况”。

4. 注释精准

注释是非常重要的研究环节，是对研究资料、图表、文献注明出处或进行补充说明的方法。在对研究成果进行呈现时，注释工作必须符合如下伦理规范。

（1）注释的形式必须符合学术研究的规范，这是研究者的研究素养、伦理意识的重要体现。一般而言，注释的形式可划分为脚注、尾注两大类。脚注一般是在研究成果中引用了其他资料、文献中的原文或原段落时的注释方法，位置放置于每页的页下脚，强调是对原文原貌的引用。脚注的运用需要对作者（例如是编者、著者还是编著者）进行区分说明，而且，必须对资料的准确出处进行标示（对于著作的引用必须标明引用内容在原文的具体页码；对于学术期刊的引用至少应准确标明具体期号，发表时有的学术期刊则不仅要求标明期号，而且要求准确标明具体页码），而且在文献题目的末尾处标明文献标示符。尾注则是放置在整个研究报告或研究论文的末尾处，对研究过程中需要补充说明的部分进行进一步的阐明。当然，在有些情况下，为了成果呈现的方便，注释时可以只采用脚注或尾注的方式，把原文引用与补充说明两种功能统一采用脚注或尾注中的某一种方式。但应注意的是引用形式必须符合学术规范，原文引用必须准确标明具体页码或具体期刊号。

（2）注释时要针对原文引用内容的完整性和准确性进行校对，引用原文时应保持原貌，引用资料时应该加以考证和鉴别，对引文、名言、数据、图表进行校对，并与原文对照。而且，在注释时，需要遵循完整标注的原则。也就是说，不能引用了两处原文，而只在其中一处进行标示原文出处。此外，还要注意二次引用或多次引用时的注释规范。有些研究者在注释时由于条件所限，没能够找到注释内容的原文文献或资料，这样就出现了二次引用或多次引用的情况。一般而言，为了保证研究成果的科学性和创新性，应尽量避免二次引用或多次引用的情况出现。如果由于研究条件或研究时间、空间所限，实在难以找到原文献（例如，国家珍藏的文物等)，在采用二次或多次引用文献时必须标明自己是在二次引用，此时应准确标明自己的引用是出自哪篇文献，作者和具体页码必须准确标示，而且除了采用脚注准确注明两个出处（自己所引用的文献出处以及原文出处）外，还应再采用尾注的方式注明由于什么样的研究条件所限故而采用了二次引用的注释方式。

（三）研究成果的呈现

在对教育研究数据资料进行整理分析的基础之上，写出研究报告或研究论文并对其进行评价，这是教育科学研究工作的最后阶段。一般而言，教育研究成果的表述形式可以划分为三种类型。

一是用事实来说明问题。此种类型的研究成果包括教育观察报告、教育测量报告、教育调研报告、教育经验总结和教育实验研究报告。它要求材料的呈现要具体、典型，格式规范；要科学客观地呈现研究过程和方法、工具，并合理地解释研究成果。

二是用深刻的哲理和严密的逻辑论证来说明问题。这是理论性的教育研究成果，一般以学术论文、学术专著、高校的学位论文等形式呈现。它要求观点明确、论据确凿、论述严密，能够清晰地展示所依据的理论基础及自己的理论观点和体系的形成过程。

三是上述两类研究成果的综合体，但综合中又有所侧重。[1]

在呈现研究成果时，应注意遵循以下几个层面的伦理规范。

（1）关于研究成果的署名问题。在成果的署名方面，首先应坚持的是“实质性参与”的原则。有些教师并没有实质性地参与研究，但为了晋升职称等现实功利性的目的，搞不正之风，找其他教师在发表研究成果时署自己的名字。这种学术不端行为一般包含两种情况：一是找与自己私人关系较好的教师帮忙；二是通过网络方式寻找某些非法的“论文代写”机构，通过支付高额费用达到发表研究成果的目的。在某些极端情况下，作为成果的署名作者之一，某些教师根本不知道所发表成果的题目是什么。在成果的署名方面，还要注意署名的顺序问题。一般而言，如果是教师实质性地指导了自己的学生发表的学术研究成果，而研究过程主要是学生独立完成的，此时，指导教师的署名应放置于学生的署名之后。反之，如果是教师作为研究主体完成的研究，学生的署名则应放置于教师的署名之后。

（2）隐瞒不利结果。这种情况多出现在第一类研究成果的呈现过程中。对于研究数据的呈现，故意隐瞒不利结果，就会导致整个研究成果是以偏概全的虚假研究。实际上，不利结果的出现必有其在科学规律上的原因，如果自己的研究不予以呈现，迟早会有相关研究依据科学规律证明自己的研究是以偏概全的虚假研究。不利结果的出现，实际上是对研究假设的某种程度的“证伪”，而证伪也可以得出非常重要，而且往往是具有一定创新度的研究结

1　裴娣娜. 教育研究方法导论. 合肥：安徽教育出版社，1995：357-358

论。也就是说，出现了不利结果不一定是坏事，要尊重事实，予以客观公正的呈现和加以讨论、解释，并及时修正自己的研究结论。

（3）学术抄袭，侵犯或损害他人的著作权。学术抄袭是最严重的学术不端行为之一，国家、社会需要形成明确有力的惩罚机制予以禁止。学术抄袭行为是对原研究者本人劳动和人格的不尊重，是对他人著作权的侵犯，也是对自己的不尊重、不负责任，是对自己人格的侮辱。

中国学术论文抄袭乱象

《浙江大学学报（英文版）》执行总编在《自然》发表文章称："中国某期刊检测出31%的投稿中有抄袭现象。"

作为资深学术期刊编辑，《浙江大学学报（英文版）》执行总编张月红的生活很少如此充满争议和起伏。最近一个星期里，网上有人质疑她卖国、哗众取宠，也有人力挺她，说她只不过说出了一个事实。

事件源于国际权威学术期刊《自然》发表于9月9日的一篇通讯文章，文章的标题颇为引人注目——《中国某期刊检测出31%的投稿中有抄袭现象》。作者张月红写道："从2008年10月开始，《浙江大学学报（英文版）》的来稿中有31%的稿件存在抄袭现象，这个数字是惊人的。"接着，她用一些事实介绍，中国学术期刊编辑如何应对存在的抄袭现象。

31%也就是接近1/3！这个数字触动了中国科研人员的神经，甚至是自尊。

延伸

案例1:《自然》披露中国学术造假令人不安

2010年1月12日，《自然》杂志网站在线版刊登社论《发表还是灭亡》(Publish or perish in China)，披露目前中国学术造假现象令人不安，称中国研究人员需要在高影响力期刊上发表论文，反而助长了学术不端行为的滋生。

案例2:《柳叶刀》评论中国需打击学术造假

2010年1月9日，医学界权威杂志《柳叶刀》杂志发表评论文章《科学造假：中国需要采取行动》(Scientific fraud: action needed in China)，称井冈山大学大规模造假事件令人失望，呼吁中国采取行动打击学术造假。[1]

（4）一稿多投。对于一稿多投现象的形成，涉及的两个方面的主体都需要予以重视：一是投稿者。把自己的研究成果进行投稿和发表是对学术成果的尊重，发表后可以使自己的研究成果惠及更多的人，但一稿多投是必须予以禁止的。二是发表机构。有些发表机构，如学

1 摘编自：张胜波，等. 张月红揭开中国学术论文抄袭乱象. 南方日报，2010-09-17

术期刊的采稿、用稿机制存在很大漏洞，例如，审稿周期过长，审稿结果通知严重滞后，缺乏与作者的及时沟通，等等。按照一般惯例，投稿超过三个月还没有接到用稿通知，投稿者是有权利另投他刊的，但是有的学术期刊却由于工作效率不高或存在工作漏洞，没能及时通知投稿者，从而造成本可避免的一稿多投现象。

（5）泄露个人或集体单位可识别的信息，侵犯个人隐私权，没有信守保守机密的承诺。研究成果的呈现既是一个科学呈现的过程，同时是一个伦理呈现的过程。对于配合研究的单位或个人在调研时承诺过的信息保密必须在研究成果呈现时予以兑现，而且必须是永久性的兑现。此外，在国外发表学术文章时，还要格外注意措辞方面对自己的国家或他国的尊重，格外注意对涉及国家利益的数据及机密信息的保密，这已不仅仅涉及研究伦理的问题，而且还涉及民族尊严及国家法律问题。

（6）学术浮夸吹嘘，制造“学术泡沫”。搞了一本书，三分成绩七分吹嘘，又是开座谈会，又是搞新闻报道，制造轰动效应。有的则将材料改头换面，翻样出版，制造“文字垃圾”。有的则是伪造成果或拼凑包装，不学无术，专做表面工作。[1]

（7）创新性不足，缺乏实质性的研究贡献。力求自己的研究能够在某些方面有所创新，不仅是就研究方法、技术和内容层面而言，更是就研究伦理层面而言。在研究过程中，无精品意识、无创新意识是一种典型的学术腐败，是对学术、对人生、对社会的不尊重。因此，必须保证自己的研究成果能够在某些方面、某些层面具有实质性的研究贡献。缺乏创新性的研究不符合科研伦理的基本要求。对此，本章在前文谈到科研伦理的创新性特征时已进行过相关讨论，此处不再赘言。

第三节
科研伦理的实践策略

学习目标

了解科研伦理的实践策略。

一、提升教师的科研素养

教师的科研伦理是以其科研素养为根基的。科研素养的基本内容包括三个层面：一是操作性的科研技能；二是教师进行教育科学研究的基本能力；三是教师对待科研的基本态度、价值观念及信念体系。

1　杨玉圣. 学术腐败的六种表现. 文汇读书周报，2001-12-15

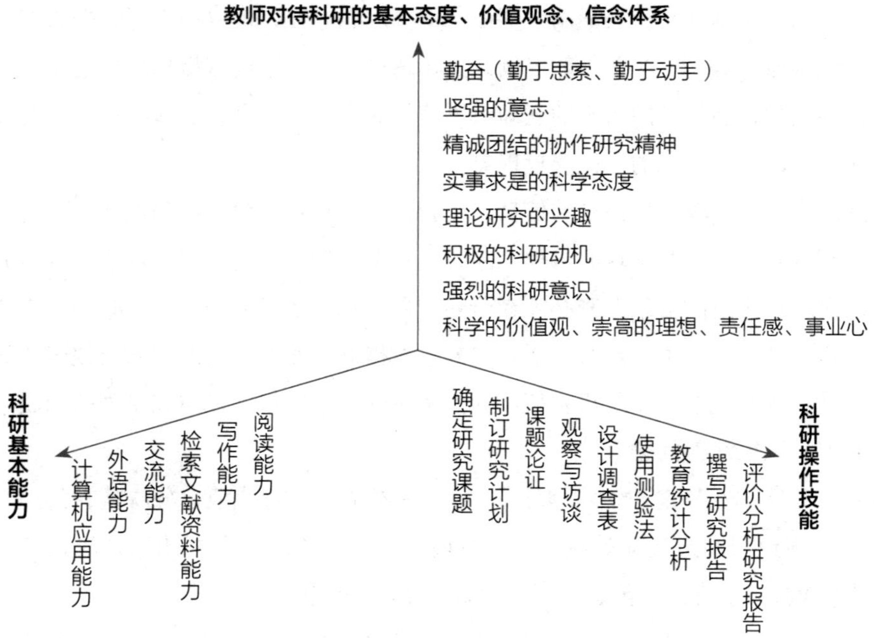

从上图[1]可以看出，这样的一个综合科研能力及信念体系确保了教师的科研行为能够“从心所欲而不逾矩”，为教师能够从事自由、具有创新性且符合科研伦理规范的研究奠定了坚实基础。

为此，正如裴娣娜教授所指出的，教师应该努力从以下四个方面来提升自身的科研素养。

一是坚持学习科学理论及科研知识、技能体系。其目的首先在于确立科学研究的价值观并掌握科学研究的方法论，同时提升教师自身对教育问题的洞察力及研究基本操作技能、能力。学习科学理论及科研知识、技能体系，必须坚持“工夫在诗外”（陆游诗句）。科学研究素养是一个综合性的知识、能力、信念体系，不能仅仅着眼于教育科研本身，还需要在教育科研以外一至几个学科领域下苦功夫，广泛涉猎。

二是要扎根于教育实践。实践出真知，教育实践知识的积累、教育实践体验的沉淀是保证教育科学研究“接地气”并“富有创造性”的重要基础与源泉。

三是要具备良好的学风。进行教育科研的目的在于发展中国的教育事业，探索科学规律，对人民、对科学研究、对历史负责。所以要扎扎实实，一丝不苟，实事求是，坚持真理，修正错误，要具备严谨、严肃、严格的治学与研究作风。

四是要在博采众长的基础之上形成自己独特的研究风格。研究风格的形成是保证创造力

---

1 裴娣娜．教育研究方法导论．合肥：安徽教育出版社，1995：389（原图在引用时根据本章内容略有改动，特此说明）

的源泉，是一个研究者在科研能力方面达到成熟的重要标志。教师们应该注意学习不同学者、研究者的治学和研究风格，找准本学科领域内最有发展前途的研究方向，尽快形成自己的科学研究风格。[1]

二、增强教师的自我公正意识

如果说教师科研素养的提升包含了对待教育科研本身应有的伦理态度及价值信念体系，那么，教师对待自我的公正意识则标志着更深层次的科研伦理态度及价值信念体系。这是因为，教师在自己的实际工作中，如果确实能够体验到进行教育科学研究是为了实现自我价值的目的，进行教育科学研究是自己对自己的一种尊重与自我关怀，那么，这种教师的自我公正意识就会以润物细无声的方式促进教师学习科学研究知识、提升科学研究技能，使教师从内心深处真正热爱教育科研、尊重科学研究的规范。

概言之，增强教师的自我公正意识就意味着教师进行科学研究不仅仅是为了尊重科学研究本身，同时是完成更好地探索教育规律、完成自己教育使命的内在需要，进行教育科学研究同时是为了尊重自己。

在实际工作中，教师可以结合上述提升科研素养的四个路径，尤其是通过提升良好的学风以及尽快形成自己的研究风格两个方面来增强教师的自我公正意识。此外，教师还应该在科研过程中学会正确看待真理与名利、自己与他人、品德与能力、成功与失败四个层面的关系，通过这四个层面的实际历练与切身体悟进一步培养自己的自我公正意识与能力。

三、加强对学术腐败的惩戒力度

上述两个方面是侧重从教师的内在素养及公正意识层面来谈的。当然，保证教师的科研行为符合伦理规范，仍需从外在规范方面加以约束及处以必要的惩戒。

毋庸置疑，学术造假、篡改数据、学术浮夸等诸多学术腐败现象是科学研究发展过程中的最大毒瘤，严重制约着科学研究的健康发展，腐蚀着“学高为师、身正为范”者作为“灵魂塑造者”的灵魂。就目前我国对学术腐败的惩戒情况来看，基本特征是惩戒力度不够，基本上处于“无依无序”的状态。所谓“无依无序”，指的是缺乏成体系的较为科学及内在威慑力的学术研究腐败惩戒制度、法规，故导致对学术腐败的惩戒处于无法可依、散漫无序、流于形式的状态。对于屡见报端的某些造成更恶劣的社会影响的、所谓“知名学者”和高层

1 裴娣娜. 教育研究方法导论. 合肥：安徽教育出版社，1995：388-390

次人才的科研状况，更是缺乏实质性的惩戒与监管机制，许多情况下所谓惩戒也局限于撤销相应的科研成果等层面。

因此，2016年教育部出台了《高等学校预防与处理学术不端行为办法》，进一步加大对学术腐败的监管力度，从而从外在规约方面阻止学术腐败现象的滋生和蔓延。

四、完善全方位的科研评价体系

全方位的科研评价体系是内在素养及外在规约的综合体。评价既是一种外在的强制约束管理策略，同时是通过提升内在自我实现感从而实现的自我提升、自我关怀、自我管理策略。

全方位的科研评价体系可以从评价主体的多元化、评价方式的多元化两个层面着手努力。首先是评价主体的多元化。科研评价的主体不应局限于相应的教育主管部门，而应该扩大科研评价的主体范围，如社会公众评价、教师集体评价以及教师自我评价。其次是评价方式的多元化。目前对教师的科研评价过于集中于科研对教师晋升职称时的评价功能。如此一来，科研评价就过于功利化，缺乏持久的内在约束力。实际上，学校管理机构可以在平时的说课或集体备课活动中，把教师们授课的精彩片段收集成册，并通过专家辅导、教师互评、自我鉴赏等方式，帮助教师们总结提炼精彩瞬间所涵括的教育理论，鼓励、帮助教师们发表自己的心得感悟，并与平时的推先评先活动结合起来进行。这样，教师自身才可能成为真正的科研评价主体，科研工作才可能真正成为教师自我发展的内在需求。

本章小结

1. 科研伦理的内涵	● 科研的内涵 科学研究不仅仅是发现问题、解决问题的技术过程，更是富有社会道德责任的、具有深刻社会道德意涵的行动 ● 科研伦理的内涵 教师在解决具体而生动的教育教学困境、问题，探索教育教学规律的研究过程中所必须遵循的伦理道德规范及伦理精神
2. 科研伦理的基本特征及基本原则	● 教育科研伦理的基本特征 ➢ 复杂性 ➢ 教育性 ➢ 创新性 ● 科研伦理的基本原则 ➢ 公正性原则 ➢ 关怀性原则 ➢ 务实性原则

续表

3. 科研伦理的主要内容	● 研究课题的选择 ● 研究方法的规范 ➢ 资料客观 ➢ 数据真实 ➢ 调研合宜 ➢ 注释精准 ● 研究成果的呈现
4. 科研伦理的实践策略	● 提升教师的科研素养 ● 增强教师的自我公正意识 ● 加强对学术腐败的惩戒力度 ● 完善全方位的科研评价体系

总结 >

关键术语

科学研究	科研伦理
scientific research	ethics of scientific research

章节链接

本章中关于科研伦理的内涵、基本特征、基本原则、实践策略的阐释与第一部分第一章关于“教师职业道德的内涵与特性”，以及第一部分第二章“教师职业道德的基本范畴”等有着紧密的联系，本章内容在很大程度上是对前述内容的具体化。

应用 >

批判性思考

1. 如果遇到如下两种情况，您会如何处理呢？

一是与您关系最好的同事需要晋升职称，他让您帮忙代写论文；二是您认识的某位教师在网上寻找某些非法的“论文代写”机构，通过支付高额费用达到发表研究成果的目的。

2. 在教学科研过程中，我们经常看到有些访谈者采用了隐蔽式的语言“陷阱”：访谈过程实际上是在“诱导”被访者说出某种预期答案的过程。看似宽松的访谈过程，却常常安排甚至策划某些事件，甚至预先设计好某些话题的

“陷阱”，一步步“诱敌深入”。您对采用这种访谈策略所获得的被访者的“真实”想法作何评价？

体验练习

以下这些测试题有利于您了解教学科研过程中应遵循的伦理规范，请从A、B、C三个选项中选出您认为最合适的选项。

1．您发表教育科研论文的动力是（　　）。

A．个人兴趣　　B．职称晋升所迫

C．在同事群体中不愿落后

2．您认为科研选题应该遵循的首要原则是（　　）。

A．科学性原则　　B．创新性原则　　C．务实性原则

3．您是否曾一稿多投？（　　）

A．从来没有　　B．偶尔　　C．经常

案例研究

个案1：在西安市开展的2008年基础教育优秀教学成果评选活动中，3所中小学的3名教师参评文章全文系抄袭他人的论文，昨日受到西安市教育局的通报批评。

评选活动评出了文本类获奖作品64件，昨日，西安市教育局在表彰会上通报，评审专家发现，上报的文本类参评作品中，高陵县安家中心小学上交的《取农村自然环境之长，补小学自然课教学条件之短》、雁塔区长安南路小学上交的《动态生成——新课程语文教学中璀璨的明珠》、临潼区西泉初中上交的《新教材七年级音乐教材形象思维》3篇文章，属于全文抄袭。与会负责人责令相关学校对抄袭论文的教师进行严肃批评教育，并警示其他教师要引以为戒。

资料来源：耿彦红．西安市教育局通报批评3教师抄袭论文，华商报，2009-01-16

个案2：2006年教师职称申报、评审过程中，厦门市8位教师在网上抄袭代表作被查实处理。据悉，在2006年职称申报、评审过程中，厦门市教育局相继收到一些信访举报件。对此，市教育局方面组织人员到相关学校进行调查、核实，果然发现一些问题。

其中包括发现8位教师网上抄袭代表作的行为。这8位教师分别来自下列学校：海沧新阳中学、海沧东孚中学、集美区英村小学、湖里区高殿小学、东渡二小、高林小学、康乐幼儿园、翔安区新圩学区。每校各有一名。市教育局方

面没有公布具体教师名字，但公布了处理意见。按省职改相关管理规定，给予以上老师停止申报参评资格一年的处理，并由各区教育局予以通报批评。

资料来源：邱华明. 8位教师抄袭论文被查，海峡导报，2007-05-09

案例反思：

在上述两则案例中，你认为教师们有哪些违反科研伦理的行为？你如何理解他们这样做的动机？

教学一线纪事

“一个是我的远方亲戚，他要晋副高，去年就该晋的，因为没有论文，结果没成，后来就让我帮他写一篇，几乎每个星期都要催几回；另一个是我朋友的同事，他要晋小教高级，论文舍不得掏钱买，省教育报每篇500元版面费也不愿意付。”教师节前夕，河南南阳某农村小学的刘老师终于松了口气，他“帮忙”写作的两篇“艰巨”的论文完成了。

“同一个学校，同时开始教书，又是同龄人，因为职称不同受到的待遇可能相差很多，大家能不争着抢吗？僧多粥少，论文是个硬指标。东拼西凑的、雇枪手的、拉关系的、与编辑套近乎的、出高价买版面的……五花八门的现象存在也就不奇怪了。”刘老师说。

刚加入教师队伍的首都师范大学毕业生小霞，在实习期间也有件“耿耿于怀”的事。一个负责高二教学的教研组长开会的时候，给学生大谈特谈“舞弊可耻”，转过身就私下里央求小霞帮着弄篇教学论文，还要能发表在公开刊物上。

资料来源：汪东亚. 中小学老师职称论文为何造假. 中国青年报，2008-09-23

拓展＞

补充读物

1　[美]艾尔·巴比. 社会研究方法（第10版）. 邱泽奇，译. 北京：华夏出版社，2005.

该书是人文社会科学研究方法论的扛鼎之作，论述范围广泛、论证严密，从社会研究的基本概念到各种复杂技术方法，深入浅出、循序渐进，既适合专门研究人员，也是其他相关学科研究人员的必备参考书。

2　[美]麦克里那. 科研诚信：负责任的科研行为教程与案例（第3版）. 何鸣鸿，等译. 北京：高等教育出版社，2011.

该书力倡维护科研诚信，倡导负责任的科研行为，多次修订再版，许多大学及科研机构将本书作为研究科研诚信和负责任科研行为的经典教材。

3 [英]罗伯特·G. 伯吉斯. 教育研究伦理学. 卜玉华，等译. 北京：北京大学出版社，2013.

该书是教育研究伦理学领域的经典之作，针对教育科研过程中的伦理问题进行深入探讨，有助于教育科研从业者思考各自研究方法的伦理正当性问题，从而更好地认识和处理研究过程中的伦理问题。

4 中国科学院. 科研活动道德规范读本（试用本）. 北京：科学出版社，2009.

该书明确了教师在从事科研活动的过程中应遵循的基本的职业道德规范，内容比较明确而清晰，对于规范教师的科研行为也有很强的针对性。

在线学习资源

1. “科研诚信与负责任创新专委会”公众号

2. 中国教育和科研计算机网. http://www.edu.cn/

第五章

社会伦理

本章概述

教师是普通人，又不是普通人。本章主要阐释教师作为社会成员这一身份与其职业的关联性，以及由于这一关联所应遵循的社会伦理。在此基础上，本章还将介绍社会伦理的内涵及基本特征，阐释教师应当遵守的社会伦理规范及其实践策略。

结构图

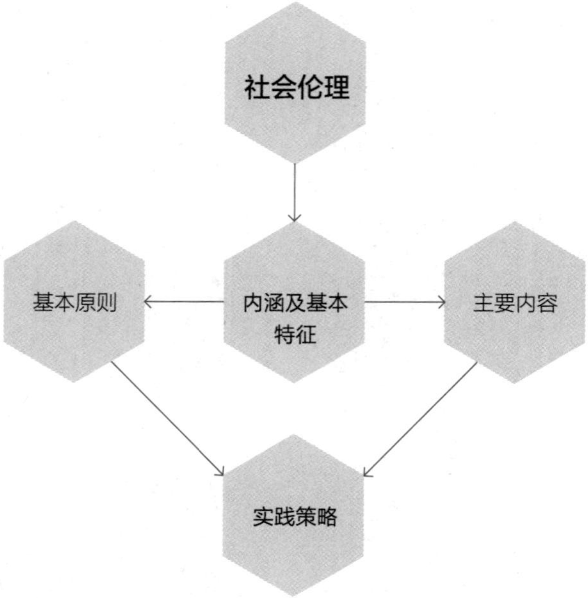

学习目标

学完本章，你应该能够做到：

1. 理解教师“社会伦理”的内涵及基本特征。
2. 在了解社会伦理基本原则的基础上，深入理解并掌握社会伦理的主要内容。
3. 了解教师社会伦理的实践策略。

读前反思

许多教师认为，教师在学校应该有个“教师的样子”，但是，出了校门就应该做回“最真实的自己”。正是出于这样的原因，某些教师在校门之外就不再顾及为人师表的社会形象，不再坚守身正为范的师德节操。当前，社会上对某些教师个体的种种诟病与道德质疑不断，这不能不引起人们对教师所应遵循的社会伦理精神与规范的深刻反思与警醒。在阅读本章之前，请认真思考一下，强调教师在迈出校门之外的社会伦理为何十分必要？教师在家庭生活及社会公共生活过程中需要注意哪些基本的伦理规范？然后再结合自身经历，想一想自己或身边所熟悉的老师，他们有哪些社会行为符合教师职业的伦理要求，哪些行为不符合？

- 想一想自己的受教育经历，在学校之外的其他场合，你是否曾遇到自己的老师并与老师打招呼？老师是怎样与你和你的家人相处的？老师是否曾经来家访过？老师的家访对你的内心世界及你的学习、生活产生了怎样的影响？
- 再想一想，自己是否曾经遇到过教师的“表演课”？——在校长和家长的共同观摩下，教师在讲台上讲授着预先排练好的台词，而自己却木偶似的在迎合这种早已心照不宣、程式化的“家校沟通”。
- 最后，说一说，自己在毕业之后与曾经的老师们有过多少联系？而且，在你的现实生活世界里、在你的身边，你是否能够说出自己认识的哪些老师曾以实际行动参与社区或社会公共生活？

第一节
社会伦理的内涵及基本特征

学习目标

理解教师“社会伦理”的内涵及基本特征。

一、什么是社会伦理

教师职业是太阳底下最光辉的职业。由于教师职业的工作对象是人类的灵魂和未来，故与其他任何职业相比，教师职业对崇高品性、职业道德、伦理规范的要求都更高。因此，教师行动的道德意义与社会伦理影响是无边界的。与其他职业的从业人员一样，当教师下班回家，走进社区、走进自己的家庭，就会转变为父母、丈夫或妻子、儿子或女儿等不同的角色身份，开始自己在学校工作环境之外的家庭生活及社会生活。但是，即使是转变为其他的身份角色，教师职业道德的约束力也不会随之而消失。在教师的生活世界里，不仅在学校里是人类灵魂的塑造者，而且，在学校之外的其他社会场域，教师职业依然承载着人类的美德与良知。

因此，除教学伦理、科研伦理之外，在学校之外的其他社会场域，教师还必须与学生家长、自己的亲朋好友、社区邻居交往和相处，彰显端庄优雅得体的社会形象，担当教师职业应有的社会责任。当然，严格说来，社会伦理并不见得只存在于学校之外，教师在日常教学生涯中作为社会成员的身份始终存在，承担社会责任始终是作为知识分子的教师的道义责任。

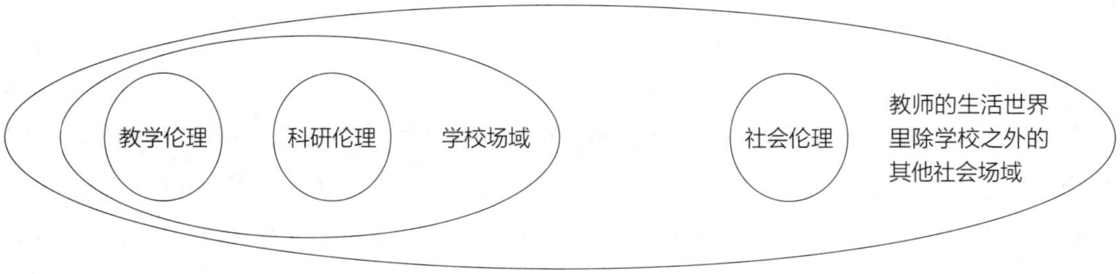

在本书中，为了论述的方便，我们仍然把教师在学校之外的其他社会场域与人交往时所遵循的伦理规范及道德精神称为教师所应遵循的社会伦理，并作为与教师的教学伦理、科研伦理相并列的伦理类型。简言之，所谓教师的**社会伦理**，就是指教师在学校之外的其他社会场域与人交往时所遵循的伦理规范及道德精神、所呈现的社会形象及所应承担的社会责任。

当然，就广义而言，教学伦理与科研伦理也属于社会伦理，但考虑到教学与科研是教师的学校教育工作的主体部分，是教师职业内容的主体部分，故而将两者单列，而把除学校场域之外的其他场域内所应遵循的伦理类型定义为社会伦理。这种对教师职业伦理类型的三分法，其合理性主要表现在两个层面：其一，社会伦理概念的提出，有助于把教师职业伦理范围内容易被忽视的部分凸显出来，使得对教师职业伦理的研究更为全面；其二，社会伦理对于教学伦理、科研伦理而言，不是仅仅起到一种“补充”的作用，而是实现了三种伦理类型之间相互指涉与相互论证。也就是说，强调教师在学校场域之外的社会伦理概念，不仅是对教师职业伦理的外延拓展，更是对教师职业道德的整体范畴更深层次的观照。

二、社会伦理的基本特征

（一）共在性

社会伦理的共在性，是指教师对自己的社会行动的道德价值及伦理意义的及时审视与内省，是其社会行动与伦理自觉之间**共在式的反思性**。下面，我们以一则发生在父子之间的小故事来体悟一下这种反思性究竟是指什么。

故事描述的是一个小家伙是怎样在卧室一直召唤他的父亲过去行晚安吻的。父亲大喊：“好了，我就来。”但是他正快要做完手头的活儿，然后又做这做那，之后他过去回应孩子的召唤。当父亲慢慢地走过卧室的门前时，他看到了他的小家伙：“他站在那儿，手臂张开，等待着一个紧紧的拥抱，咧着嘴笑着。”这位父亲用一首诗对父母拥抱孩子的方式作了精彩的描述。整首诗基本上是一种事中及事后的反思，最后结尾的句子是这样写的：

在我走进去之前，他像那样，
他在那儿站了多久？

基于这则小故事，马克斯·范梅南认为，在父亲的这种惊奇之中，我们检测到了教育学行动与思考之间的最基本的关系，这是一种反思与行动共在式的教育关系。在生活中，我们不断地与我们的孩子进行活动与交流，不时地，我们做的某些事会立刻让我们感到惊奇并进而思考：我做得对吗？这种情境对孩子会是什么样的呢？这儿我的责任是什么呢？我本应该怎么说或怎样做呢？因此，教育学首先召唤我们行动，之后又几乎同时召唤我们对我们的行动做出反思。与孩子们一道生活以及反思我们与孩子们生活的方式，这两者都是我们每一个人的教育性生存的表现。[1]

依据范梅南的分析，每个人，不论是不是教师，都可能进行“教育学”的行动与反思，其核心特征就是双方相处时具有“**教育关系**”的存在，故而不论是不是教师，每个人都可能在某些时刻呈现一种“**教育性生存**”的状态。推而论之，作为教师，当回到家承担父亲（母

---

1 [加]马克斯·范梅南. 教学机智——教育智慧的意蕴. 李树英，译. 北京：教育科学出版社，2001：37

亲）角色时，也必须与自己的孩子之间建立一种“教育关系”；当迈入社会其他场所，发表言论或为人处世时也同样必须有意识地与周围的相处者之间建立这种“教育关系”。虽然其他从业者也同样有可能这么做，但教师必须是具有明确反思意识的“教育关系”的主动建立者。康德十分强调道德行为的这种意识性、反思性。康德认为，人之遵守伦理道德规范是个有意识的过程，而只有有意识地遵循伦理道德规则的行为，才具备道德价值。[1]

更进一步，教师必须通过自己善的社会行为引起其他人的善举，教师的社会伦理并非独善其身，而是兼善天下。故而，教师的社会伦理的反思性是一种双向的反思性，是一种基于教育关系的反思性，这正是范梅南所强调的“教育关系”的本质特征。据此，我们就可以区分教师的社会伦理与其他从业者的社会伦理的本质区别，从而彰显教师的社会伦理的专业性、独特性。

因此，其他职业的从业者同样可以去关怀社会、承担社会责任，但教师的社会伦理的专业性就表现为基于对教育关系的自觉，从而实现对对方伦理意向性的引导与呵护。其他职业的从业者的社会责任可以表现为单方面的责任承担，但教师的社会责任则不然。教师需要通过自身的责任担当来引导他人的责任担当，并建立一种基于责任伦理互建的双向意向性、反思性关系。正如内尔·诺丁斯所言，教师关怀学生的学习及生活，同时引导学生观察成人关怀自己的实践，学生在教师的鼓励下参与关怀的实践。在此过程中，通过反思性、回馈性的与教师之间的双向意向性，学生便逐渐学会了关怀。[2]

（二）隐蔽性

教师的社会伦理具有隐蔽性，具有不易察觉、容易被社会及教师个体所忽视的基本特征。教师职业的复杂性、繁重性往往会导致教师的职业倦怠。许多教师认为，好不容易下了班，回到家与亲人团聚，或与亲朋好友聚会都是纯粹私人的事情，与教师职业伦理无关。如此一来，教师职业伦理范畴之内的社会伦理部分就容易被遮蔽、被掩盖、被忽视。

教师社会伦理的隐蔽性掩盖了其重要性。许多教师对于教学伦理、科研伦理的重要性有一定的认识，而提及社会伦理则会觉得很陌生，甚至闻所未闻。教学伦理、科研伦理具有对教师自身的有用性，遵循教学及科研伦理规范，赢得学生们及同事们的尊敬，获得好的教学成绩或科研成绩，对于自身的事业发展具有显而易见的益处，故而其重要性更容易被教师所接受。然而，社会伦理则不同。教师在教学过程中可能是一位教学技能过硬的优秀教师，或者是受人尊敬爱戴的好教师，但在过马路遇到跌倒的老人时却不一定会伸出帮扶的援助之手。可以看出，在教师深层次的价值伦理结构中，教学伦理与科研伦理具有其重要位

1　[德]伊曼努尔·康德. 道德形而上学原理. 苗力田，译. 上海：上海人民出版社，2005：代序17
2　[美]内尔·诺丁斯. 始于家庭：关怀与社会政策. 侯晶晶，译. 北京：教育科学出版社，2006：168

置，而社会伦理的重要性则容易被忽视。如此一来，就导致了教师职业伦理整体的肢解与割裂，故此，强调社会伦理的重要性，有助于恢复教师职业伦理体系及教师德性修养的完整性。

（三）广延性

将教师的教学伦理与科研伦理进行比较，其社会伦理的广延性特征就会凸显出来。这种广延性特征主要表现在时间的延伸与空间的延展两个层面。

就时间的广延性而言，正所谓“一日为师，终身为父”。一旦入了教师这个行业，就应当终生恪守教师的道德操守。就空间的广延性而言，可以说，教师即使是走出校门，走进社会，甚至是迈进家门，也都应注意其社会伦理的约束性，正所谓“走到哪儿都要有个教师样儿”。

因此，从教师的社会伦理的广延性特征可以看出，教师职业需要承担比其他任何职业都要大得多的道德责任。也正是在这个意义上，夸美纽斯才认为教师职业是太阳底下“最”光辉的职业。

但是，强调教师的社会伦理的广延性不能过了“度”，否则，就会引导社会对教师形成过了度的道德暴力。教师的社会伦理的广延性并不意味着“永远不可逃离”，并不意味着教师不能“做回最真实的自己”。这里需要特别强调“教师道德”与“教师职业道德”之间的区别。“教师道德”侧重的是教师个体的道德，而“教师职业道德”则是代表了社会对教师职业所赋予的道德要求。在家庭生活中，教师完全可以像其他任何人一样，用心做个好父亲（母亲），或者“做回最真实的自己”。因此，教师的社会伦理的广延性不应该延伸至教师个体纯粹的私人领域。

第二节
社会伦理的基本原则及主要内容

学习目标

在了解社会伦理基本原则的基础上，深入理解并掌握社会伦理的主要内容。

一、社会伦理的基本原则

（一）社会责任与自我修养相统一

教师的社会伦理之所以容易被忽视，具有隐蔽性，重要原因之一乃是长期以来人们对教师职业岗位的责任预期主要集中在学校场域内的教学及科研，没有特别清晰地意识到并强调教师走出校门之后所必须遵循的社会伦理及必须担当的社会责任。实际上，早在1862年，美国国会通过的《莫里尔法案》就以法律的形式对高校的社会服务功能做出了明确规定："大学要忠实地服务于社会的需要。"19世纪末20世纪初，威斯康星大学的社会服务推广计划已遍及全州。至此，社会服务正式与教学、科研并列成为大学的基本职能。

中小学与大学的职能定位虽不同，但却是一脉相承的，只不过各有侧重而已。也就是说，不论是大学教师，还是中小学教师，都应具有社会服务意识，都应该有意识地去承担作为一名教师所应承担的必要的社会责任。

谈到社会责任，必须辨别两个容易混淆的概念："出于责任"与"合乎责任"。依据康德的观点，只有当一种社会行为是出于责任，即以自觉的伦理责任作为行为的动机时，该行为才具备社会伦理价值。而如果仅仅是行为的结果合乎责任、与社会规范相符合，却以个人功利目的为动机的行为，则无多大的社会伦理价值，甚至完全没有道德价值。例如，街头小店，铺面上挂着"童叟无欺"的金字招牌，而且也确实把同样货物以同样价格售予一切顾主，不论是白发老者还是黄口小儿。这确是合乎"要诚实"的责任戒律的。然而，店主们之所以这样做全都是出于诚实的责任吗？当然不是。全都是出于公平正义、尊老爱幼的道义吗？恐怕也不全是。许多人的真正动机可能只是维持店铺信誉，以便更多地增加财富。这完全是个人利己的动机，这样的行为虽然合乎道德、值得肯定，却并无真正的道德价值。[1]

因此，强调教师的社会责任就必须强调教师内在的自我修养，教师的内在自我修养才是保证教师的行动出于社会责任的内在的价值依据。所谓"修"是指"整治、提高"，所谓"养"乃是指"培养、养成"，正所谓"修犹切磋琢磨，养犹涵养熏陶"。故所谓"修养"，一般指向的是内在的持续性的自我教育、自我陶冶、自我改造、自我提升。自我修养是保证行为符合社会责任的内在依据，"修身"乃是"齐家、治国、平天下"的根基。所以，对于教师的社会伦理而言，首要原则乃是以内在的自我修养保证教师的行为不仅"符合"社会责任，同时以社会责任来不断规约自我修养，从而使行为的外在社会责任与主体德性的内在修养之间形成相互依存、相互促进的良性互动循环。

（二）外在形象与内在精神相统一

在社会交往活动中，教师会向社会呈现出两个层面的形象：一个是外在形象，包括衣着形象、仪容形象等；另一个则是内在的精神形象，是内在的"精气神"的内蕴与外显，彰显的是一个教师的专业气质、内在涵养和人格风骨。外在形象与内在的精神形象之间是相互塑造、相互作用的关系。如果一个人整天拖沓潦倒、不修边幅，即使原来具备很好的精神素养，长此以往，糟糕的外在形象也会引致社会的非议，从而影响其自信心与自尊心。同样，

1　[德]伊曼努尔·康德．道德形而上学原理．苗力田，译．上海：上海人民出版社，2005：代序9-10

如果一个人整天只注重外在形象的修饰，而不注重多读书、多修心，不注重内涵的修养，那么，这个人就会缺乏一种正能量的内在精神形象。此时，其亮丽光鲜的外在形象不但不会为别人所赞许，反而会给人一种华而不实的不适感。外在形象与内在的精神形象是相互促进、辩证统一的关系。

无须任何言语交流，每个人在与其他人交往的第一面时就会相互留下一种直觉，比如潇洒、干练、优雅，抑或邋遢、拖沓、粗俗。在许多时候，人与人之间并不需要过多的言语交流，就能够在彼此的心目中留下一种非常深刻的印象，这实际上是由于彼此内在的精神形象之间产生了内在的默契。我们每个人都时常处于某种“状态”之中。此处所谓“状态”就是指人们时时处于其中的内在的“精神形象”。有人相互见了面打招呼时会友好地说，“今天你的气色很不错嘛”，这更多是对其内在精神形象的肯定。许多人每天生活得很幸福、很乐观、积极向上，眼睛会“放光”。这种无须任何言语就能传达的内在的精神状态会影响周围的人。这种眼睛会“放光”的人，因为自己的幸福，因为自己内在的正能量及心灵状态和精神形象，而影响着周围的人或事。这些人就像是一个小小的太阳，温暖了自己，同时温暖了别人。但是，也存在另外一些人，每天生活在郁闷和黑暗之中，似乎人世间的苦难只找他们而不找别人。这些人即使遇到了开心的事情，也总是从悲观或负面的角度去解释，认为这些事情根本不值得高兴，整日郁郁寡欢、愁眉紧锁，生怕别人不知道自己很苦、很累，生活得很糟糕。他们的人生哲言是：为什么受伤的总是我。其实，这些人主要是没有涵养好自己内在的精神形象，他们的眼睛不会放光，而只会传播郁闷和忧伤。这些人就像是一块马上就要下雨的黑色云块，潮湿了自己，阴暗了别人。

因此，教师作为一代师表，为人之师、受人尊敬，教师是社会良心的代言人，是社会精神形象的代表，教师的外在形象与内在的精神形象都很重要，必须做到内外兼修。在社会伦理层面，教师必须做社会的价值辐射者、道德调节者和精神引领者，力求做一个能够传播价值正能量的“小太阳”。

（三）严格自律与自我关怀相统一

教师作为一个向社会传播正能量的“小太阳”，其前提和基础是学会温暖自己、关怀自己。教师是社会良心的代言人，但同时又是一个普通人，是父亲、母亲、儿子、女儿。在教师严格自律，争取留给社会一个正面形象的同时，也不能忽略对自我心灵的呵护。否则，这个向外传播正能量的“小太阳”，其能量就难以持久。因此，在社会伦理层面，教师必须做到严格自律与自我关怀的统一。

如果教师不懂得严格自律、时时自省，那么，离开校门，迈入社会，在这样一个快速变迁的时代，往往会迷失自己，失去对师德的坚守和对高尚人格的尊重。而如果教师不懂得自我关怀，整日里过得很苦，疲于应付各种压力，愁眉紧锁，可以肯定的是，教师对别人、对社会的所谓“道德”却换取了对待自己的不道德。那么，这种社会行为的道德价值是有理由受到质疑的。

就此而论，我们的媒体在宣扬一些“道德模范”时，总是挑选一些极端的个案作为典型代表，似乎道德模范都必须遭遇常人难以遇见的困境，必须牺牲自己的幸福而换取对他人和社会的道德。而实际上则不然，这些为数不多的个案并不能代表大多数普通人。绝大多数的教师，拥有很普通的人生境遇。所以，他们的道德辐射性首先源于他们自身的普通、日常生活的真实，源于他们自己过好每一天，做好每一件事，对得起每一个学生，对得起自己的良心，对得起自己的家人。他们才是普通教师大众的代表，他们懂得在最真实而普通的社会生活中尊老爱幼、待人真诚、助人为乐，懂得尊重自己，尊重并爱护自己的父母、爱人、朋友、孩子，这些人才是大多数人生活中的道德模范代表。

家校沟通
从心开始

二、社会伦理的主要内容

（一）家校关系

家庭是人降生后归属的第一个社会群体，是我们每一人生活于其间的第一个宇宙。

1. 处理好自己的家庭关系

社会伦理的根基在于首先处理好自己的家庭关系，正所谓“一屋不扫何以扫天下”。具体而言：（1）孝敬父母，赡养父母，这是处理家庭关系最基本的一条原则。不孝敬父母者，就不懂得什么是“孝”，不懂得什么是做人之根本；不孝敬父母者，配不上“人”这个称谓，更没有资格为人师表。孝敬父母就必须从两个层面来赡养父母：一是物质赡养，尽到做子女的最基本的道德义务，尽量为父母提供好的生活条件，不遗弃、不虐待。二是注重精神的赡养，这是更为重要的一个层面。俗话说“老比小”，实际上父母更需要子女的关心，哪怕是一个温暖的拥抱、一句贴心的问候都会对父母的心灵慰藉起到很关键的作用。

（2）互敬互爱，男女平等。迈入婚姻的殿堂之后，如何与自己的伴侣相处，用心经营好婚姻与家庭是一门用心铸就的爱的艺术。夫妻之间形成互敬互爱、男女平等的家庭氛围，在人身关系、财产关系等方面都要形成平等互爱的平等关系，不强求于人，遇事相互商量、多沟通、不埋怨，相互尊重，相互体谅。著名的大教育家叶圣陶先生与爱人胡墨林结婚之后，相亲相爱，互敬互爱，相濡以沫，患难与共，共同生活了41年，树立了夫妻和睦的光辉典范。

（3）抚养子女、教育子女，这是每一个父母都必须承担的法律义务和责任。山东省日照第一中学的14岁的卞迁，1997年以677分的优异成绩考入中国科技大学少年班。他的成功与父母的教育与帮助分不开。他的父母都是教师，从小就开始有计划地对他实施早期智力开发教育。尽管每天工作很忙，家务繁重，但父母一直坚持给卞迁讲有关天文、地理、社会、自然、文学艺术等方面内容的故事。这些内容对他后来阅读大量中外名著、热爱科学起到了奠基作用，并给了他强大的精神力量，培育了他良好的道德情操。父母疼爱他但从不溺爱。父亲经常告诫卞迁，自己的事自己做。学会走路之后，父亲就不抱他，跌倒了让他自己爬起来。犯了错误时，绝不姑息。父母教育卞迁养成“不打架、不骂人、尊老爱幼、文明礼貌、助人为乐”的良好品德。卞迁的父母作为教师，在家庭中对自己儿子的教导和帮助也是其在学校教育孩子的重要基础。

中小学、幼儿园教师专业标准（试行）摘录

与家长进行有效沟通合作，共同促进中（小）学生/幼儿发展。

协助中（小）学/幼儿园与社区建立合作互助的良好关系。

2. 建立与学生家长之间平等合作的伦理关系

不同家庭的家长把自己的孩子送到学校接受教育，学生就成为家校联系的重要枢纽和纽带，而家校合作的出发点和最终归宿都是学生的全面健康发展。如何处理好学校与家庭之间的关系，教师，尤其是班主任教师会起到非常重要的作用。学校与家庭对于孩子而言，所肩负的教育责任是同等重要的，不存在谁轻谁重，谁主谁次的区别。

因此，教师和学生家长的关系是一种平等合作的关系，是一种围绕学生全面健康发展而展开的伦理协作关系。在合作的过程中，应注意避免以下四种情况：一是教师与学生家长之间既缺乏合作教育的意识，更缺乏合作教育的行动。二是“合而不作”。教师与学生家长之间表面上和睦相处，实际上却是各行其是，有的只是等学生出了问题时才被迫“合作”几次。三是“作而不合”。教师与学生家长由于在教育理念、培育目标上的差异，教育内容与方式存在较大的差异，难免产生“内耗”。四是“合而不当”。虽然双方对学生/孩子都有良好的教育愿望，但有少数的教师在与学生家长的交往过程中，做出某些有悖于教师职业道德的事情，使得学生家长从内心深处瞧不起教师。例如，有的教师利用某些家长的地位、权力谋求私利，或公开向学生家长索要好处，等等。[1]

这就需要教师，尤其是班主任教师首先转变自己的“家校合作观”：教师与家长之间是完全平等的关系。虽然就教育专业素养而论，教师的专业性更强，但是，这并不能说明教师对于家长在人格方面具有优越性，两者之间是完全平等的。与此同时，在对个别孩子的教育经验上，家长反而有许多在集体教学情境中的教师所没有的优势。但在某些中小学校，我们不难看到这样的情形：开家长会时，家长们毕恭毕敬地站在教师和自己的孩子面前“挨训”，尤其是那些“差生”或学习成绩倒退明显的孩子的家长。因此，这就要求教师，尤其

1 钱焕琦. 教师职业道德. 上海：华东师范大学出版社，2008：86

是班主任教师树立这样的家校合作观：一是教师对于家长而言，并无任何教育特权；二是尊重家长的人格、经验就是对自己教育者人格的尊重，就是对自己所从事的教育事业本身的尊重；三是家校合作的水平高低，主动权在教师的手中，教师既要积极主动，又要行动有方，以主动协调的积极友善态度出现在学生家长面前。

因此，教师对学生家长的尊重就成为家校合作关系中的重要原则。具体而言，教师应该做到如下四个方面。

（1）在家校合作过程中遇到困难或难以克服的问题时，教师首先要学会克制，要有耐心和智慧。在中小学校，教师与学生家长的联系多发生在学生出现问题时或召开常规性的家长会时等。在常规性的家长会上，遇到合作的困难的情况比较少见。而学生出现某些方面的棘手问题时，也就往往造成家校合作过程中的难题。在这种情况下，教师应该做到以下几点：首先，学生的错误不等于家长的错误，在遇到问题时，不要动辄埋怨家长，甚至无缘无故地对学生家长发泄不满情绪；其次，要格外注意自己的言行举止，注意自己讲话的分寸，注意自己处理问题时是否适度；最后，区分清楚"学生犯的错误"与"学生在身心发展过程中的正常现象"，不要盲目，要保持清晰谨慎的头脑，学会"冷处理"的教育策略，并及时补充相关知识，多向有经验的同事或领导请教。

（2）对所有家长都必须一视同仁。教师在面对孩子们进行课堂教学时，有一个关于课堂资源分配的教学公正问题。而在与学生家长们进行交往时，则会涉及教育公正及社会公正问题，涉及教师自身的形象问题。教师必须清醒地认识到，不论自己所接触到的学生家长的素质如何，与他们打交道都是自己分内必须要做的事，是没有选择余地的，是自己的工作责任使然。所以，教师是没有权力拒绝、挖苦、歧视任何一位家长的，教师要在心中时常告诫自己：每位家长都是平等的。而实际上，一视同仁的根本在于面对每一位家长时的"将心比心，以心换心"，学会移情性的教育理解。多数家长是通情达理的，是比较容易沟通的。一视同仁并不意味着教师与每一位家长的相处都采取完全相同的方式，而是意味着对待每一位家长的真诚友善之心是完全相同的。真诚友善之心的无差别才是一视同仁的根本所在。

（3）尊重所有家长所提出的意见和建议，并尊重家长指出学校工作不足的权利。第一，教师必须明白这样一个最浅显的道理：对于每一个学生个体而言，自己对学生的了解与关怀远比不上学生的父母。而且，在学生的生活世界里，学校是制度性的"前台"，在学校场域，学生们往往自觉或不自觉地戴上了某种面具来伪装或保护自己，以保证自己能够在班级、学校的制度化的环境中生存。然而，家庭则是个人化的"后台"，在家庭里，学生的所言所行更接近于自己内心最真实的想法，与自己的老师相比，学生与自己的父母接触时所呈现出的面貌更为真实可信。第二，在当代，许多学生家长本身就拥有广博的知识素养，在许多情况下，教师并不一定在育人方面比家长更优秀，有些家长提出的意见很中肯，具有很好的教育价值。所以，教师应该谦虚谨慎，保持一种开放吸纳的心态，尊重所有家长提出的意见和建议，并充分尊重他们提意见的权利。

（4）多给家长一些必要的宽容与谅解。对家长们的期待与要求要恰当，不能过于苛刻。许多教师在布置家庭作业时，要求学生家长每一天在相应的作业项后面签字，以保证完成作业的质量。这样的做法并没有错。但是，如果偶尔由于孩子疏忽或家长疏忽没有签字就重重责罚孩子，甚至在课堂上因此而公开批评孩子、数落家长的做法是不当的。而且，在其他方面也是如此。教师要始终提醒自己，用一颗宽容友善之心来对待自己的学生和学生家长。

有一次，语文教师在批改作文的时候，知道一个学生的爸爸妈妈喜欢打麻将，根本不管她的学习。班主任知道后，找到这个学生了解了一些情况，晚上和这个学生一起去了她的家里。进入家门后，班主任发现家里有两桌麻将正在进行。见到老师来了，两个家长忙松了手。班主任把家长请到了另一个屋里，也请来学生。班主任首先说："我们中年人其实是最辛苦的，上有老人，下有孩子，工作上也常常不顺心，生活上也有许多苦恼，一天累得呀，简直没法说。但是，我们都大半辈子了，我们的希望在哪里?"妈妈说："我们这辈人是完了，我们的希望，就是孩子能够有点出息。"班主任叫孩子去做功课，把作文交给家长，说道："孩子的这篇作文，很多老师读着读着都被感动得流眼泪，我们准备送到一个比较大的刊物去发表，现在请你们两位帮忙改改。"两位家长一起读了近半小时，妈妈都哭出了声。爸爸说："老师，你没有批评我们，我们知道错了，我们不是称职的家长。老师，我们把作文留下来，每当我们手痒想打麻将的时候，只要看看这篇作文，我们就会克制的。"班主任说道："我的意思是希望你们少玩一点麻将，亲朋好友聚在一起了，偶尔打几次也是可以理解的。我只是希望你们能够多一点时间陪孩子，能够多和孩子心平气和地谈谈心，孩子会理解你们的。"[1]班主任并没有去责怪家长，而是用宽容与谅解打开了学生家长的心结，很巧妙地解决了在家校沟通过程中的一个难题。

3. 家长会不应对学生造成心灵伤害

家长会是家校沟通的重要途径，是学校教师与学生家长之间互通有无、相互理解、促进学生进步的重要合作形式。通过家长会，教师能进一步了解学生家长及其家庭教育情况，家长能进一步了解学生在学校的学习生活情况及教师的期待和要求。只有家校形成良性沟通，才能使学校与家庭形成合力，共同发挥作用促进学生的成长。然而，在现实样态的家长会中，家长会却演变为告状会、"挨批会"，对学生造成心灵上的伤害。

曾经看过一本特殊的词典——《魔鬼词典》，其中对家长会如此描述：

1　钱焕琦. 教师职业道德. 上海：华东师范大学出版社，2008：91-92（在引用时略有改动，特此说明）

受难日：家长会无疑是多数学生最难过的日子之一，除了在痛苦和恐惧中等待家长回来，还免不了一顿臭骂或暴打，所以一些学生把自己形容成耶稣，将家长会形容为“受难日”。

接头会：家长会就是为家长和老师交换情报准备的。“谍报人员”正在会议上“接头”，他们从对方猎取所需的情报，以便更好地对付学生。

返老还童：开家长会的时候，老师会把成绩不好或调皮的学生家长留下来，狠批一顿。一位家长这样说过：“我小时候就经常被老师和父母骂，谁想今天会因为儿子挨老师的骂，在低着头挨骂的时候，真有点重返童年的感觉。”[1]

所以，家长会应遵循一种“收与放”的辩证法，家长会是一种收放自如的家校沟通艺术。对于学生的缺点或错误，在搞清楚问题的原因之后再与学生家长沟通，不可“打无准备之仗”，否则，不仅会伤害学生的心灵，还会使学生家长感觉到不适。在许多情况下，教师对家长会的把握要掌握“犹抱琵琶半遮面”的原则：告知学生家长学生在校情况的方式要“含而不露”和“露而不含”。

所谓“含而不露”，就是指点到为止，一定要注意讲话的方式、场合、分寸、时机，要兼顾学生和学生家长两方面的自尊心。召开家长会之前，教师要对各种情况作深入的分析及精心的准备，保证学生及学生家长都愿意接受、乐于接受、能够接受。所谓“露而不含”，指的是在某些情况下，当面地直截了当地指出某些确实存在的问题，不能隐而不报，否则就是不负责任的做法，但一定要坚持真诚、善良、尊重的原则。如此，才能够得到学生和家长的理解与尊重。某些不适合在公开场合沟通的信息，则应当留待家长会结束后与家长进行私下沟通与交流。

4. 坚持道德合宜的家访工作

信息时代，家校沟通的途径与形式已经大大拓宽，譬如，“家校通”融合了语音通话、短信留言、呼叫中心和网络咨询等先进技术。学生到（离）校时在终端设备上刷卡，就可以把信息发送到家长手机上，同时，老师可以把学生在校的表现、家庭作业、活动通知、考试成绩等一些家长比较关心的信息发送到家长的手机上。[2]然而“家校通”的使用在给家校沟通增加方便的同时，也给家校合作造成了一定的麻烦：有家长埋怨教师转嫁教学压力，也有教师因此丧失通过家访等手段与家长真诚、深入沟通的动力，等等。由此可见，家校合作不能满足于“家校通”，否则“家校通”带来的将是家长与教师之间的隔阂。

因此，传统的家访工作在精神或理念上仍然必须坚持。家访工作是教师与学生家长之间面对面的沟通，其伦理意蕴就蕴含在面对面的交流过程之中。在伦理学的意义上，身体退隐后的所谓交流和沟通，其伦理价值会大打折扣。身体退隐后，伦理交往便失去了与身体相伴

1　朱雅芳.“魔鬼词典”变脸记——记一次别开生面的家长会. 青年教师，2005,（8）：11-12

2　曾曦，王春雨.“家校通”不少学生对“监控”想不通. 新华每日电讯，2005-05-18

随的角色身份，网络交往往往会导致人际关系的短暂、肤浅和相互之间义务的冷漠与责任的缺位。因此，家访应该是面对面的，充满真诚、关怀、尊重的互通有无的伦理交往和心灵沟通过程。相对于其他形式的家校沟通，面对面的家访具有根本性的伦理价值。

一些有经验的教师总结了家访过程中的一些具体的行为禁忌，可资借鉴和参考。

一忌过频过滥、时机不当。对于同一个学生的家访以每学期一次为宜，最多不可超过两次，并应尽量避开用餐时间。如果是安排在晚上更要注意时间不应太晚，以免影响别人休息。过于频繁且时机不当的家访不但影响教师的精力，还会给家长造成沉重的心理负担，影响其正常生活，使之产生厌烦情绪，吃力不讨好。

二忌做不速之客。每一次家访，教师都要提前几天通知家长，使之提前做好心理准备，待家长同意后方可前往，切莫率性而为做不受欢迎的不速之客。

三忌准备不足，目的不明。个别教师家访之前准备不充分，或为沽名钓誉，或为完成学校下达的家访任务，仓促而行，为家访而家访，结果家访中要么泛泛而谈言之无物，要么张口结舌，无话可说，不但起不到增进了解、加强合作的目的，还会使教师的形象在家长心中黯然失色。

四忌自以为是，居高临下。家访不是简单地将课堂搬到学生家，家访不是教师的一言堂、个人秀，它强调的是教师与家长、教师与孩子、家长与孩子之间的交流、互动、理解和碰撞。教师如果在家访中只顾自我吹嘘而忘记了家访的本意，除了在家长和孩子面前暴露自己的浅薄与无知以外将一无所获。

五忌兴师问罪。心灵的交流只有在和谐的气氛和宽松的环境中才能进行。可是不少教师却将家访当作兴师问罪的好机会，把心灵交流会变成了告状会、批斗会，将孩子在学校的种种“劣迹”一股脑全都告诉家长，人为造成家长和孩子之间的紧张与对立。这样的家访，学生害怕，家长反感，教师徒费心力得不偿失。[1]

（二）教师的社会形象

良好的社会形象是教师社会伦理的重要组成部分。教师的社会形象是教师的公众形象，是教师在社会公共场合所展现出来的知识水平、道德修养、人格气质、思维及行为方式的综合体。教师的社会形象关涉社会公众对教师职业的总体印象和综合评价，关涉教育事业的感召力和凝聚力，关涉育人环境的优劣，关涉教师自身的威信和声誉。教师的社会形象与青少年的健康成长密切相关，在一定意义上甚至是社会文明、民族形象的重要标志。

---

1 家访有哪些禁忌[EB/OL].（2007-10-25）. http://www.rsedu.com/jky/show.php?itemid=2592

为了维护教师良好的社会形象，教师应特别注意以下几个方面。

1. 平等友善

在教师与学生家长的沟通交流过程中，有一种现象需要共同警惕：虚张声势乱“训家长”，即在学生家长面前摆出一副咄咄逼人的架势，说话时也是使用“训人”式的口吻。这是一种有些让人觉得“恐怖”又无奈的教师形象。我们不难发现身边有这么一部分教师，他们已经习惯把教训人的口吻迁移到与学生家长的交流过程中。一旦学生犯了错，就把家长叫来，家长、学生一起训，没有注意到自己的社会形象，“训话”的口吻尖酸刻薄、毫不留情。和学生家长不能用平等的心态去沟通，慢慢会在家长心里积累仇视情绪，这种情绪越积越多，将严重影响学生家长对教师素养及教师形象的评价。

一位网友在自己的博客空间倾诉了自己作为学生家长被儿子的老师训斥后的心情，这位教师留给学生家长们的社会形象从中可见一斑。

昨天儿子忘了默课文的作业
今天在学校默的结果就可想而知了
老师一个电话打来
把儿子说得一无是处
什么成绩这么差
什么做事这么慢
什么功课跟不上
什么以后怎么办
……
接着就是责怪家长
你们要抓一抓了
你们要管一管了
……
上班时间
本来就让工作搞得晕头转向
接这么一个电话
真是闹心
老师训家长
开口不留情
整个一个训孙子
老师你是否想过

你训的人也许可以做你的老师
老师你是否想过
你否定的人是人家的一个宝
老师你是否想过
你的这种方式让人怀疑你的素养
老师你是否想过
如果什么教育都是家长做
要你干吗[1]

2. 清正廉洁

教师职业的崇高，首先表征为清正廉洁，无私奉献。“三尺讲台，两袖清风”“燃烧自己，照亮别人”“捧着一颗心来，不带半根草去”曾经是教师崇高形象的写照。在市场经济条件下，做一名清正廉洁的教师，具有更为重要的时代意义。教师在追求自身合法权益的同时，至少要守住“取之有道”的原则。教师的精神人格一旦破产，就会面临教育与社会的双重道德危机。

过去，社会上存在部分教师收受学生家长财物和宴请的不当行为，影响了教师的社会声誉，对社会风气造成了不好的影响。近年来，各地学校及教师加大了对不正之风的自觉抵制，加之教育部颁布的《严禁教师违规收受学生及家长礼品礼金等行为的规定》（教监〔2014〕4号）和《严禁中小学校和在职中小学教师有偿补课的规定》（教师〔2015〕5号）等，教师群体的社会形象有了明显改善。

古人云:“不受曰廉，不污曰洁。”廉洁是为人的根本，是中国传统道德的基本规范。教师作为人类文明的传播者，担负培育下一代的艰巨任务，更应当为真为善为美，以廉洁立世，铸就高尚师魂。

廉洁是教师职业道德的本质要求。“天地君亲师”，体现了中国人尊师重教的传统。教师之所以受人尊重，是因为他是人类文明的传播者，是因为他的职业是神圣的，担负着培育下一代的艰巨任务，是因为他是人师，是人之楷模。“学为人师，行为世范。”教师道德情操不只对学生具有潜移默化的渗透感染和陶冶作用，更是人们学习敬仰的典范。因此，社会期望教师具有比其他行业更高的道德情操，在社会公德、职业道德以及家庭美德等方面，都要求教师能做出表率。不廉洁，贪欲多，就很难为人师表。教师清正廉洁是从教的一个重要的条件，是教师“育人”的品德基础，它要求教师对自己的职业秉持一种神圣的感情和执着的

1 教师训家长[EB/OL].（2008-04-23）. http://blog.sina.com.cn/s/blog_4bfc2ff801009eux.html

献身精神，爱岗敬业，乐于奉献。在面临社会各种诱惑时，严格约束自己，在工作中做到廉洁从教，抵制不良风气。

如今，廉洁文化进校园已经开展了一段时间，反躬自省，我是人民教师，做的是教书育人的事情，作为人类灵魂工程师的教师，无论面对怎样迷离的尘世，我们都应始终坚持一面廉洁的大旗！"学高为师，身正为范"，在当前形势下，要特别强调"廉洁从教"，我们每位老师都要遵守职业道德，坚守高尚情操。

现代伟大的人民教育家陶行知先生一生以"爱满天下"为座右铭，正是为了祖国未来无数的"瓦特""牛顿""爱迪生"，教师将满腔的爱尽情赋予了学生。论财产教师清贫，论精神教师却富有，我们拥有无数学生对我们爱的回报。

回顾自己大半生的教师生涯，在这个清贫的教师岗位上，支撑我今天还站在讲台"传道授业解惑"的早已经不是最初的梦想。在这朴实乡村里，是孩子们一声声深情的问候，一句句暖心的祝福，一张张真情的贺卡，一双双渴望的眼陪伴着我走到了现在。这是我最丰裕的回报，是我一生执着的动力，也是为人师者最骄傲的收获。是的，我们平凡，但我们在这平凡的岗位上创造着民族的奇迹。我们用一双平凡的手、用一把沙哑的嗓子改造着世界的灵魂，挑起世界前进的梦想。我们用我们的价值观影响着一代又一代的人。我们是用心在打造一个清廉的形象。回想自己三十几年的教书生涯，记不清有多少次，我推辞了家长的宴请，记不清有多少次，我拒绝了家长赠送的礼物，为的是自己站立三尺讲台的内心坦荡和从教的问心无愧！

亲爱的同行朋友们，只要我们坚守教师的廉洁戒律，弘扬教育的正气力量，定能在三尺讲台上开出属于我们的绚丽花朵！[1]

3. 爱岗敬业

爱岗敬业是树立教师良好形象的重要根基。

首先，教师热爱自己的工作岗位，意味着对教师职业的内在价值认同，蕴含着关心学生、关怀社会的教师角色伦理。在此基础上，敬业则侧重于教师职业的"志业"维度，侧重对教师职业价值的内在虔敬，能够帮助教师在内心深处建构价值根性，从而为建构教师的良好形象提供价值依据。

其次，教师的爱岗敬业不仅体现在日常的教育教学工作之中，也体现在对学生终身发展的关注和对教育事业的长期投入之中。教师应始终保持对教育事业的热情和责任感，为培养有社会责任感和创新能力的时代新人而持续奋斗。

最后，教师的爱岗敬业要求教师不断提升自身的专业素养，持续提高自己的教育教学能

1　教师廉政故事 [EB/OL].（2023-03-01）. https://www.bjyld.com/news/487704/（在引用时略有改动，特此说明）

力。基于此，履行好自己的教育教学职责，关注学生的个体差异和成长需求，关爱和理解每一位学生。与此同时，教师还应注重家校合作，与家长和社会保持密切联系，与家长积极沟通，开展形式多样的教育合作。

2003年，朱老师从黔西南民族师范高等专科学校毕业，随后又利用三年寒暑假的时间从贵州师范大学读完函授本科。他是海子乡海子中学的一名普通英语教师，参加工作已经近11个年头，一直坚守在自己的教学岗位上，曾担任过毕业班英语教育教学工作数年，并兼英语教研组组长，各项工作成绩都很突出，为海子中学教育教学质量的提高和教育事业的发展做出了贡献，赢得了学校和社会的一致好评。

一、教书育人，无私奉献

朱老师将自己的心血无私地奉献给了自己深爱的教育事业，家与学校是他两点一线的生活轨迹。在他的日历中没有“节假日”“双休日”，他将自己的大量时间留给了学生。

二、教法独特，技术精湛

朱老师在教育教学过程中，潜心研究教育教学理论，不断探索创新，积累了丰富的教学经验，逐步形成了新颖、自主、独特的教学风格。在当前全面推进素质教育改革中，依据新课程、新理念，注重培养学生的创新精神和实践能力。在教学过程中，朱老师不要求学生去死记硬背简单的单词和语法知识，而是注重学法指导，重视解题思路分析，积极创设问题的情景，进行探究性教学，启发学生从不同角度去思考问题，从而锻炼了学生的思维能力，提高了学生发现问题、解决问题的能力。教学中他一贯遵循“因材施教”的教学原则，进行分类推进、逐层提高教学，采用有效的教学方法，既让优生“吃得饱”，又使学生消化得了。历年来，朱老师都出色地完成了各项教学任务，教学成绩显著。

三、有事业心和责任心

朱老师热爱教育事业，努力提高教学质量，千方百计地改进教学工作，努力提高学生的知识水平和培养学生分析和解决问题的能力。对教学研究有兴趣，不断总结教学经验，一丝不苟地完成每一项教学工作，努力提高自己的教学艺术水平，力争精益求精。在课堂中进行高效课堂实践和探索，取得了良好的效果。能为学生在知识、思想上排忧解难。始终坚持对学生进行素质教育，减轻学生的负担，每一节课的练习、作业都精挑细选，力争让学生在轻松、愉快的氛围中学习英语。随着教改的发展，他不断学习新的教育教学理论，更新自己教育教学理念并应用在实际教育教学当中。

朱老师任劳任怨，服从学校的工作安排，从2006开始至今担任九年级毕业班的英语教学，勇挑重担，承担了七、八年级英语教学任务，并配合班主任做好学生的教育管理工作。所任教班级的英语成绩显著，培优转差工作成效显著。他的教学水平和课堂教学效果，受到学生及家长的普遍赞扬。同时，他还兼任海子中学英语教研组组长，尽心尽力搞好英语教研组的业务检查，帮助英语教师提高业务水平，做好对新教师的帮扶工作，采用以老带新等方法来帮助新教师，想尽一切办法来提高学校的英语教育教学成绩和教育教学水平。[1]

4. 表里如一

校外授课的类型很多，如外单位邀请讲学、为社会团体做公益讲座、有学生家长参与的公开课、网上视频公开课等。对于普通的中小学教师而言，这样的机会并不多见，但对于某些骨干教师、模范教师、优秀教师、一线教育专家而言，巡回演讲或授课乃是其工作内容的重要组成部分。

教师在遇到外出授课的机会时，首先要注意的原则就是要维护好自己的社会形象，避免浮夸吹嘘自己的成就，避免华而不实的**表演课**，避免把讲台变成走秀台。实际上，教师外出授课时不仅仅代表的是自己的单位形象和自己的素养水平，更影响整个社会对教师形象的评价。例如，如果某大学教授在网络上发表了很标新立异、很另类的博客文章，在引起轩然大波的同时，大家往往记得的是“大学教授们竟然是这样认为的”，一个人的言行却败坏了整个行业的名声。还有，一些教师外出授课时，为了宣扬自己的教学水平和理论功底，讲课之前或结束之时大肆宣扬自己的成果，甚至将授课现场变成“签名售书会”。在授课时一些“教育家”带有明显的表演痕迹，矫揉造作，华而不实。实际上，这样的做法，不仅仅为业内的专业人员所不齿，即使是非专业人员听了这样的“作秀课”，也会有华而不实的不舒服感。

《百家讲坛》的主讲人之一赵林，日前在其新书签售会上炮轰《百家讲坛》，并称其为“故事会”。

现为武汉大学哲学学院教授的赵林，曾参与过《百家讲坛》四期节目制作。“我刚刚参加《百家讲坛》录制时，主讲专家可以自由选择题目，但改版后变成了命题作文，而且非常强调故事性，节目组要求主讲人在讲座中加入大量故事。但我认为，学术和故事有时不能兼顾，因此原来签订了四个讲座合同，只完成了两个后我就离开了。”他尖锐地指出，《百家讲坛》现在是作秀的讲座，我更习惯于回到校园面对学生讲座！[2]

（三）教师的社会责任

教师之责

教师被人们称为“**社会的良心**”。这就意味着社会实际上对教师履行社会责任有较高的期待。要很好地承担**社会责任**，教师伦理建设应当特别关注以下几个方面。

1　教师爱岗敬业事迹范文[EB/OL].（2022-08-25）. https://www.ruiwen.com/word/jiaoshiaigangjingyeshijifanwen.html（在引用时略有改动，特此说明）

2　王嘉. 拒绝讲坛秀赵林弃“百家”出书作宣传，炮轰《百家讲坛》作秀惹争议. 大河报，2006-11-22

1. 责任意识的内蕴与外显

责任是一种职责和任务，带有强制性，包含两层含义：一是指分内应做的事，如职责、尽责任、岗位责任等；二是指没做好分内之事时应承担的后果。所谓责任意识，就是清楚地知道自己需要担当什么样的职责，需要尽到什么样的义务，并自觉、认真地履行这些职责和义务，并通过责任意识转化到实际的社会行动中去的心理特征。责任意识的成熟是人格成熟的重要标志，懂得承担责任并且有能力承担责任的人是可以委以重任的人，也是值得信赖的人。北宋理学家张载的“为天地立心，为生民立命，为往圣继绝学，为万世开太平”，弘扬的是“国家兴亡，匹夫有责”的社会责任感。如果每个社会成员都能够爱岗敬业、各尽其责、各司其职，社会就会有序、和谐地运转。

教育家语录

教师得先肯负责，才能谈到循循善诱、师生合作。

——叶圣陶，《国文教学序》

（1）教师应该具备高度的**社会责任感**，热爱祖国、热爱社会，而不是整日里抓住社会的阴暗面不放，只知道埋怨社会，而不懂得对社会的发展进步提出具有建设性的意见并采取实际行动。教师是社会进步的阶梯，而非社会拆台者，是社会进步的推动者而非阻碍者。作为知识分子，教师当然可以批评社会的不良风气，但首先要保证自己一身正气，努力培养好自己教的每一个学生，关注并积极帮助他们多为社会做出实质性的贡献。教师扮演的是“小太阳”的角色，是正能量的涵养者与辐射者。

（2）教师还应该具备“热心公益，服务社会”的**奉献意识**。教师职业并非局限在校门之内的职业，而是一种社会职业。教师在自己的日常生活中必须具有公益意识、公民意识、奉献意识。教师个体一旦进入教师职业角色，他就不再仅仅是私人意义上的他自己，同时也是具备公共性的社会公民角色，必须承担教师职业对于其他社会群体应承担的社会责任。教师应该具有强烈的公民责任意识和服务奉献意识，在恰当的时机，走出校门，投身公益、服务社会是当代教师应承担的社会职责。

香港教育专业守则摘录

（香港教育工作者专业守则筹备委员会1990年10月公布）

教师对公众的义务

1．应尊重法律及社会接受的行为准则。

2．应与公众合作，共同了解学生目前及未来的教育需要。
3．应以身作则履行公民的义务。
4．应积极支持及推广公民教育。
5．应关注社区建设及参与社区活动。
6．应注意时事，关心社会问题，并致力于维护良好的社会风气。
7．当公众意见分歧时，应教导学生尊重不同的立场和观点。
8．应把尊重人权的教育视为要务。
9．应致力于培养学生自由、和平、平等、理性、民主等意识。

（3）教师还应该具备社会良心的警醒功能。在面对社会不良风气时，教师要敢于站出来与之作斗争，做社会良心的守护者和代言人。教师应该具备道德引领意识，在社会公共生活空间，注重从公德的角度去影响周围的人、去为人处事，努力使自己成为社会道德的领跑者、良好社会风气的引领者。

2. 关心学生对社会的实质性贡献

把每个孩子都看成自己的孩子，对每个孩子都负起责任，就是对社会负责任。责任意识并非假大空的口头承诺、空头支票，而是脚踏实地地敬业奉献，教书育人。这就要求教师在日常的教育教学工作中，有意识地培育学生脚踏实地的实干精神，以自己的务实精神影响学生的务实精神。

在学校教育教学工作中、在走出校门的家访过程中、在为学生辅导课外功课的过程中，教师都应该常常思考这样一个问题：自己的教学方法、辅导方法、育人方法、教育内容设计等是否能够真正促进学生的自由、全面和长期发展。一些教师只是按照教学大纲教学，甚至照本宣科也无所谓，这是典型的无社会责任意识的表现。这类教师往往不会意识到自己的教学方式可能会对学生的整体发展十分不利，没有意识到自己的“劳动产品”日后可能也会带上自己消极怠工、不负责任的痕迹走到社会的某个岗位上去。

在学校教育工作之外，特别是在学生毕业之后，许多教师就从此与自己的学生不再联系，不关心自己学生日后在社会生活中的贡献如何。事实上，教师是一种“站在人类摇篮边”的工作，如果教师能够清晰地意识到自己的工作与一个个学生的社会责任承担联系在一起，那么，教师的社会角色责任就得到了最优发挥。

3. 热心公益，服务社会

公益即公共的利益，其实质是在社会财富再分配的基础之上凸显社会服务的道德价值。适合教师参与的社会公益活动主要是那些通过自己所掌握的教育专业知识、技能、素养可以完成的活动形式。

就公益服务形式而言，教师一般可参与的社会公益活动有环境保护的宣传与倡议、社会公共知识的创造与传播、某些形式的社会救援（例如，汶川大地震发生后心理学教师志愿者团队赴灾区进行心理援助）、青少年服务、专业服务（大学教师更有利于凸显其自身的专业性）、文化艺术活动、国际交流与合作等。

从公益服务的表面形式来看，教师是在具体某种类型的公益活动中，为社会公益事业做出了特定类型的贡献，如为汶川大地震受灾群众提供了特定类型、特定群体的心理咨询、辅导、援助服务，为社会解决了特定类型的困难和问题。但就公益服务的深层价值结构来看，教师从事社会公益活动，能够借助自己的专业素养向全社会传递出价值关怀的道德色彩。教师是社会道德的典型代表，教师所参与的公益活动能够很好地传达出社会组织、政府机构服务社会、关注民生的道德信心和公益能力。

思想家语录

你要欣赏自己的价值，就得给世界增加价值。

——歌德

心走四川

——武汉大学哲学学院赴灾区心理援助团队报告卷首语

2008年中国四川汶川“5·12”特大地震刻写了中国历史上自然与人类新的博弈史篇。地震“洗劫”了人类家园，同时也冲击了人们“封闭”的心理和对生命的敬畏情怀，对于任何人来说，此事不得不成为一次心灵的大洗礼和思想的大课堂！

带着对灾区人民的深情厚谊，带着对心理学发展的谆谆诺言，带着对社会道义的拳拳担当，带着对人类生命的无限敬意……我们——武汉大学哲学学院心理学师生11人——组建了赴绵阳心理援助团队，在灾区绵阳进行了为期近10天的心理援助实践活动并取得了丰硕成果。

本次心理援助，我们的宗旨是运用心理学专业知识，发扬无私奉献精神和助人自助专业精神，力所能及且最大限度地对震灾区人民进行心理援助和心灵重建。在实践的前期准备、实践过程和实践总结阶段，团队成员在领队老师的带领下以《赴绵阳心理援助武大志愿团队规则》严格要求自己，互相关心、互相帮助，充分实现了知识准备、心理准备和身体准备；在克服灾区资源缺乏的情况下，努力积极运用所学心理科学知识通过心理健康排查、心理游戏沙龙和心理课堂等多种方式帮助灾区人民进行心理重建。同时，队员们积极与来自世界各地的志愿者进行有效交流和沟通并在工作中密切配合，获得了珍贵的友谊。灾区也是生动的生命教育大课堂，四川灾区人民的乐观精神和积极投身家园重建的行动无时无刻不感染着队员们，社会的多样性与差异性深刻地洗涤了身在“象牙塔”的队员们。这对于队员们提高本领、立志投身社会服务的实践价值观和与人为善、团结合作的价值观的树立具有重大的意义。这也恰恰响应了胡总书记对大学生提出的“积极参与社会实践，向人民群众学习，磨炼意志，增长才干，切实提高创造能力和创业能力，为今后走上社会、成就事业打下坚实基础”的号召。

此次四川之行，我们在帮助他人的同时，也在接受洗礼、也在成长。而现在，我们将此次实践活动的点点滴滴用朴素、生动、温情的文字和图片整理出来，希望能够让更多的人一起来分享和体悟。这对于武汉大学心理学系的我们来说，是一笔宝贵的财富，我们将细细品味、缜密思考和踏实总结，也将永远珍藏！[1]

4. 责任担当，道德引领

毋庸置疑，教师是社会良心的重要代表群体，故教师职业群体必须具备必要的社会责任担当，敢担当、能担当、肯担当。而且，教师群体必须是社会良好风气的引领者，敢于引领新风尚，为人们追求更高的精神境界出谋划策并身体力行。在遇到社会丑恶现象时，教师则应当挺身而出，与邪恶做坚定的斗争。

但是，教师在做社会公益、在公开场合发表言论、在网络世界评头论足之时，一定要警惕这样一种不良倾向：基本立场就是为反对而反对，一味跟社会唱反调，而不论是非曲直；基本素材多为故意捏造、剪辑的一些历史阴暗面、政治人物的丑闻等，完全罔顾事实与真相。如此貌似为公共、公众呐喊，实为煽动、蛊惑，唯恐天下不乱。这样的社会价值引领方式要不得。针砭时弊，理应立足于事实与真相，建立在促进社会进步、为社会进步建言献策的基础之上。

思想家语录

同心是一种友好的表示，所以同心并不是意见相同。因为互不认识的人之间也可以意见相同。它也不是对某件事情的共同认识上的同心，譬如，对天体的认识（因为在这类事情上的同意，并不是什么友好）。这里所说的，是在公民事务上的同心，他们的利益一致，选择相同，并为共同决定而尽力。

——亚里士多德，《尼各马科伦理学》

实际上，教师的社会伦理与社会责任担当是一种“大和小”的综合体：言其大，是指教育的责任比天大，为社会教育理想贡献青春的理想之宏大；言其小，是指脚踏实地，从身边的小事做起，做每一件事都对得起自己的良心，对得起自己的学生、爱人、朋友，学会慎独。教师的社会责任担当与道德价值引领，乃是一个以“修身”为起点和归宿，由修身、齐家、爱社会三大要素相互促进、相辅相成的职业伦理统一体。

1　心走四川——武汉大学哲学学院赴灾区心理援助团队报告[EB/OL].（2014-07-09）. http://wenku.baidu.com/view/0d6eedd258f5f61 fb736669c.html

教师的责任与担当

杭州启正中学　薛利君

早在中学时代，范仲淹《岳阳楼记》中脍炙人口的名句“先天下之忧而忧，后天下之乐而乐”就让我感慨万千。自古以来，有多少以天下为己任的有志之士在它的鼓舞下，为祖国的领土完整和繁荣富强、为拯救人民的疾苦而浴血奋斗，甚至为国捐躯。长大以后，我选择了教师这一职业，“先学生之忧而忧，后学生之乐而乐”成为自己的座右铭。它时时刻刻鞭策着我、激励着我：教师的责任与担当大于天。

诚然，教师的职业是普通的，但也是崇高的。当“春蚕”“红烛”“园丁”“人梯”等各种赞誉接踵而至，作为教师，你可曾细细思量：我的所作所为，是否担得起这样的赞扬呢？十年树木，百年树人。教师的工作是“树人”工程，虽功在千秋，却难以取得立竿见影的收效。这就要求教师必须具有“捧着一颗心来，不带半根草去”的高尚品质，特别是在当今体制转轨，各种利益调整、碰撞的改革形势下，更需要以爱岗敬业、无私奉献为基础的职业道德操守。其实，在我们校园里，有多少默默无闻、辛勤耕耘的教师。清晨，是谁在繁星中走出家门？白天，又是谁带病坚守在三尺讲台上？深夜，还有谁在办公室不停地批改作业？细数窗前的落叶，每天，我都被周围琐碎的小事感动着，“先学生之忧而忧，后学生之乐而乐”是教师们对责任与担当的完美诠释。

我在担任班主任期间，每个学期都准备了一本厚厚的笔记本，专门记录班级学生的各类情况。多数学生占用1~2页，对每个学困生则预留了8~10页，集中精力关注他们。正因为日常点点滴滴的积累，才能及时发现问题，想办法解决问题，依据不同学生的特点，不同的“病因”采取多种形式的“疗法”，寻找适当时机给予教育，发掘他们的闪光点，给予他们一个平等发展的机会。作为班主任，我总是和语文老师一起认真阅读学生们的周记，慎重对待其中的每一句话，在每一篇周记的最后写下教师感想或评语，与学生分享成长的欢乐与忧愁。相信无论寥寥数语的赞扬，还是长篇大论的安慰，总能激起学生们心海里的层层浪花。作为教师，我在平时的教学中十分关注学生的发展。马克思有句名言：“一种美好的心情要比十服良药更能解除生理和病理上的痛苦。”不少成绩平平的学生从小学起就被教师冷落，而来自教师的表扬则是一件难得的“奢侈品”，许多初中学生还存在为教师学习的心理。我所任教的历史与社会学科没有中考分数的压力，因此我努力上好每一节课，让学生们在生动活泼的气氛中获得知识、放松心情。此外，我还带领学生开展研究性学习活动，开阔学生的视野，培养学生关注现实问题，勇于承担社会责任的使命感。多年的实践证明，我的辛勤工作总是换来丰厚的回报，所带班级多次被评为先进班级，学生们喜欢上我的课，师生关系融洽。我无愧于教书育人的重大责任。

17年的教学生涯弹指一挥间，如今回想，我早已深深地爱上教师这个职业。“先学生之忧而忧，后学生之乐而乐”，作为教师的责任与担当已经融入自己的血液，成为我身心的一部分。只要我一走进教室，看到刻苦学习的学生，所有烦恼、忧虑都能散去，我的心一片澄净；只要站上讲台，一切的生活琐事都已不再属于自己，我的精神遨游于知识的天地；只要和学生在一起，我的生活充满欢声笑语，我的心永远年轻美丽。生活中无论遇到什么打击，遭遇什么挫折，只要有学生在，我便能从他们的信任中滋生不灭的勇气。我爱我的学生，我爱我的讲台，学生和讲台就是我的责任与担当，在这里我找到了自己生命的价值和事业的意义。

第三节 社会伦理的实践策略

新时期教师职业道德的基本要求

学习目标

了解教师社会伦理的实践策略。

一、增强教师的社会责任意识

教师社会伦理的核心在于其社会责任意识及其社会服务能力。如果一位教师始终只是把“两耳不闻窗外事，一心只读圣贤书”作为座右铭，那么，在当今这样一个高度关联、高度信息化的时代，做一个合格的人民教师是很难的。教师职业除了教学、科研之外，还承担着社会交往、关心社会公益、服务社会群体的社会责任。教师职业首先是个社会角色，公共属性是其重要的职业属性。

所以，无论是教育主管部门、学校管理机构，还是教师自身，都应该具备清晰的社会责任意识，在自己具体的工作岗位上，爱岗敬业，团结协作。例如，学校可以利用例会的形式，组织在社会服务方面比较优秀的教师与大家分享自己在社会服务方面的经验和心得体会，并在年度评优活动中适当倾斜。这样一来，就会使大多数缺乏社会服务意识的“书斋式”的教师们换换头脑，有切实可学习的榜样，从而使教师的社会责任意识及相应的社会服务能力在实践工作中得以提升。

二、建立实质性的“家校合作”制度

“家校合作”是教师社会伦理的主要阵地，是教师走向社会、服务社会的重要渠道，也是社会感知教师形象、评价教师素养的重要窗口。因此，促使家校合作常态化、规范化、制度化、可操作化，乃是提升教师社会服务意识和能力的重要途径。而且，在此过程中，必须力求保证家校合作制度的实质性。所谓实质性，乃是指家校合作过程切实能够起到实效，促使双方真正走入彼此心灵、相互理解、相互尊重、互通有无、以诚相待。例如，学校规定每两个月召开一次家长会。从制度设计层面来看，两个月的周期是较为合理的，许多班主任也会从形式上不折不扣地执行。但是，学校要通过更多的途径让教师明白：家长会的实质是什么？什么才是好的家长会？如何在不召开家长会的时间内处理好与家长的关系？这样就要求学校专门组织教师针对家长会的科研活动、评比活动，让教师在实践中逐渐体悟家长会不是家校合作的外显形式，而是实质性的价值理解与沟通。领悟了这个真谛，至于是两个月还是一个月一次家长会的制度周期，是可以根据具体情况加以调整的。只要教师能够做好与家长之间价值层面的互信与理解，家长会的制度周期也就不会再成为教师疲于应付的外在负担。

三、培育教师的社会印象管理策略

教师的**社会印象管理**是指在教育教学中及社会服务过程中，教师通过向学生、向学生家长、向社会团体投射某些信息来影响学生及社会对自己态度与看法的一种行为。教师的印象管理策略有助于教师及时反思与调控自己的教育教学行为，以达到社会角色的期望。教师印象管理主要包括内修炼与外整饰两个部分，教师可通过自我表现、自我教育、学生反馈效应、消极印象修复等策略进行自身印象管理。[1]

本章已经谈过内修炼（如内在的精神形象的涵养、慎独）以及外整饰（如衣着规范、仪容规范）等，此处着重强调一下消极社会印象的修复策略。实际上，“人非圣贤，孰能无过”，教师在社会交往过程中要善于反思自己的缺陷及不足，以他人作为观照自己的社会印象的一面镜子，读懂他人，就是读懂了自己。当出现消极情况时，教师也无须一味开脱，或故意掩饰，这样反而显得不真诚，不负责任。教师可通过道歉、说明和补偿性自我呈现三种具体策略来修复消极的社会印象。道歉的方式是指当教师的过错行为伤害了学生或他人时，教师要真诚地道歉，负起自己应负的责任，并对自己的行为表示真诚的自责和悔恨，以期获得谅解；说明的方式是教师对非期望、不可接受和不满意的行为进行合理的、有效的辩解，使过失言行尽可能合理化或者弱化，以最大限度地消除不良影响；**补偿性自我呈现**是指当教师懊悔造成消极印象后，通过展示自己其他方面积极的特征来弥补这种消极的印象。教师对自己消极印象的修复，体现出对他人人格的尊重，体现出教师人性的真实，更能赢得社会的尊重与好评。[2]

1　冉玉霞. 教师印象管理：内涵、结构与策略. 教育科学，2009,（1）：62-66

2　冉玉霞. 教师印象管理：内涵、结构与策略. 教育科学，2009,（1）：62-66

四、修养教师良心与完善社会监督

良心是指主体对自身道德责任和道德义务的一种自觉意识和情感体验，以及以此为基础而形成的对道德自我、道德活动进行评价与调控的心理机制。良心在社会生活中呈现为不同的层次或类型：一般良心、个人良心、职业良心。一般良心是指良心中最一般、最基础、最普遍的内容。个人良心是指个体基于其自身具体的道德生活在道德认知、情感等方面的不同体悟而形成的带有个体特质的良心内容。职业良心是主体对职业生活中道德义务、责任的认知和情感上的自觉。良心起作用的方式有直觉和理智两种类型。

就教师的社会伦理而言，长期关注内在的良心修养可以促使直觉型良心作用机制的产生。当教师在社会情境中面临某种道德情境时，这种直觉型的良心作用机制会促使教师以不假思索的方式完成道德判断与决定，以莫名其妙的不安或突如其来的使命感、荣誉感的方式使人迅速做出道德抉择。但是，在社会伦理领域，教师的社会良心还需要依赖理智的作用方式：在社会的道德规范与主体欲求、偏好发生矛盾时，良心会“自己与自己打官司”，最终形成道德抉择。[1]

无论是良心的哪种作用机制，都需要与外在的社会监督机制相互配合。配合的关键在于进一步建立健全教师专业的社会伦理规范，向全社会明确教师专业伦理规范的边界，并逐步完善与之相配套的实质性的教师专业奖惩制度及相关的法律法规建设。并以之为抓手，在进一步提高教师待遇的同时建立健全教师资格的退出机制。在此基础上，以制度现代化与人的现代化相结合为着力点，促使教师专业的社会伦理健康、高效、可持续地实现。

个案1：给家长一封短信

班主任在周班会总结前向全班收集了学生各方面进步的材料，除了班会上肯定之外，还以班委的名义给家长发了短信。其中一个学生成绩一直不好，但是在解答一个数学题的时候，向老师谈了该题的四种思路，老师和班委会学生在讨论短信时，一个班委提议这样写：“尊敬的家长：您的孩子在解答一道数学题时，给出了四种方法，全体老师和学生都认为她将来就是个数学家或者有数学专长的工程师。”

反馈：这个孩子不仅对数学产生了浓厚的兴趣，而且其他学科也有不同的进步，学习方面逐渐走向自觉，行为方面也面目全新。

个案2：给家长一点帮助

一个学生在家里很没有礼貌，对爷爷、奶奶、父母都不尊重，常常出言不逊，有次还骂

1 檀传宝. 教师伦理学专题——教育伦理范畴研究. 北京：北京师范大学出版社，2010：116-123

了爷爷。班主任知道后，做了家访。在家里，班主任要孩子给爷爷赔礼道歉，并定了几条尊重长辈的规矩。孩子因为很怕失去班主任的信任，勉强接受了。几次跟踪家访之后，班主任主动请这个学生在班上谈尊敬家长的问题，孩子有些害羞，但还是说得很有道理。

反馈：家里反映，这个孩子在家里慢慢改变了，变得对老人有礼貌了。

个案3：给家长一份信心

一个学生属于“双差”，家长每每见到老师就没有精神，好像已经失去了教育的信心。班主任苦思了很久，有天放学时，给大家布置了一个任务：找这个学生的优点。第二天收集起来，还真是不少。于是班主任把家长请到学校，在班上花了十分钟，让同学们给这个学生找优点。

反馈：学生自己感动得眼泪在眼眶里打转，家长也说：“从来就没有想到自己的孩子还有这么多的优点。”这个学生后来反省了自己，在班上请同学们给自己找毛病，也找了一大堆。这个学生在反省中这样写道：“我从来就不知道同学们还这样看得起我，我决心一点一点地改，我要对得起同学们对我的信任。”

资料来源：数学教育教学资源中心，2006-10-07

本章小结

1. 社会伦理的内涵	教师在学校之外的其他社会场域与人交往时所遵循的伦理规范及道德精神、所呈现的社会形象及所应承担的社会责任
2. 社会伦理的基本特征及基本原则	● 社会伦理的基本特征 ➤ 共在性 ➤ 隐蔽性 ➤ 广延性 ● 社会伦理的基本原则 ➤ 社会责任与自我修养相统一 ➤ 外在形象与内在精神相统一 ➤ 严格自律与自我关怀相统一
3. 社会伦理的主要内容	● 家校关系 ➤ 处理好自己的家庭关系 ➤ 建立与学生家长之间平等合作的伦理关系 ➤ 家长会不应对学生造成心灵伤害 ➤ 坚持道德合宜的家访工作 ● 教师的社会形象 ➤ 平等友善 ➤ 清正廉洁 ➤ 爱岗敬业 ➤ 表里如一

续表

3. 社会伦理的主要内容	● 教师的社会责任 ➢ 责任意识的内蕴与外显 ➢ 关心学生对社会的实质性贡献 ➢ 热心公益，服务社会 ➢ 责任担当，道德引领
4. 社会伦理的实践策略	● 增强教师的社会责任意识 ● 建立实质性的“家校合作”制度 ● 培育教师的社会印象管理策略 ● 修养教师良心与完善社会监督

总结 >

关键术语

社会伦理	社会形象	社会责任
social ethics	social image	social responsibility

章节链接

本章内容中关于社会伦理的内涵、基本特征、基本原则、实践策略的阐释是对第一部分第一章中“教师职业道德的内涵与特性”、第一部分第二章“教师职业道德的基本范畴”的进一步深化和具体化，两者之间有着紧密的联系。

应用 >

批判性思考

1. 教师节前夕，班上有位家长专门来家里拜访您，走时嘱托您好好照顾儿子，并执意留下某商场1000元的购物券。在没有其他任何人在场的情况下，您会怎样处理这种情况呢？不用说出答案，在心中默默问自己。

2. 在社会公共生活中，您除了关注自己的个人卫生、注意自己的个人形象之外，是否还会主动地维护社会公共场合的卫生呢？无论是在路上、公园、校园，还是在办公室、教室、集体宿舍等公共场所，您是否做到了不随地吐痰、不随意扔果皮纸屑？是否做到了不乱倒垃圾、不乱泼脏水污水？是否做到了不在公共场合抽烟？是否积极参加校园、街道、社区的卫生活动呢？

体验练习

以下这些测试题有利于您了解社会交往过程所应遵循的伦理规范，请从A、B、C三个选项中选出您认为最合适的选项。

1．在社会交往中，您认为下列哪种语言表达方式是不合适的？（　　）

A．您认为如何？　　B．知道吗你？　　C．您觉得怎么样呢？

2．您一般通过哪种方式参与社会服务？（　　）

A．参与社区舆论宣传　　B．公益讲座　　C．志愿者服务或其他

3．您主要通过什么方式与学生家长联系？（　　）

A．电话或邮件　　B．家访　　C．网络或其他

案例研究

58岁的陆永康是贵州省黔南布依族苗族自治州三都水族自治县羊福民族学校的教师。他出生仅9个月时，因小儿麻痹症导致双膝盖以下肌肉萎缩。别人学走，他学跪。20岁那年，他成为一名小学民办教师，从此开始漫长的跪着教书的生涯。36年来，陆永康日复一日地跪在讲台上传道授业；年复一年跪着前行在山间道路上，走村串寨，做家访。

为了让适龄儿童都上学，他把全村所有适龄儿童的家庭都走到了。他对学生和学生家长说："我虽然站不起来，但我有水平，有信心，也有耐心，能教好。像我这样的人都没有放弃，你们更不应该放弃。"他一次一次地去他们家里劝，一趟一趟地爬，很快就劝回了30多个学生。坎高的地方，他先把手上用来支地的两个小木凳放上去，但那样石头特别容易刮伤膝盖，一刮就是几条大口子。但他也不能让鞋子掉下去，掉下去就会滚很远。他试着将木头挖成膝盖的形状，再用篮球皮或者汽车外胎做鞋帮。这样一双鞋有四五斤重，但能用两年左右。陆永康每次家访回来后，第一个动作就是把上衣脱下来拧，一拧，汗水就一股股地往下流。有时拧出来的水特别多，那肯定是路上淋了雨，要不就是又掉到水里了。

资料来源：张国圣，等．"我活着的意义就是教书"．光明日报，2006-03-27；张之江．膝缚"船鞋"的陆老师，跪着教书36年．新华每日电讯，2006-03-24

案例反思：

陆永康虽然跪着教书、跪着家访，但他的社会形象却是高大且高尚的，因为他所塑造的社会形象背后，是他对教育真挚的爱，是作为一名光荣的人民教师所呈现出的社会责任担当。作为外在形象优于陆永康老师的我们，应该如何

提升内在的精神形象和担当应有的社会责任呢？我们应如何从日常的本职工作、普通的社会交往入手来提升自己的社会形象，提升自己的责任担当呢？

教学一线纪事

2007年5月31日，厦门市教育局印发了《厦门市中小学教师家访工作规范》。教师一学期要家访几次？重点家访什么样的学生？家访的时候要说些什么？……这些问题的答案，都可以在文件中找到。

厦门市中小学教师家访工作规范

为进一步加强我市中小学德育工作，密切学校与学生家庭的联系，加强教师与家长的沟通，协同家校教育，形成育人合力，促进学生健康成长，根据《中共中央 国务院关于进一步加强和改进未成年人思想道德建设的若干意见》（中发〔2004〕8号）和《中小学德育工作规程》文件精神，结合我市的实际，现就我市中小学教师家访工作规范如下：

一、各中小学校的领导要重视教师家访工作，把它作为学校的一项重要的工作抓实抓好。校领导要率先垂范，带头做好家访工作，为教师树立榜样。

二、班主任每学期登门家访数量原则上应达到所任教班级学生数的三分之一，做到两年内对全班学生家庭普访一遍。对新接班级应于当年对全班学生家庭普访一遍；对特殊学生的家庭要常访、多访。科任教师也要参与家访工作，每学期要对所教学生登门家访不少于10人次。

三、家访既要面向全体，又要突出重点。要坚持“七个必访”，必访家庭是：班内父母离异的单亲家庭；生活有特殊困难的学生家庭；病残学生家庭；行为偏差的学生家庭；思想、学业上有重大变化的学生家庭；学习困难的学生家庭；外来务工子女家庭等。要建立家访登记制度，记录教师家访简要过程、学生家庭和个人情况以及下步随访建议，以及家长对学校教育的意见和建议等。

四、家访前，教师要精心准备，设计好家访内容，确定家访的目的，明确要解决的问题，事先要与家长取得联系，告知家长家访时间，主动取得支持。

五、家访中，教师要注重宣传教育法律法规，宣传家庭教育观念、教育方法，宣传我市中小学教育改革的政策、规定及做法，宣传我市中小学教育教学改革取得的成绩，通报学校发展情况和学生在校表现情况，了解学生家庭情况，与家长共商提高学生学习能力和养成良好行为习惯的方法措施。家访要以表扬为主，多提学生的优点，多鼓励学生；讲学生缺点，要注意语气，以建议的方式表达。要尊重家长，耐心倾听家长的介绍与意见，做到因人而异，因势利导，切忌训斥学生和家长。

六、家访中，教师要注重自己的言行举止，为人师表，明礼诚信，言出必行，取得学生和家长的信任。坚决杜绝家访中的不正之风，不得接受学生家长的宴请和赠礼，不得托请家长办私事，不得发表有损学校和其他教师形象的言论。

七、教师应正确处理登门家访与电子家访的关系。在建立和实施登门家访、与家长见面沟通的基础上，应根据学校条件和学生家庭实际，充分利用电子邮件、电话、短信、信函等形式与家长保持经常、及时的联系。不得随意一个电话、一张便条或一个口信便请家长到学校。

八、家访工作要建立制度规范。各中小学校要建立学校领导牵头，班主任组织，科任教师参与的全员家访制度。做到学校（班级）每学期有实施家访的方案；家访过程有记录，建立家访档案；期末学校有检查考核，并作为教师评优、评职的重要内容之一。

拓展 >

补充读物

1 檀传宝，等．走向新师德——师德现状与教师专业道德建设研究．北京：北京师范大学出版社，2009.

该书强调教师职业道德向教师专业道德的转换，对师德内涵的理解全面深刻，具有很好的理论创新性及实践引领性。

2 金正昆．教师礼仪概论．北京：北京大学出版社，2007.

该书对教师职业道德礼仪规范的介绍具有代表性，要求注重礼仪规则与礼仪内蕴的统一，对于理解并践行教师的专业伦理具有重要价值。

3 叶澜，等．教师角色与教师发展新探．北京：教育科学出版社，2001.

该书对教师职业的内在伦理价值及新世纪教师的专业形象作了总体概述，是中国基础教育改革研究的重要成果之一，书中所提及的问题值得每一位教育工作者深思。

在线学习资源

1．中国文明网．http://www.wenming.cn/

2．社工中国网．http://www.swchina.org/

第三部分
附录

附录一：

中华人民共和国教育法（节选）
（2021年修正）

第一章 总则

第一条　为了发展教育事业，提高全民族的素质，促进社会主义物质文明和精神文明建设，根据宪法，制定本法。

第二条　在中华人民共和国境内的各级各类教育，适用本法。

第三条　国家坚持中国共产党的领导，坚持以马克思列宁主义、毛泽东思想、邓小平理论、“三个代表”重要思想、科学发展观、习近平新时代中国特色社会主义思想为指导，遵循宪法确定的基本原则，发展社会主义的教育事业。

第四条　教育是社会主义现代化建设的基础，对提高人民综合素质、促进人的全面发展、增强中华民族创新创造活力、实现中华民族伟大复兴具有决定性意义，国家保障教育事业优先发展。

全社会应当关心和支持教育事业的发展。

全社会应当尊重教师。

第五条　教育必须为社会主义现代化建设服务、为人民服务，必须与生产劳动和社会实践相结合，培养德智体美劳全面发展的社会主义建设者和接班人。

第六条　教育应当坚持立德树人，对受教育者加强社会主义核心价值观教育，增强受教育者的社会责任感、创新精神和实践能力。

国家在受教育者中进行爱国主义、集体主义、中国特色社会主义的教育，进行理想、道德、纪律、法治、国防和民族团结的教育。

第七条　教育应当继承和弘扬中华优秀传统文化、革命文化、社会主义先进文化，吸收人类文明发展的一切优秀成果。

第八条　教育活动必须符合国家和社会公共利益。

国家实行教育与宗教相分离。任何组织和个人不得利用宗教进行妨碍国家教育制度的活动。

第九条　中华人民共和国公民有受教育的权利和义务。

公民不分民族、种族、性别、职业、财产状况、宗教信仰等，依法享有平等的受教育机会。

附录二：

中华人民共和国义务教育法（节选）
（2018年修正）

第一章　总则

第三条　义务教育必须贯彻国家的教育方针，实施素质教育，提高教育质量，使适龄儿童、少年在品德、智力、体质等方面全面发展，为培养有理想、有道德、有文化、有纪律的社会主义建设者和接班人奠定基础。

第四条　凡具有中华人民共和国国籍的适龄儿童、少年，不分性别、民族、种族、家庭财产状况、宗教信仰等，依法享有平等接受义务教育的权利，并履行接受义务教育的义务。

第三章　学校

第二十七条　对违反学校管理制度的学生，学校应当予以批评教育，不得开除。

第四章　教师

第二十八条　教师享有法律规定的权利，履行法律规定的义务，应当为人师表，忠诚于人民的教育事业。

全社会应当尊重教师。

第二十九条　教师在教育教学中应当平等对待学生，关注学生的个体差异，因材施教，促进学生的充分发展。

教师应当尊重学生的人格，不得歧视学生，不得对学生实施体罚、变相体罚或者其他侮辱人格尊严的行为，不得侵犯学生合法权益。

第三十条　教师应当取得国家规定的教师资格。

国家建立统一的义务教育教师职务制度。教师职务分为初级职务、中级职务和高级职务。

第三十一条　各级人民政府保障教师工资福利和社会保险待遇，改善教师工作和生活条件；完善农村教师工资经费保障机制。

教师的平均工资水平应当不低于当地公务员的平均工资水平。

特殊教育教师享有特殊岗位补助津贴。在民族地区和边远贫困地区工作的教师享有艰苦贫困地区补助津贴。

第三十二条　县级以上人民政府应当加强教师培养工作，采取措施发展教师教育。

县级人民政府教育行政部门应当均衡配置本行政区域内学校师资力量，组织校长、教师的培训和流动，加强对薄弱学校的建设。

第三十三条　国务院和地方各级人民政府鼓励和支持城市学校教师和高等学校毕业生到农村地区、民族地区从事义务教育工作。

国家鼓励高等学校毕业生以志愿者的方式到农村地区、民族地区缺乏教师的学校任教。县级人民政府教育行政部门依法认定其教师资格，其任教时间计入工龄。

第五章　教育教学

第三十四条　教育教学工作应当符合教育规律和学生身心发展特点，面向全体学生，教书育人，将德育、智育、体育、美育等有机统一在教育教学活动中，注重培养学生独立思考能力、创新能力和实践能力，促进学生全面发展。

第三十五条　国务院教育行政部门根据适龄儿童、少年身心发展的状况和实际情况，确定教学制度、教育教学内容和课程设置，改革考试制度，并改进高级中等学校招生办法，推进实施素质教育。

学校和教师按照确定的教育教学内容和课程设置开展教育教学活动，保证达到国家规定的基本质量要求。

国家鼓励学校和教师采用启发式教育等教育教学方法，提高教育教学质量。

第三十六条　学校应当把德育放在首位，寓德育于教育教学之中，开展与学生年龄相适应的社会实践活动，形成学校、家庭、社会相互配合的思想道德教育体系，促进学生养成良好的思想品德和行为习惯。

第三十七条　学校应当保证学生的课外活动时间，组织开展文化娱乐等课外活动。社会公共文化体育设施应当为学校开展课外活动提供便利。

附录三:

中华人民共和国教师法（节选）
（2009年修订）

第一章　总则

第一条　为了保障教师的合法权益，建设具有良好思想品德修养和业务素质的教师队伍，促进社会主义教育事业的发展，制定本法。

第二条　本法适用于在各级各类学校和其他教育机构中专门从事教育教学工作的教师。

第三条　教师是履行教育教学职责的专业人员，承担教书育人、培养社会主义事业建设者和接班人、提高民族素质的使命。教师应当忠诚于人民的教育事业。

第四条　各级人民政府应当采取措施，加强教师的思想政治教育和业务培训，改善教师的工作条件和生活条件，保障教师的合法权益，提高教师的社会地位。

全社会都应当尊重教师。

第二章　权利和义务

第七条　教师享有下列权利：

（一）进行教育教学活动，开展教育教学改革和实验；

（二）从事科学研究、学术交流，参加专业的学术团体，在学术活动中充分发表意见；

（三）指导学生的学习和发展，评定学生的品行和学业成绩；

（四）按时获取工资报酬，享受国家规定的福利待遇以及寒暑假期的带薪休假；

（五）对学校教育教学、管理工作和教育行政部门的工作提出意见和建议，通过教职工代表大会或者其他形式，参与学校的民主管理；

（六）参加进修或者其他方式的培训。

第八条　教师应当履行下列义务：

（一）遵守宪法、法律和职业道德，为人师表；

（二）贯彻国家的教育方针，遵守规章制度，执行学校的教学计划，履行教师聘约，完成教育教学工作任务；

（三）对学生进行宪法所确定的基本原则的教育和爱国主义、民族团结的教育，法制教育以及思想品德、文化、科学技术教育，组织、带领学生开展有益的社会活动；

（四）关心、爱护全体学生，尊重学生人格，促进学生在品德、智力、体质等方面全面发展；

（五）制止有害于学生的行为或者其他侵犯学生合法权益的行为，批评和抵制有害于学生健康成长的现象；

（六）不断提高思想政治觉悟和教育教学业务水平。

附录四：

中华人民共和国未成年人保护法（节选）
（2020年修订）

第三章　学校保护

第二十五条　学校应当全面贯彻国家教育方针，坚持立德树人，实施素质教育，提高教育质量，注重培养未成年学生认知能力、合作能力、创新能力和实践能力，促进未成年学生全面发展。

学校应当建立未成年学生保护工作制度，健全学生行为规范，培养未成年学生遵纪守法的良好行为习惯。

第二十六条　幼儿园应当做好保育、教育工作，遵循幼儿身心发展规律，实施启蒙教育，促进幼儿在体质、智力、品德等方面和谐发展。

第二十七条　学校、幼儿园的教职员工应当尊重未成年人人格尊严，不得对未成年人实施体罚、变相体罚或者其他侮辱人格尊严的行为。

第二十八条　学校应当保障未成年学生受教育的权利，不得违反国家规定开除、变相开除未成年学生。

学校应当对尚未完成义务教育的辍学未成年学生进行登记并劝返复学；劝返无效的，应当及时向教育行政部门书面报告。

第二十九条　学校应当关心、爱护未成年学生，不得因家庭、身体、心理、学习能力等情况歧视学生。对家庭困难、身心有障碍的学生，应当提供关爱；对行为异常、学习有困难的学生，应当耐心帮助。

学校应当配合政府有关部门建立留守未成年学生、困境未成年学生的信息档案，开展关爱帮扶工作。

第三十条　学校应当根据未成年学生身心发展特点，进行社会生活指导、心理健康辅导、青春期教育和生命教育。

第三十一条　学校应当组织未成年学生参加与其年龄相适应的日常生活劳动、生产劳动和服务性劳动，帮助未成年学生掌握必要的劳动知识和技能，养成良好的劳动习惯。

第三十二条　学校、幼儿园应当开展勤俭节约、反对浪费、珍惜粮食、文明饮食等宣传教育活动，帮助未成年人树立浪费可耻、节约为荣的意识，养成文明健康、绿色环保的生活习惯。

第三十三条　学校应当与未成年学生的父母或者其他监护人互相配合，合理安排未成年学生的学习时间，保障其休息、娱乐和体育锻炼的时间。

学校不得占用国家法定节假日、休息日及寒暑假期，组织义务教育阶段的未成年学生集体补课，加重其学习负担。

幼儿园、校外培训机构不得对学龄前未成年人进行小学课程教育。

第三十四条　学校、幼儿园应当提供必要的卫生保健条件，协助卫生健康部门做好在校、在园未成年人的卫生保健工作。

第三十五条　学校、幼儿园应当建立安全管理制度，对未成年人进行安全教育，完善安保设施、配备安保人员，保障未成年人在校、在园期间的人身和财产安全。

学校、幼儿园不得在危及未成年人人身安全、身心健康的校舍和其他设施、场所中进行教育教学活动。

学校、幼儿园安排未成年人参加文化娱乐、社会实践等集体活动，应当保护未成年人的身心健康，防止发生人身伤害事故。

第三十六条　使用校车的学校、幼儿园应当建立健全校车安全管理制度，配备安全管理人员，定期对校车进行安全检查，对校车驾驶人进行安全教育，并向未成年人讲解校车安全乘坐知识，培养未成年人校车安全事故应急处理技能。

第三十七条　学校、幼儿园应当根据需要，制定应对自然灾害、事故灾难、公共卫生事件等突发事件和意外伤害的预案，配备相应设施并定期进行必要的演练。

未成年人在校内、园内或者本校、本园组织的校外、园外活动中发生人身伤害事故的，学校、幼儿园应当立即救护，妥善处理，及时通知未成年人的父母或者其他监护人，并向有关部门报告。

第三十八条　学校、幼儿园不得安排未成年人参加商业性活动，不得向未成年人及其父母或者其他监护人推销或者要求其购买指定的商品和服务。

学校、幼儿园不得与校外培训机构合作为未成年人提供有偿课程辅导。

第三十九条　学校应当建立学生欺凌防控工作制度，对教职员工、学生等开展防治学生欺凌的教育和培训。

学校对学生欺凌行为应当立即制止，通知实施欺凌和被欺凌未成年学生的父母或者其他监护人参与欺凌行为的认定和处理；对相关未成年学生及时给予心理辅导、教育和引导；对相关未成年学生的父母或者其他监护人给予必要的家庭教育指导。

对实施欺凌的未成年学生，学校应当根据欺凌行为的性质和程度，依法加强管教。对严重的欺凌行为，学校不得隐瞒，应当及时向公安机关、教育行政部门报告，并配合相关部门依法处理。

第四十条　学校、幼儿园应当建立预防性侵害、性骚扰未成年人工作制度。对性侵害、性骚扰未成年人等违法犯罪行为，学校、幼儿园不得隐瞒，应当及时向公安机关、教育行政部门报告，并配合相关部门依法处理。

学校、幼儿园应当对未成年人开展适合其年龄的性教育，提高未成年人防范性侵害、性骚扰的自我保护意识和能力。对遭受性侵害、性骚扰的未成年人，学校、幼儿园应当及时采取相关的保护措施。

第四十一条　婴幼儿照护服务机构、早期教育服务机构、校外培训机构、校外托管机构等应当参照本章有关规定，根据不同年龄阶段未成年人的成长特点和规律，做好未成年人保护工作。

附录五：

中小学教育惩戒规则（试行）
（教育部2020年12月23日公布）

第一条　为落实立德树人根本任务，保障和规范学校、教师依法履行教育教学和管理职责，保护学生合法权益，促进学生健康成长、全面发展，根据教育法、教师法、未成年人保护法、预防未成年人犯罪法等法律法规和国家有关规定，制定本规则。

第二条　普通中小学校、中等职业学校（以下称学校）及其教师在教育教学和管理过程中对学生实施教育惩戒，适用本规则。

本规则所称教育惩戒，是指学校、教师基于教育目的，对违规违纪学生进行管理、训导或者以规定方式予以矫治，促使学生引以为戒、认识和改正错误的教育行为。

第三条　学校、教师应当遵循教育规律，依法履行职责，通过积极管教和教育惩戒的实施，及时纠正学生错误言行，培养学生的规则意识、责任意识。

教育行政部门应当支持、指导、监督学校及其教师依法依规实施教育惩戒。

第四条　实施教育惩戒应当符合教育规律，注重育人效果；遵循法治原则，做到客观公正；选择适当措施，与学生过错程度相适应。

第五条　学校应当结合本校学生特点，依法制定、完善校规校纪，明确学生行为规范，健全实施教育惩戒的具体情形和规则。

学校制定校规校纪，应当广泛征求教职工、学生和学生父母或者其他监护人（以下称家长）的意见；有条件的，可以组织有学生、家长及有关方面代表参加的听证。校规校纪应当提交家长委员会、教职工代表大会讨论，经校长办公会议审议通过后施行，并报主管教育部门备案。

教师可以组织学生、家长以民主讨论形式共同制定班规或者班级公约，报学校备案后施行。

第六条　学校应当利用入学教育、班会以及其他适当方式，向学生和家长宣传讲解校规校纪。未经公布的校规校纪不得施行。

学校可以根据情况建立校规校纪执行委员会等组织机构，吸收教师、学生及家长、社会有关方面代表参加，负责确定可适用的教育惩戒措施，监督教育惩戒的实施，开展相关宣传教育等。

第七条　学生有下列情形之一，学校及其教师应当予以制止并进行批评教育，确有必要的，可以实施教育惩戒：

（一）故意不完成教学任务要求或者不服从教育、管理的；

（二）扰乱课堂秩序、学校教育教学秩序的；

（三）吸烟、饮酒，或者言行失范违反学生守则的；

（四）实施有害自己或者他人身心健康的危险行为的；

（五）打骂同学、老师，欺凌同学或者侵害他人合法权益的；

（六）其他违反校规校纪的行为。

学生实施属于预防未成年人犯罪法规定的不良行为或者严重不良行为的，学校、教师应当予以制止并实施教育惩戒，加强管教；构成违法犯罪的，依法移送公安机关处理。

第八条　教师在课堂教学、日常管理中，对违规违纪情节较为轻微的学生，可以当场实施以下教育惩戒：

（一）点名批评；

（二）责令赔礼道歉、做口头或者书面检讨；

（三）适当增加额外的教学或者班级公益服务任务；

（四）一节课堂教学时间内的教室内站立；

（五）课后教导；

（六）学校校规校纪或者班规、班级公约规定的其他适当措施。

教师对学生实施前款措施后，可以以适当方式告知学生家长。

第九条　学生违反校规校纪，情节较重或者经当场教育惩戒拒不改正的，学校可以实施以下教育惩戒，并应当及时告知家长：

（一）由学校德育工作负责人予以训导；

（二）承担校内公益服务任务；

（三）安排接受专门的校规校纪、行为规则教育；

（四）暂停或者限制学生参加游览、校外集体活动以及其他外出集体活动；

（五）学校校规校纪规定的其他适当措施。

第十条　小学高年级、初中和高中阶段的学生违规违纪情节严重或者影响恶劣的，学校可以实施以下教育惩戒，并应当事先告知家长：

（一）给予不超过一周的停课或者停学，要求家长在家进行教育、管教；

（二）由法治副校长或者法治辅导员予以训诫；

（三）安排专门的课程或者教育场所，由社会工作者或者其他专业人员进行心理辅导、行为干预。

对违规违纪情节严重，或者经多次教育惩戒仍不改正的学生，学校可以给予警告、严重警告、记过或者留校察看的纪律处分。对高中阶段学生，还可以给予开除学籍的纪律处分。

对有严重不良行为的学生，学校可以按照法定程序，配合家长、有关部门将其转入专门学校教育矫治。

第十一条　学生扰乱课堂或者教育教学秩序，影响他人或者可能对自己及他人造成伤害的，教师可以采取必要措施，将学生带离教室或者教学现场，并予以教育管理。

教师、学校发现学生携带、使用违规物品或者行为具有危险性的，应当采取必要措施予以制止；发现学生藏匿违法、危险物品的，应当责令学生交出并可以对可能藏匿物品的课桌、储物柜等进行检查。

教师、学校对学生的违规物品可以予以暂扣并妥善保管，在适当时候交还学生家长；属于违法、危险物品的，应当及时报告公安机关、应急管理部门等有关部门依法处理。

第十二条　教师在教育教学管理、实施教育惩戒过程中，不得有下列行为：

（一）以击打、刺扎等方式直接造成身体痛苦的体罚；

（二）超过正常限度的罚站、反复抄写，强制做不适的动作或者姿势，以及刻意孤立等间接伤害身体、心理的变相体罚；

（三）辱骂或者以歧视性、侮辱性的言行侵犯学生人格尊严；

（四）因个人或者少数人违规违纪行为而惩罚全体学生；

（五）因学业成绩而教育惩戒学生；

（六）因个人情绪、好恶实施或者选择性实施教育惩戒；

（七）指派学生对其他学生实施教育惩戒；

（八）其他侵害学生权利的。

第十三条　教师对学生实施教育惩戒后，应当注重与学生的沟通和帮扶，对改正错误的学生及时予以表扬、鼓励。

学校可以根据实际和需要，建立学生教育保护辅导工作机制，由学校分管负责人、德育工作机构负责人、教师以及法治副校长（辅导员）、法律以及心理、社会工作等方面的专业人员组成辅导小组，对有需要的学生进行专门的心理辅导、行为矫治。

第十四条　学校拟对学生实施本规则第十条所列教育惩戒和纪律处分的，应当听取学生的陈述和申辩。学生或者家长申请听证的，学校应当组织听证。

学生受到教育惩戒或者纪律处分后，能够诚恳认错、积极改正的，可以提前解除教育惩戒或者纪律处分。

第十五条　学校应当支持、监督教师正当履行职务。教师因实施教育惩戒与学生及其家长发生纠纷，学校应当及时进行处理，教师无过错的，不得因教师实施教育惩戒而给予其处分或者其他不利处理。

教师违反本规则第十二条，情节轻微的，学校应当予以批评教育；情节严重的，应当暂停履行职责或者依法依规给予处分；给学生身心造成伤害，构成违法犯罪的，由公安机关依法处理。

第十六条　学校、教师应当重视家校协作，积极与家长沟通，使家长理解、支持和配合实施教育惩戒，形成合力。家长应当履行对子女的教育职责，尊重教师的教育权利，配合教师、学校对违规违纪学生进行管教。

家长对教师实施的教育惩戒有异议或者认为教师行为违反本规则第十二条规定的，可以向学校或者主管教育行政部门投诉、举报。学校、教育行政部门应当按照师德师风建设管理的有关要求，及时予以调查、处理。家长威胁、侮辱、伤害教师的，学校、教育行政部门应当依法保护教师人身安全、维护教师合法权益；情形严重的，应当及时向公安机关报告并配合公安机关、司法机关追究责任。

第十七条　学生及其家长对学校依据本规则第十条实施的教育惩戒或者给予的纪律处分不服的，可以在教育惩戒或者纪律处分作出后15个工作日内向学校提起申诉。

学校应当成立由学校相关负责人、教师、学生以及家长、法治副校长等校外有关方面代表组成的学生申诉委员会，受理申诉申请，组织复查。学校应当明确学生申诉委员会的人员构成、受理范围及处理程序等并向学生及家长公布。

学生申诉委员会应当对学生申诉的事实、理由等进行全面审查，作出维持、变更或者撤销原教育惩戒或者纪律处分的决定。

第十八条　学生或者家长对学生申诉处理决定不服的，可以向学校主管教育部门申请复核；对复核决定不服的，可以依法提起行政复议或者行政诉讼。

第十九条　学校应当有针对性地加强对教师的培训，促进教师更新教育理念、改进教育方式方法，提高教师正确履行职责的意识与能力。

每学期末，学校应当将学生受到本规则第十条所列教育惩戒和纪律处分的信息报主管教育行政部门备案。

第二十条　本规则自2021年3月1日起施行。

各地可以结合本地实际，制定本地方实施细则或者指导学校制定实施细则。

附录六：

高等学校教师职业道德规范
（教育部、中国教科文卫体工会全国委员会 2011年发布）

一、爱国守法。热爱祖国，热爱人民，拥护中国共产党领导，拥护中国特色社会主义制度。遵守宪法和法律法规，贯彻党和国家教育方针，依法履行教师职责，维护社会稳定和校园和谐。不得有损害国家利益和不利于学生健康成长的言行。

二、敬业爱生。忠诚人民教育事业，树立崇高职业理想，以人才培养、科学研究、社会服务和文化传承创新为己任。恪尽职守，甘于奉献。终身学习，刻苦钻研。真心关爱学生，严格要求学生，公正对待学生，做学生良师益友。不得损害学生和学校的合法权益。

三、教书育人。坚持育人为本，立德树人。遵循教育规律，实施素质教育。注重学思结合，知行合一，因材施教，不断提高教育质量。严慈相济，教学相长，诲人不倦。尊重学生个性，促进学生全面发展。不拒绝学生的合理要求。不得从事影响教育教学工作的兼职。

四、严谨治学。弘扬科学精神，勇于探索，追求真理，修正错误，精益求精。实事求是，发扬民主，团结合作，协同创新。秉持学术良知，恪守学术规范。尊重他人劳动和学术成果，维护学术自由和学术尊严。诚实守信，力戒浮躁。坚决抵制学术失范和学术不端行为。

五、服务社会。勇担社会责任，为国家富强、民族振兴和人类进步服务。传播优秀文化，普及科学知识。热心公益，服务大众。主动参与社会实践，自觉承担社会义务，积极提供专业服务。坚决反对滥用学术资源和学术影响。

六、为人师表。学为人师，行为世范。淡泊名利，志存高远。树立优良学风教风，以高尚师德、人格魅力和学识风范教育感染学生。模范遵守社会公德，维护社会正义，引领社会风尚。言行雅正，举止文明。自尊自律，清廉从教，以身作则。自觉抵制有损教师职业声誉的行为。

附录七：

中小学教师职业道德规范
（教育部、中国教科文卫体工会全国委员会 2008年修订）

一、爱国守法。热爱祖国，热爱人民，拥护中国共产党领导，拥护社会主义。全面贯彻国家教育方针，自觉遵守教育法律法规，依法履行教师职责权利。不得有违背党和国家方针政策的言行。

二、爱岗敬业。忠诚于人民教育事业，志存高远，勤恳敬业，甘为人梯，乐于奉献。对工作高度负责，认真备课上课，认真批改作业，认真辅导学生。不得敷衍塞责。

三、关爱学生。关心爱护全体学生，尊重学生人格，平等公正对待学生。对学生严慈相济，做学生良师益友。保护学生安全，关心学生健康，维护学生权益。不讽刺、挖苦、歧视学生，不体罚或变相体罚学生。

四、教书育人。遵循教育规律，实施素质教育。循循善诱，诲人不倦，因材施教。培养学生良好品行，激发学生创新精神，促进学生全面发展。不以分数作为评价学生的唯一标准。

五、为人师表。坚守高尚情操，知荣明耻，严于律己，以身作则。衣着得体，语言规范，举止文明。关心集体，团结协作，尊重同事，尊重家长。作风正派，廉洁奉公。自觉抵制有偿家教，不利用职务之便谋取私利。

六、终身学习。崇尚科学精神，树立终身学习理念，拓宽知识视野，更新知识结构。潜心钻研业务，勇于探索创新，不断提高专业素养和教育教学水平。

附录八：

教育部关于印发《新时代高校教师职业行为十项准则》《新时代中小学教师职业行为十项准则》《新时代幼儿园教师职业行为十项准则》的通知

（教师〔2018〕16号）

各省、自治区、直辖市教育厅（教委），新疆生产建设兵团教育局，有关部门（单位）教育司（局），部属各高等学校、部省合建各高等学校：

为深入贯彻习近平新时代中国特色社会主义思想和党的十九大精神，深入贯彻落实全国教育大会精神，扎实推进《中共中央 国务院关于全面深化新时代教师队伍建设改革的意见》的实施，进一步加强师德师风建设，我部研究制定了《新时代高校教师职业行为十项准则》《新时代中小学教师职业行为十项准则》《新时代幼儿园教师职业行为十项准则》（以下统称准则）。现印发给你们，请结合实际，认真贯彻执行。

一、准则是教师职业行为的基本规范。师德师风是评价教师队伍素质的第一标准。长期以来，广大教师牢记使命、不忘初心，爱岗敬业、教书育人，改革创新、服务社会，作出了重大贡献，党和国家高度肯定，学生、家长和社会普遍尊重。但是，也有个别教师放松自我要求，不能认真履职尽责，甚至出现严重违反师德行为，损害教师队伍整体形象。制定教师职业行为准则，明确新时代教师职业规范，针对主要问题、突出问题划定基本底线，是对广大教师的警示提醒和严管厚爱，是深化师德师风建设，造就政治素质过硬、业务能力精湛、育人水平高超的高素质教师队伍的关键之举。

二、立即部署扎实开展准则的学习贯彻。各地各校要立即行动，结合落实师德师风建设长效机制，开展准则的学习贯彻。要结合本地区、本学校实际进行细化，制定具体化的教师职业行为负面清单及失范行为处理办法，提高针对性、操作性。要做好宣传解读，坚持全覆盖、无死角，采取多种形式帮助广大教师全面理解和准确把握，做到人人应知应做、必知必做，真正把教书育人和自我修养结合起来，时刻自重、自省、自警、自励，自觉做以德立身、以德立学、以德施教、以德育德的楷模，维护教师职业形象，提振师道尊严。

三、把准则要求落实到教师管理具体工作中。要把好教师入口关，在教师招聘、引进时组织开展准则的宣讲，确保每位新入职教师知准则、守底线。要将准则要求体现在教师聘用、聘任合同中，明确有关责任。要强化考核，在教师年度考核、职称评聘、推优评先、表彰奖励等工作中必须进行师德考核，实行师德失范“一票否决”。改进师德考核方式方法，避免形式化、随意化。完善师德考核指标体系，提高科学性、实效性。

四、以有力措施坚决查处师德违规行为。各地各校要按照准则及相应的处理指导意见、处理办法要求，严格举报受理和违规查处。对于发生准则中禁止行为的，要态度坚决，一查到底，依法依规严肃惩处，绝不姑息。对于有虐待、猥亵、性骚扰等严重侵害学生行为的，一经查实，要撤销其所获荣誉、称号，追回相关奖金，依法依规撤销教师资格、解除教师职务、清除出教师队伍，同时还要录入全国教师管理信息系统，任何学校不得再聘任其从事教学、科研及管理等工作。涉嫌违法犯罪的要及时移送司法机关依法处理。要严格落实学校主体责任，建立师德建设责任追究机制，对师德违规行为监管不力、拒不处分、拖延处分或推诿隐瞒等失职失责问题，造成不良影响或严重后果的，要按照干部管理权限严肃追究责任。

各地贯彻落实准则的情况，请及时报告教育部。教育部将适时对落实情况进行督查。

教育部
2018年11月8日

附录九：

新时代高校教师职业行为十项准则
（教育部2018年发布）

教师是人类灵魂的工程师，是人类文明的传承者。长期以来，广大教师贯彻党的教育方针，教书育人，呕心沥血，默默奉献，为国家发展和民族振兴作出了重大贡献。新时代对广大教师落实立德树人根本任务提出新的更高要求，为进一步增强教师的责任感、使命感、荣誉感，规范职业行为，明确师德底线，引导广大教师努力成为有理想信念、有道德情操、有扎实学识、有仁爱之心的好老师，着力培养德智体美劳全面发展的社会主义建设者和接班人，特制定以下准则。

一、坚定政治方向。坚持以习近平新时代中国特色社会主义思想为指导，拥护中国共产党的领导，贯彻党的教育方针；不得在教育教学活动中及其他场合有损害党中央权威、违背党的路线方针政策的言行。

二、自觉爱国守法。忠于祖国，忠于人民，恪守宪法原则，遵守法律法规，依法履行教师职责；不得损害国家利益、社会公共利益，或违背社会公序良俗。

三、传播优秀文化。带头践行社会主义核心价值观，弘扬真善美，传递正能量；不得通过课堂、论坛、讲座、信息网络及其他渠道发表、转发错误观点，或编造散布虚假信息、不良信息。

四、潜心教书育人。落实立德树人根本任务，遵循教育规律和学生成长规律，因材施教，教学相长；不得违反教学纪律，敷衍教学，或擅自从事影响教育教学本职工作的兼职兼薪行为。

五、关心爱护学生。严慈相济，诲人不倦，真心关爱学生，严格要求学生，做学生良师益友；不得要求学生从事与教学、科研、社会服务无关的事宜。

六、坚持言行雅正。为人师表，以身作则，举止文明，作风正派，自重自爱；不得与学生发生任何不正当关系，严禁任何形式的猥亵、性骚扰行为。

七、遵守学术规范。严谨治学，力戒浮躁，潜心问道，勇于探索，坚守学术良知，反对学术不端；不得抄袭剽窃、篡改侵吞他人学术成果，或滥用学术资源和学术影响。

八、秉持公平诚信。坚持原则，处事公道，光明磊落，为人正直；不得在招生、考试、推优、保研、就业及绩效考核、岗位聘用、职称评聘、评优评奖等工作中徇私舞弊、弄虚作假。

九、坚守廉洁自律。严于律己，清廉从教；不得索要、收受学生及家长财物，不得参加由学生及家长付费的宴请、旅游、娱乐休闲等活动，或利用家长资源谋取私利。

十、积极奉献社会。履行社会责任，贡献聪明才智，树立正确义利观；不得假公济私，擅自利用学校名义或校名、校徽、专利、场所等资源谋取个人利益。

附录十：

新时代中小学教师职业行为十项准则
（教育部2018年发布）

教师是人类灵魂的工程师，是人类文明的传承者。长期以来，广大教师贯彻党的教育方针，教书育人，呕心沥血，默默奉献，为国家发展和民族振兴作出了重大贡献。新时代对广大教师落实立德树人根本任务提出新的更高要求，为进一步增强教师的责任感、使命感、荣誉感，规范职业行为，明确师德底线，引导广大教师努力成为有理想信念、有道德情操、有扎实学识、有仁爱之心的好老师，着力培养德智体美劳全面发展的社会主义建设者和接班人，特制定以下准则。

一、坚定政治方向。坚持以习近平新时代中国特色社会主义思想为指导，拥护中国共产党的领导，贯彻党的教育方针；不得在教育教学活动中及其他场合有损害党中央权威、违背党的路线方针政策的言行。

二、自觉爱国守法。忠于祖国，忠于人民，恪守宪法原则，遵守法律法规，依法履行教师职责；不得损害国家利益、社会公共利益，或违背社会公序良俗。

三、传播优秀文化。带头践行社会主义核心价值观，弘扬真善美，传递正能量；不得通过课堂、论坛、讲座、信息网络及其他渠道发表、转发错误观点，或编造散布虚假信息、不良信息。

四、潜心教书育人。落实立德树人根本任务，遵循教育规律和学生成长规律，因材施教，教学相长；不得违反教学纪律，敷衍教学，或擅自从事影响教育教学本职工作的兼职兼薪行为。

五、关心爱护学生。严慈相济，诲人不倦，真心关爱学生，严格要求学生，做学生良师益友；不得歧视、侮辱学生，严禁虐待、伤害学生。

六、加强安全防范。增强安全意识，加强安全教育，保护学生安全，防范事故风险；不得在教育教学活动中遇突发事件、面临危险时，不顾学生安危，擅离职守，自行逃离。

七、坚持言行雅正。为人师表，以身作则，举止文明，作风正派，自重自爱；不得与学生发生任何不正当关系，严禁任何形式的猥亵、性骚扰行为。

八、秉持公平诚信。坚持原则，处事公道，光明磊落，为人正直；不得在招生、考试、推优、保送及绩效考核、岗位聘用、职称评聘、评优评奖等工作中徇私舞弊、弄虚作假。

九、坚守廉洁自律。严于律己，清廉从教；不得索要、收受学生及家长财物或参加由学生及家长付费的宴请、旅游、娱乐休闲等活动，不得向学生推销图书报刊、教辅材料、社会保险或利用家长资源谋取私利。

十、规范从教行为。勤勉敬业，乐于奉献，自觉抵制不良风气；不得组织、参与有偿补课，或为校外培训机构和他人介绍生源、提供相关信息。

附录十一：

新时代幼儿园教师职业行为十项准则
（教育部 2018年发布）

教师是人类灵魂的工程师，是人类文明的传承者。长期以来，广大教师贯彻党的教育方针，教书育人，呕心沥血，默默奉献，为国家发展和民族振兴作出了重大贡献。新时代对广大教师落实立德树人根本任务提出新的更高要求，为进一步增强教师的责任感、使命感、荣誉感，规范职业行为，明确师德底线，引导广大教师努力成为有理想信念、有道德情操、有扎实学识、有仁爱之心的好老师，着力培养德智体美劳全面发展的社会主义建设者和接班人，特制定以下准则。

一、坚定政治方向。坚持以习近平新时代中国特色社会主义思想为指导，拥护中国共产党的领导，贯彻党的教育方针；不得在保教活动中及其他场合有损害党中央权威和违背党的路线方针政策的言行。

二、自觉爱国守法。忠于祖国，忠于人民，恪守宪法原则，遵守法律法规，依法履行教师职责；不得损害国家利益、社会公共利益，或违背社会公序良俗。

三、传播优秀文化。带头践行社会主义核心价值观，弘扬真善美，传递正能量；不得通过保教活动、论坛、讲座、信息网络及其他渠道发表、转发错误观点，或编造散布虚假信息、不良信息。

四、潜心培幼育人。落实立德树人根本任务，爱岗敬业，细致耐心；不得在工作期间玩忽职守、消极怠工，或空岗、未经批准找人替班，不得利用职务之便兼职兼薪。

五、加强安全防范。增强安全意识，加强安全教育，保护幼儿安全，防范事故风险；不得在保教活动中遇突发事件、面临危险时，不顾幼儿安危，擅离职守，自行逃离。

六、关心爱护幼儿。呵护幼儿健康，保障快乐成长；不得体罚和变相体罚幼儿，不得歧视、侮辱幼儿，严禁猥亵、虐待、伤害幼儿。

七、遵循幼教规律。循序渐进，寓教于乐；不得采用学校教育方式提前教授小学内容，不得组织有碍幼儿身心健康的活动。

八、秉持公平诚信。坚持原则，处事公道，光明磊落，为人正直；不得在入园招生、绩效考核、岗位聘用、职称评聘、评优评奖等工作中徇私舞弊、弄虚作假。

九、坚守廉洁自律。严于律己，清廉从教；不得索要、收受幼儿家长财物或参加由家长付费的宴请、旅游、娱乐休闲等活动，不得推销幼儿读物、社会保险或利用家长资源谋取私利。

十、规范保教行为。尊重幼儿权益，抵制不良风气；不得组织幼儿参加以营利为目的的表演、竞赛等活动，或泄露幼儿与家长的信息。

附录十二：

中小学教师违反职业道德行为处理办法
（教育部2014年发布）

第一条　为规范教师职业行为，保障教师、学生的合法权益，根据《中华人民共和国教育法》《中华人民共和国未成年人保护法》《中华人民共和国教师法》《教师资格条例》等法律法规，制定本办法。

第二条　本办法所称中小学教师是指幼儿园、特殊教育机构、普通中小学、中等职业学校、少年宫以及地方教研室、电化教育等机构的教师。

前款所称中小学教师包括民办学校教师。

第三条　本办法所称处分包括警告、记过、降低专业技术职务等级、撤销专业技术职务或者行政职务、开除或者解除聘用合同。其中，警告期限为6个月，记过期限为12个月，降低专业技术职务等级、撤销专业技术职务或者行政职务期限为24个月。

第四条　教师有下列行为之一的，视情节轻重分别给予相应处分：

（一）在教育教学活动中有违背党和国家方针政策言行的；

（二）在教育教学活动中遇突发事件时，不履行保护学生人身安全职责的；

（三）在教育教学活动和学生管理、评价中不公平公正对待学生，产生明显负面影响的；

（四）在招生、考试、考核评价、职务评审、教研科研中弄虚作假、营私舞弊的；

（五）体罚学生的和以侮辱、歧视等方式变相体罚学生，造成学生身心伤害的；

（六）对学生实施性骚扰或者与学生发生不正当关系的；

（七）索要或者违反规定收受家长、学生财物的；

（八）组织或者参与针对学生的经营性活动，或者强制学生订购教辅资料、报刊等谋取利益的；

（九）组织、要求学生参加校内外有偿补课，或者组织、参与校外培训机构对学生有偿补课的；

（十）其他严重违反职业道德的行为应当给予相应处分的。

第五条　学校及学校主管教育部门发现教师可能存在第四条列举行为的，应当及时组织调查，核实有关事实。作出处理决定前，应当听取教师的陈述和申辩，听取学生、其他教师、家长委员会或者家长代表意见，并告知教师有要求举行听证的权利。对于拟给予降低专业技术职务等级以上的处分，教师要求听证的，拟作出处理决定的部门应当组织听证。

第六条　给予教师处分，应当坚持公正、公平和教育与惩处相结合的原则；应当与其违反职业道德行为的性质、情节、危害程度相适应；应当事实清楚、证据确凿、定性准确、处理恰当、程序合法、手续完备。

第七条　给予教师处分按照以下权限决定：

（一）警告和记过处分，公办学校教师由所在学校提出建议，学校主管教育部门决定。民办学校教师由所在学校决定，报主管教育部门备案。

（二）降低专业技术职务等级、撤销专业技术职务或者行政职务处分，由教师所在学校提出建议，学校主管教育部门决定并报同级人事部门备案。

（三）开除处分，公办学校教师由所在学校提出建议，学校主管教育部门决定并报同级人事部门备案；民办学校教师或者未纳入人事编制管理的教师由所在学校决定并解除其聘任合同，报主管教育部门备案。

第八条　处分决定应当书面通知教师本人并载明认定的事实、理由、依据、期限及救济途径等内容。

第九条　教师有第四条列举行为受到处分的，符合《教师资格条例》第十九条规定的，由县级以上教育行政部门依法撤销其教师资格。教师受处分期间暂缓教师资格定期注册。依据《中华人民共和国教师法》第十四条规定丧失教师资格的，不能重新取得教师资格。教师受降低专业技术职务等级处分期间不能申报高一级专业技术职务。教师受撤销专业技术职务处分期间不能重新申报专业技术职务。

第十条　教师不服处分决定的，可以向学校主管教育部门申请复核。对复核结果不服的，可以向学校主管教育部门的上一级行政部门提出申诉。

第十一条　学校及主管教育部门拒不处分、拖延处分或者推诿隐瞒造成不良影响或者严重后果的，上一级行政部门应当追究有关领导责任。

第十二条　教师被依法判处刑罚的，依据《事业单位工作人员处分暂行规定》给予撤销专业技术职务或者行政职务以上处分。教师受到剥夺政治权利或者故意犯罪受到有期徒刑以上刑事处罚的，丧失教师资格。

第十三条　省级教育行政部门应当结合当地实际情况制定实施细则，并报国务院教育行政部门备案。

第十四条　本办法自发布之日起施行。

附录十三：

中学教师专业标准（试行）（节选）
（教育部2012年发布）

为促进中学教师专业发展，建设高素质中学教师队伍，根据《中华人民共和国教师法》和《中华人民共和国义务教育法》，特制定《中学教师专业标准（试行）》（以下简称《专业标准》）。

中学教师是履行中学教育教学工作职责的专业人员，需要经过严格的培养与培训，具有良好的职业道德，掌握系统的专业知识和专业技能。《专业标准》是国家对合格中学教师的基本专业要求，是中学教师实施教育教学行为的基本规范，是引领中学教师专业发展的基本准则，是中学教师培养、准入、培训、考核等工作的重要依据。

一、基本理念

（一）师德为先

热爱中学教育事业，具有职业理想，践行社会主义核心价值体系，履行教师职业道德规范，依法执教。关爱中学生，尊重中学生人格，富有爱心、责任心、耐心和细心；为人师表，教书育人，自尊自律，以人格魅力和学识魅力教育感染中学生，做中学生健康成长的指导者和引路人。

（二）学生为本

尊重中学生权益，以中学生为主体，充分调动和发挥中学生的主动性；遵循中学生身心发展特点和教育教学规律，提供适合的教育，促进中学生生动活泼学习、健康快乐成长，全面而有个性地发展。

（三）能力为重

把学科知识、教育理论与教育实践有机结合，突出教书育人实践能力；研究中学生，遵循中学生成长规律，提升教育教学专业化水平；坚持实践、反思、再实践、再反思，不断提高专业能力。

（四）终身学习

学习先进中学教育理论，了解国内外中学教育改革与发展的经验和做法；优化知识结构，提高文化素养；具有终身学习与持续发展的意识和能力，做终身学习的典范。

二、基本内容（“专业理念与师德”部分）

（一）职业理解与认识

1. 贯彻党和国家教育方针政策，遵守教育法律法规。

2. 理解中学教育工作的意义，热爱中学教育事业，具有职业理想和敬业精神。

3. 认同中学教师的专业性和独特性，注重自身专业发展。

4. 具有良好职业道德修养，为人师表。

5. 具有团队合作精神，积极开展协作与交流。

（二）对学生的态度与行为

6.关爱中学生，重视中学生身心健康发展，保护中学生生命安全。

7. 尊重中学生独立人格，维护中学生合法权益，平等对待每一位中学生。不讽刺、挖苦、歧视中学生，不体罚或变相体罚中学生。

8. 尊重个体差异，主动了解和满足中学生的不同需要。

9. 信任中学生，积极创造条件，促进中学生的自主发展。

（三）教育教学的态度与行为

10. 树立育人为本、德育为先的理念，将中学生的知识学习、能力发展与品德养成相结合，重视中学生的全面发展。

11. 尊重教育规律和中学生身心发展规律，为每一位中学生提供适合的教育。

12. 激发中学生的求知欲和好奇心，培养中学生学习兴趣和爱好，营造自由探索、勇于创新的氛围。

13. 引导中学生自主学习、自强自立，培养良好的思维习惯和适应社会的能力。

14. 尊重和发挥好共青团、少先队组织的教育引导作用。

（四）个人修养与行为

15. 富有爱心、责任心、耐心和细心。

16. 乐观向上、热情开朗、有亲和力。

17. 善于自我调节情绪，保持平和心态。

18. 勤于学习，不断进取。

19. 衣着整洁得体，语言规范健康，举止文明礼貌。

附录十四：

小学教师专业标准（试行）（节选）
（教育部2012年发布）

一、基本理念

（一）师德为先

热爱小学教育事业，具有职业理想，践行社会主义核心价值体系，履行教师职业道德规范，依法执教。关爱小学生，尊重小学生人格，富有爱心、责任心、耐心和细心；为人师表，教书育人，自尊自律，做小学生健康成长的指导者和引路人。

（二）学生为本

尊重小学生权益，以小学生为主体，充分调动和发挥小学生的主动性；遵循小学生身心发展特点和教育教学规律，提供适合的教育，促进小学生生动活泼学习、健康快乐成长。

（三）能力为重

把学科知识、教育理论与教育实践有机结合，突出教书育人实践能力；研究小学生，遵循小学生成长规律，提升教育教学专业化水平；坚持实践、反思、再实践、再反思，不断提高专业能力。

（四）终身学习

学习先进小学教育理论，了解国内外小学教育改革与发展的经验和做法；优化知识结构，提高文化素养；具有终身学习与持续发展的意识和能力，做终身学习的典范。

二、基本内容（“专业理念与师德”部分）

（一）职业理解与认识

1. 贯彻党和国家教育方针政策，遵守教育法律法规。

2. 理解小学教育工作的意义，热爱小学教育事业，具有职业理想和敬业精神。

3. 认同小学教师的专业性和独特性，注重自身专业发展。

4. 具有良好职业道德修养，为人师表。

5. 具有团队合作精神，积极开展协作与交流。

（二）对小学生的态度与行为

6. 关爱小学生，重视小学生身心健康，将保护小学生生命安全放在首位。

7. 尊重小学生独立人格，维护小学生合法权益，平等对待每一位小学生。不讽刺、挖苦、歧视小学生，不体罚或变相体罚小学生。

8. 信任小学生，尊重个体差异，主动了解和满足有益于小学生身心发展的不同需求。

9. 积极创造条件，让小学生拥有快乐的学校生活。

（三）教育教学的态度与行为

10. 树立育人为本、德育为先的理念，将小学生的知识学习、能力发展与品德养成相结合，重视小学生全面发展。

11. 尊重教育规律和小学生身心发展规律，为每一个小学生提供适合的教育。

12. 引导小学生体验学习乐趣，保护小学生的求知欲和好奇心，培养小学生的广泛兴趣、动手能力和探究精神。

13. 引导小学生学会学习，养成良好学习习惯。

14. 尊重和发挥好少先队组织的教育引导作用。

（四）个人修养与行为

15. 富有爱心、责任心、耐心和细心。

16. 乐观向上、热情开朗、有亲和力。

17. 善于自我调节情绪，保持平和心态。

18. 勤于学习，不断进取。

19. 衣着整洁得体，语言规范健康，举止文明礼貌。

附录十五：

幼儿园教师专业标准（试行）（节选）
（教育部2012年发布）

一、基本理念

（一）师德为先

热爱学前教育事业，具有职业理想，践行社会主义核心价值体系，履行教师职业道德规范，依法执教。关爱幼儿，尊重幼儿人格，富有爱心、责任心、耐心和细心；为人师表，教书育人，自尊自律，做幼儿健康成长的启蒙者和引路人。

（二）幼儿为本

尊重幼儿权益，以幼儿为主体，充分调动和发挥幼儿的主动性；遵循幼儿身心发展特点和保教活动规律，提供适合的教育，保障幼儿快乐健康成长。

（三）能力为重

把学前教育理论与保教实践相结合，突出保教实践能力；研究幼儿，遵循幼儿成长规律，提升保教工作专业化水平；坚持实践、反思、再实践、再反思，不断提高专业能力。

（四）终身学习

学习先进学前教育理论，了解国内外学前教育改革与发展的经验和做法；优化知识结构，提高文化素养；具有终身学习与持续发展的意识和能力，做终身学习的典范。

二、基本内容（“专业理念与师德”部分）

（一）职业理解与认识

1. 贯彻党和国家教育方针政策，遵守教育法律法规。

2. 理解幼儿保教工作的意义，热爱学前教育事业，具有职业理想和敬业精神。

3. 认同幼儿园教师的专业性和独特性，注重自身专业发展。

4. 具有良好职业道德修养，为人师表。

5. 具有团队合作精神，积极开展协作与交流。

（二）对幼儿的态度与行为

6.关爱幼儿，重视幼儿身心健康，将保护幼儿生命安全放在首位。

7. 尊重幼儿人格，维护幼儿合法权益，平等对待每一位幼儿。不讽刺、挖苦、歧视幼儿，不体罚或变相体罚幼儿。

8. 信任幼儿，尊重个体差异，主动了解和满足有益于幼儿身心发展的不同需求。

9. 重视生活对幼儿健康成长的重要价值，积极创造条件，让幼儿拥有快乐的幼儿园生活。

（三）幼儿保育和教育的态度与行为

10. 注重保教结合，培育幼儿良好的意志品质，帮助幼儿养成良好的行为习惯。

11. 注重保护幼儿的好奇心，培养幼儿的想像力，发掘幼儿的兴趣爱好。

12. 重视环境和游戏对幼儿发展的独特作用，创设富有教育意义的环境氛围，将游戏作为幼儿的主要活动。

13. 重视丰富幼儿多方面的直接经验，将探索、交往等实践活动作为幼儿最重要的学习方式。

14. 重视自身日常态度言行对幼儿发展的重要影响与作用。

15. 重视幼儿园、家庭和社区的合作，综合利用各种资源。

（四）个人修养与行为

16. 富有爱心、责任心、耐心和细心。

17. 乐观向上、热情开朗，有亲和力。

18. 善于自我调节情绪，保持平和心态。

19. 勤于学习，不断进取。

20. 衣着整洁得体，语言规范健康，举止文明礼貌。

附录十六：

教育部关于建立健全中小学师德建设长效机制的意见
（教师〔2013〕10号）

各省、自治区、直辖市教育厅（教委），新疆生产建设兵团教育局，部属师范大学：

教师是教育的根本，师德是教师的灵魂。长期以来，全国广大中小学教师教书育人，敬业奉献，为我国教育事业改革和发展作出了重要贡献，赢得了全社会的广泛赞誉和普遍尊重。但是，近年来极少数教师严重违反师德的现象时有发生，引起社会广泛关注，损害了教师队伍的整体形象。为贯彻落实《国务院关于加强教师队伍建设的意见》，以社会主义核心价值体系为引领，充分尊重教师主体地位，大力弘扬高尚师德，切实解决当前出现的师德突出问题，引导教师立德树人，为人师表，不断提升人格修养和学识修养，努力建设一支师德高尚、业务精湛、结构合理、充满活力的中小学教师队伍。现就建立健全教育、宣传、考核、监督与奖惩相结合的中小学师德建设长效机制提出如下意见：

一、创新师德教育，引导教师树立远大职业理想。将师德教育纳入教师教育课程体系。师范生培养必须开设师德教育课程，新任教师岗前培训开设师德教育专题，在职教师培训把师德教育作为重要内容，记入培训学分。重视法制教育、心理健康教育和民族团结教育。创新师德教育内容、模式和方法，突出针对性和实效性。采取实践反思，师德典型案例评析，情景教学等丰富师德教育形式，把教书育人楷模、一线优秀教师等请进课堂，用优秀教师的感人事迹诠释师德内涵。结合教育教学、社会实践活动开展师德教育，切实增强师德教育效果。

二、加强师德宣传，营造尊师重教社会氛围。将师德宣传作为教育行政部门和学校重点工作。坚持正确舆论导向，大力宣传教师的地位和作用，让全社会广泛了解教师工作的重要性和特殊性。大力树立和宣传优秀教师先进典型，通过组织举办形式多样、务实有效的活动，深入宣传优秀教师先进事迹，充分展现当代教师的精神风貌，弘扬高尚师德，弘扬主旋律，增强正能量。针对师德建设中出现的热点、难点问题，要及时应对并加以引导。充分利用教师节等重大节庆日、纪念日的契机，联合电视、广播、报纸、网络等多种媒体集中宣传优秀教师先进事迹，努力营造尊师重教的浓厚社会氛围。

三、严格师德考核，促进教师自觉加强师德修养。将师德考核作为教师考核的核心内容，摆在首要位置。各级教育行政部门要制定师德考核办法，学校制定具体的实施细则。师德考核应充分尊重教师主体地位，符合教师职业性质，促进教师专业发展；坚持公平、公正、公开原则；采取教师个人自评、家长和学生参与测评、考核工作小组综合评定等多种方式进行。考核结果一般分为优秀、合格、基本合格、不合格四个等次。考核结果公示后存入师德考核档案并报学校主管部门备案。师德考核不合格者年度考核应评定为不合格，并在教师资格定期注册、职务（职称）评审、岗位聘用、评优奖励和特级教师评选等环节实行一票否决。

四、突出师德激励，促进形成重德养德良好风气。将师德表彰奖励纳入教师和教育工作者奖励范围。完善师德表彰奖励制度。把师德表现作为评选教书育人楷模，模范教师、教育系统先进工作者，优秀教师、优秀教育工作者，中小学优秀班主任、中小学德育先进工作者等表彰奖励的必要条件。在同等条件下，师德表现突出的，优先评选特级教师和晋升教师职务（职称）、选培学科带头人和骨干教师。

五、强化师德监督，有效防止失德行为。教育行政部门和学校要建立健全师德年度评议制度，师德问题报告制度，师德状况定期调查分析制度和师德舆情快速反应制度，及时研究加强和改进师德建设的政策和措施。构建学校、教师、学生、家长和社会广泛参与的师德监督体系。教育行政部门和学校要建立行之有效的多种形式的师德投诉、举报平台，及时获取掌握师德信息动态，及时发现并纠正不良倾向和问题，将违反师德行为消除在萌芽状态。要将师德建设纳入教育督导评估体系。

六、规范师德惩处，坚决遏制失德行为蔓延。建立健全违反师德行为的惩处制度。依据有关法律法规和《中小学教师职业道德规范》，教育部研究制定《中小学教师违反职业道德行为处理办法》，明确教师不可触犯的师德禁行性行为，并提出相应处理办法。对危害严重、影响恶劣者，要坚决清除出教师队伍。建立问责制度。对教师严重违反师德行为监管不力、拒不处分、拖延处分或推诿隐瞒，造成不良影响或严重后果的，要追究学校或教育主管部门主要负责人的责任。对涉及违法犯罪的要及时移交司法部门。

七、注重师德保障，将师德建设工作落到实处。建立师德建设领导责任制度。地方各级教育行政部门负责对师德建设工作的指导和监管，主要负责人是师德建设工作第一责任人，有关职责要落实到具体的职能机构和人员。各地要结合实际，制订本地师德建设规划和实施方案。充分发挥教育工会等教师行业组织在师德建设中的积极作用。中小学校要把师德建设摆在教师工作首位，贯穿于管理工作全过程。中小学校长要亲自抓师德建设。学校基层党组织、广大党员教师要充分发挥政治核心和先锋模范作用。学校教代会和群团组织紧密配合，形成加强和推进师德建设合力。

教育部

2013年9月2日

附录十七：

关于加强和改进新时代师德师风建设的意见
（教育部等七部门2019年发布）

为认真贯彻落实《新时代公民道德建设实施纲要》，深入推进实施《中共中央 国务院关于全面深化新时代教师队伍建设改革的意见》，全面提升教师思想政治素质和职业道德水平，现就加强和改进新时代师德师风建设提出如下意见。

一、加强师德师风建设的总体要求

1. 指导思想。以习近平新时代中国特色社会主义思想为指导，深入学习贯彻习近平总书记关于教育的重要论述和全国教育大会精神，把立德树人的成效作为检验学校一切工作的根本标准，把师德师风作为评价教师队伍素质的第一标准，将社会主义核心价值观贯穿师德师风建设全过程，严格制度规定，强化日常教育督导，加大教师权益保护力度，倡导全社会尊师重教，激励广大教师努力成为"四有"好老师，着力培养德智体美劳全面发展的社会主义建设者和接班人。

2. 基本原则

——坚持正确方向。加强党对教育工作的全面领导，坚持社会主义办学方向，确保教师在落实立德树人根本任务中的主体作用得到全面发挥。

——坚持尊重规律。遵循教育规律、教师成长发展规律和师德师风建设规律，注重高位引领与底线要求结合、严管与厚爱并重，不断激发教师内生动力。

——坚持聚焦重点。围绕重点内容，针对突出问题，强化各地各部门的领导责任，压实学校主体责任，引导家庭、社会协同配合，推进师德师风建设工作制度化、常态化。

——坚持继承创新。传承中华优秀师道传统，全面总结改革开放特别是党的十八大以来师德师风建设经验，适应新时代变化，加强创新，推动师德师风建设工作不断深化。

3. 总体目标。经过5年左右努力，基本建立起完备的师德师风建设制度体系和有效的师德师风建设长效机制。教师思想政治素质和职业道德水平全面提升，教师敬业立学、崇德尚美呈现新风貌。教师权益保障体系基本建立，教师安心、热心、舒心、静心从教的良好环境基本形成，师道尊严进一步提振。全社会对教师职业认同度加深，教师政治地位、社会地位、职业地位显著提高，尊师重教蔚然成风。

二、全面加强教师队伍思想政治工作

4. 坚持思想铸魂，用习近平新时代中国特色社会主义思想武装教师头脑。健全教师理论

学习制度，开展习近平新时代中国特色社会主义思想系统化、常态化学习，重点加强习近平总书记关于教育的重要论述的学习，使广大教师学懂弄通、入脑入心，自觉用“四个意识”导航，用“四个自信”强基，用“两个维护”铸魂。依托高水平高校建设一批教育基地，同时统筹党校（行政学院）资源，定期开展教师思想政治轮训，使广大教师更好掌握马克思主义立场观点方法，认清中国和世界发展大势，增进对中国特色社会主义的政治认同、思想认同、理论认同、情感认同。

5. 坚持价值导向，引导教师带头践行社会主义核心价值观。将社会主义核心价值观融入教育教学全过程，体现到学校管理及校园文化建设各环节，进一步凝聚起师生员工思想共识，使之成为共同价值追求。弘扬中华优秀传统文化、革命文化和社会主义先进文化，培育科技创新文化，充分发挥文化涵养师德师风功能。身教重于言教，引导教师开展社会实践，深入了解世情、党情、国情、社情、民情，强化教育强国、教育为民的责任担当。健全教师志愿服务制度，鼓励支持广大教师参加志愿服务活动，在服务社会的实践中厚植教育情怀。重视高层次人才、海外归国教师、青年教师的教育引导，增强工作针对性。

6. 坚持党建引领，充分发挥教师党支部和党员教师作用。建强教师党支部，使教师党支部成为涵养师德师风的重要平台。建好党员教师队伍，使党员教师成为践行高尚师德的中坚力量。重视在高层次人才和优秀青年教师中发展党员工作，完善学校领导干部联系教师入党积极分子等制度。开展好“三会一课”，健全党的组织生活各项制度，通过组织集中学习、定期开展主题党日活动、经常开展谈心谈话、组织党员教师与非党员教师结对联系等，充分发挥教师党支部的战斗堡垒作用和党员教师的先锋模范作用。涉及教师利益的重要事项、重点工作，应征求教师党支部意见。

三、大力提升教师职业道德素养

7. 突出课堂育德，在教育教学中提升师德素养。充分发挥课堂主渠道作用，引导广大教师守好讲台主阵地，将立德树人放在首要位置，融入渗透到教育教学全过程，以心育心、以德育德、以人格育人格。把握学生身心发展规律，实现全员全过程全方位育人，增强育人的主动性、针对性、实效性，避免重教书轻育人倾向。加强对新入职教师、青年教师的指导，通过老带新等机制，发挥传帮带作用，使其尽快熟悉教育规律、掌握教育方法，在育人实践中锤炼高尚道德情操。将师德师风教育贯穿师范生培养及教师生涯全过程，师范生必须修学师德教育课程，在职教师培训中要确保每学年有师德师风专题教育。

8. 突出典型树德，持续开展优秀教师选树宣传。大力宣传新时代广大教师阳光美丽、爱岗敬业、甘于奉献、改革创新的新形象。深入挖掘优秀教师典型，综合运用授予荣誉、事迹报告、媒体宣传、创作文艺作品等手段，充分发挥典型引领示范和辐射带动作用。开展多层次的优秀教师选树宣传活动，形成校校有典型、榜样在身边、人人可学可做的局面。组织教师中的“时代楷模”、全国教书育人楷模、国家教学名师、最美教师等开展师德宣讲。鼓励各地各校采取实践反思、情景教学等形式，把一线优秀教师请进课堂，用真人真事诠释师德内涵。

9. 突出规则立德，强化教师的法治和纪律教育。以学习《中华人民共和国教师法》、新时代教师职业行为十项准则系列文件等为重点，提高全体教师的法治素养、规则意识，提升依法执教、规范执教能力。制订教师法治教育大纲，将法治教育纳入各级各类教师培训体系。强化纪律建设，全面梳理教师在课堂教学、关爱学生、师生关系、学术研究、社会活动等方面的纪律要求，依法依规健全规范体系，开展系统化、常态化宣传教育。加强警示教育，引导广大教师时刻自重、自省、自警、自励，坚守师德底线。

四、将师德师风建设要求贯穿教师管理全过程

10. 严格招聘引进，把好教师队伍入口。规范教师资格申请认定，完善教师招聘和引进制度，严格思想政治和师德考察，充分发挥党组织的领导和把关作用，建立科学完备的标准、程序，坚决避免教师招聘引进中的唯分数、唯文凭、唯职称、唯论文、唯帽子等倾向。鼓励有条件的地方和学校结合实际探索开展拟聘人员心理健康测评，作为聘用的重要参考。严格规范教师聘用，将思想政治和师德要求纳入教师聘用合同。加强试用期考察，全面评价聘用人员的思想政治和师德表现，对不合格人员取消聘用，及时解除聘用合同。高度重视从海外引进人才的全方位考察，提升人才引进质量。

11. 严格考核评价，落实师德第一标准。将师德考核摆在教师考核的首要位置，坚持多主体多元评价，以事实为依据，定性与定量相结合，提高评价的科学性和实效性，全面客观评价教师的师德表现。发挥师德考核对教师行为的约束和提醒作用，及时将考核发现的问题向教师反馈，并采取针对性举措帮助教师提高认识、加强整改。强化师德考核结果的运用，师德考核不合格者年度考核应评定为不合格，并取消在教师职称评聘、推优评先、表彰奖励、科研和人才项目申请等方面的资格。

12. 严格师德督导，建立多元监督体系。完善多方广泛参与、客观公正科学合理的师德师风监督机制。加强政府督导，将各级各类学校师德师风建设长效机制落实情况作为对地方政府履行教育职责评价的重要测评内容，针对群众反映强烈的问题、师德师风问题多发的地方开展专项督导。加强学校监督，各级各类学校要在校园显著位置公示学校及教育主管部门举报电话、邮箱等信息，依法依规接受监督举报。强化社会监督，探索建立师德师风监督员制度，定期对学校师德师风建设情况进行监督评议，向教育主管部门反馈，将监督评议情况作为学校及领导班子年度考核的重要内容。

13. 严格违规惩处，治理师德突出问题。推动地方和高校落实新时代教师职业行为十项准则等文件规范，制定具体细化的教师职业行为负面清单。把群众反映强烈、社会影响恶劣

的突出问题作为重点从严查处，针对高校教师性骚扰学生、学术不端以及中小学教师违规有偿补课、收受学生和家长礼品礼金等开展集中治理。一经查实，要依规依纪给予组织处理或处分，严重的依法撤销教师资格、清除出教师队伍。建立师德失范曝光平台，健全师德违规通报制度，起到警示震慑作用。建立并共享有关违法信息库，健全教师入职查询制度和有关违法犯罪人员从教限制制度。

五、着力营造全社会尊师重教氛围

14. 强化地位提升，激发教师工作热情。制定教育改革发展和教师队伍建设重大决策、重要文件充分听取教师代表意见。各地重要节庆日活动，邀请优秀教师代表参加。做好优秀教师表彰奖励，依法依规在作出重大贡献、享有崇高声誉的教师中开展“人民教育家”荣誉称号评选授予工作，健全教书育人楷模、模范教师、优秀教师等多元的教师荣誉表彰体系。完善表彰奖励及管理办法，依法依规确定荣誉获得者享受的政治、生活待遇，加强对荣誉获得者后续支持服务。

15. 强化权利保护，维护教师职业尊严。维护教师依法执教的职业权利，推动完善相关法律法规，明确教师教育管理学生的合法职权，研究出台教师惩戒权办法。学校和相关部门依法保障教师履行教育职责，对无过错但客观上发生学生意外伤害的，教师依法不承担责任。教师尊严不可侵害，对发生学生、家长及其亲属等因为教师履职行为而对教师进行侮辱、谩骂、肢体侵害，或者通过网络对教师进行诽谤、恶意炒作等行为，有关部门要高度重视，从严处理，构成违法犯罪的，依法追究相应责任。学校及教育部门应为教师维护合法权益提供必要的法律等方面支持。

16. 强化尊师教育，厚植校园师道文化。从幼儿园开始加强尊师教育，加快形成接续我国优秀传统、符合时代精神的尊师重教文化。推进尊师文化进教材、进课堂、进校园，通过尊师第一课、9月尊师主题月等形式，将尊师重教观念渗透进学生的价值体系。有条件的地方和学校可结合实际统筹有关资源，因地制宜安排一线教师特别是长期从教教师进行疗休养，重点向符合条件的班主任和乡村教师倾斜。做好教师荣休工作，礼敬退休教师，弘扬尊师风尚。建立健全教职工代表大会制度，保障教师参与学校决策的民主权利。加强家庭教育，健全家校联系制度，引导家长尊重学校教育安排，尊敬教师创造发挥，配合学校做好学生的学习教育。

17. 强化各方联动，营造尊师重教氛围。加强展现新时代教师风貌的影视文学作品创作，善用微博、微信、微视频、微电影等新媒体形式，传递教师正能量，让全社会广泛了解教师工作的重要性和特殊性。支持鼓励行业企业在向社会公众提供服务时“教师优先”。鼓励图书馆、博物馆、科技馆、体育场馆以及历史文化古迹和革命纪念馆（地）等对教师实行优待。鼓励社会团体、企业、民间组织对教师出资奖励，或通过依法成立基金、设立项目等方式，支持教师提升能力素质、进行疗休养或予以奖励激励。

六、推进师德师风建设任务落到实处

18. 加强工作保障，强化责任落实。各地各校要把加强师德师风建设、弘扬尊师重教传统作为教师队伍建设的首要任务，夯实学校主体责任，压实学校主要负责人第一责任人责任。高校要强化党委教师工作部建设，明确将教师思想政治和师德师风建设作为其主要职责。各地各校要建立健全责任落实机制，坚持失责必问、问责必严。财政部门要坚持将教师队伍建设作为教育投入重点予以优先保障，按规定统筹现有资金渠道支持师德师风建设。依托现有资源，建设一批师德师风建设基地，加强工作支撑，提高师德师风建设工作的科学性、实效性。

附录十八：

全美教育协会《教育专业伦理规范》[1]
（全美教育协会代表大会1975年通过，2010年修订）

序言

全美教育协会认为，教育行业由服务所有学生需求的教育工作者构成，“教育工作者”应包括支持教育的专业人士。

秉承尊重每个人的独特价值与尊严的信念，教育工作者确信：追求真理、卓越和民主原则，具有至高无上的重要性。实现这些目标的根本在于：保护学与教的自由，以及确保所有人享有均等的教育机会。教育工作者承担着维护最高伦理标准的责任。教育工作者确信以上重要责任与教学过程息息相关。为了得到同事、学生、家长以及社区成员的尊重和信任，教育工作者应当追求并保持最高水平的专业操守。本《教育专业伦理规范》表达了所有教育工作者的期望并为具体教学行为提供了判断标准。对违反本规范任何条款的纠正措施，应仅由全国教育协会或其分会制订；本规范的任何条款，都不得以全国教育协会或其分会特别规定之外的任何形式强加推行。

1　转引自：檀传宝，王丽娟，译. 全美教育协会《道德规范》. 中国教师，2005，（7）：63（略有增改）

原则一：对学生的承诺

教育工作者致力于帮助每一位学生认识到自己作为有价值、有能力的社会成员的内在潜能。因而，教育工作者要努力激励学生的探索精神，增进学生的知识和理解，帮助他们思考并建构有价值的目标。

在履行对学生的义务时，教育工作者——

1. 不得无故压制学生的自主学习。

2. 不得无故否定学生的独到见解。

3. 不得故意隐瞒或歪曲与学生进步有关的材料。

4. 应该尽力采取有效措施保护学生，使其在学习、健康和安全方面免受伤害。

5. 不得有意刁难和贬损学生。

6. 不得因种族、肤色、教义、性别、国籍、婚姻状况、政治或宗教信仰、家庭、社会或文化背景、或是性取向差异而不公平地：

a. 排斥任何学生参与到教学活动中；

b. 剥夺任何学生的权益；

c. 给予任何学生以特权。

7. 不得利用与学生的专业关系谋取私利。

8. 如非出于不得已的专业目的或者法律要求，不得泄漏专业服务过程中获得的关于学生的信息。

原则二：对专业的承诺

公众赋予教育专业以信赖和责任，这就要求教育工作者拥有和追求专业服务的最高理想。教育专业的服务质量直接影响着国家的发展和公民素质的提高。基于这种信念，教育工作者必须竭尽全力提高专业标准，推动形成鼓励专业判断的氛围，创造条件以吸引贤能加入教育事业，并且协助阻止不合格者从事教育专业。

在履行专业义务时，教育工作者——

1. 在教育职位申请时，不得故意作虚假的陈述或者隐瞒与能力和资格相关的重要事实。

2. 不得伪造专业资格证明。

3. 不得协助任何在品德、教育程度或者其他相关品质方面不合格的人成为专业教育人士。

4. 不得故意给专业职位申请人的资格做虚假陈述。

5. 不得帮助非教育工作者从事未经授权的教学活动。

6. 如非出于不得已的专业目的或者法律要求，不得泄露专业服务过程中获得的关于同事的信息。

7. 不得故意发表有关同事的虚假的或恶意言论。

8. 不得接受任何可能损害或影响专业判断或专业行为的赠品、礼物或恩惠。

附录十九：

美国教师联合会《学习的权利和义务法案：行为标准和成就标准》[1]

我们公立学校的传统使命一直是使我国的年轻一代成为富有平等精神、责任感和创造能力的成人。今天，我们用建立学校的行为标准和成就标准的方式再次重申努力培养具有民主素质、创造能力的公民的使命。进行其他教育改革也许会发挥作用，但确立一套较高的行为标准和成就标准则肯定会有更重要的作用——因为没有这些标准，任何其他改革就无从谈起。

基于权利和义务的辩证关系，我们声明：

1. 所有的学生和教职工都有权生活在安全、有秩序且没有毒品的学校。

2. 所有的学生和教职工有权在这样一种学区、学校学习和工作，它们有明确的纪律规范，以确保能够公正和始终如一地遏制不良行为。

3. 所有的学生和教职工有权在这样一种学区内学习和工作，这一学区能够给有暴力倾向和长期破坏力的学生提供可选择的教育安置。

4. 所有的学生和教职工都有权受到礼遇和尊重。

5. 所有的学生和教职工有权在有明确而严格的课业成就标准的学区、校园和教室中学习和工作。

6.所有的学生和教职工有权在这样一种学校内学习和工作，学习的装备良好、拥有有利于完成严格的课程任务的教学资源。

7. 所有的学生和教职工有权在这样一种学校内学习和工作，学习里的教师们熟悉各自的学科内容并且知道如何进行教学。

8. 所有的学生和教职工有权在这样一种学区、学校和教室内学习和工作，在这里高分是好成就的标志、升迁是努力的结果。

9. 所有的学生和教职工有权在这样一种学区、学校内学习和工作，在这里获得高中毕业

1 资料来源：美国教师联合会（AFT）制定并印制的《学习的权利和义务法案：行为标准和成就标准》，1996年版。（翻译者：檀传宝、王丽娟）

证书意味着已经具备升入大学或是找到一份好工作必需的知识和技能。

10. 在追求高标准的行为表现和课业成绩的过程中，所有的学生和教职工都有权获得来自家长、社区、政府官员和私人机构的支持。

附录二十：

日本《教育基本法》[1]（节选）
（2006年12月22日，法律第120号）

我们日本国民期望，在进一步发展经过坚持不懈的努力而构筑起来的民主的、文化的国家的同时，为世界的和平和人类福祉的提高而做出贡献。为了实现这一理想，我们期望，培养尊重个人尊严、追求真理和正义、尊重公共精神、具有丰富的人性和创造性的人，同时，推进以继承传统和创造新文化为目标的教育。在此，我们依照《日本国宪法》的精神，为了确立开拓我国未来的教育的基础，谋求教育的振兴，而制定本法。

第一章　教育的目的和理念

（教育目的）

第一条　教育必须以完善人格为目标，要培养作为和平民主国家和社会的建设者而具备必要素质的身心健康的国民。

（教育目标）

第二条　教育为了实现其目的，要尊重学术自由，实现下列目标：

一、掌握广泛的知识和教养，培养追求真理的态度，培养丰富的情操和道德情感，同时，培养健康的身体；

二、尊重个人的价值，发展其能力，培养创造性，培养自主和自律的精神，同时，重视职业和生活的联系，培养尊重劳动的态度；

三、尊重正义与责任、男女平等、对自己和他人的热爱、相互合作，同时，基于公共精神，培养积极地参与社会建设并为其发展做出贡献的态度；

四、培养尊重生命、爱护自然、为环境保护做贡献的态度；

五、尊重传统和文化，热爱培育传统和文化的我国和乡土，同时，尊重其他国家，培养为国际社会的和平与发展做贡献的态度。

1　张德伟，译. 日本新《教育基本法》(全文). 外国教育研究，2009,(3)：95-96

（终身学习理念）

第三条　每一个国民为了能够磨炼自己的人格，度过丰富的人生，必须在一生中，利用所有的机会，在所有的场所，进行学习，谋求实现能适当发挥其学习成果的社会。

（教育机会均等）

第四条　1. 所有国民都具有平等地接受适应其能力的教育的机会，不得因人种、信仰、性别、社会身份、经济地位或门第的不同，而在教育上受歧视。

2. 国家和地方公共团体为了使有障碍者能够适应其障碍的状态，接受充分的教育，必须采取必要的教育援助。

3. 国家和地方公共团体对于尽管有能力但因经济原因而就学困难的人，必须采取就学奖励措施。

第二章　关于教育实施的基本事项

（义务教育）

第五条　1. 国民对于其所保护的子女，要根据法律的另行规定，负有使他们接受普通教育的义务。

2. 实施义务教育的普通教育，要坚持以下目的：在不断发展每个人所具有的能力的同时，培养其能够自立地生存于社会的基础；培养他们作为国家和社会的建设者所必需的基本素质。

3. 国家和地方公共团体为了保障义务教育的机会，确保其水平，要在分别承担适当的任务和相互合作之下，担负实施义务教育的责任。

4. 国家或地方公共团体设置的学校所实施的义务教育不征收学费。

（学校教育）

第六条　1. 法律所规定的学校具有公共性质，所以，只有国家、地方公共团体和法律所规定的法人方可设置学校。

2. 前款所规定的学校为了实现教育的目标，必须适应受教育者的身心发展特征，有组织地实施系统的教育。在此情况下，受教育者必须遵守在度过学校生活上所必要的纪律，同时，必须重视提高自我进取地学习的积极性。

（大学）

第七条　1.大学作为学术的中心，要在培养高度的教养和专业能力的同时，通过深入探究真理，创造新知识，向社会广泛提供学术成果，为社会的发展做出贡献。

2. 大学必须尊重自主性、自律性和其他大学在教育及研究上的特性。

（私立学校）

第八条　鉴于私立学校具有公共性质和在学校教育中发挥着重要作用，国家和地方公共团体必须尊重其自主性，采取扶助及其他适当的方法，致力于私立学校教育的振兴。

（教师）

第九条　1. 法律所规定的学校的教师必须深刻认识到自己的崇高使命，不断地刻苦研究和提高修养，努力履行自己的职责。

2. 对于前款所规定的教师，鉴于其使命和职责的重要性，其身份要受到尊重，待遇要公正，同时，必须谋求其培养和研修的充实。

附录二十一：

日本《教师伦理纲领》[1]
（日本教职员组合1952年制定，1961年修订）

前言

我们行业协会于1952年（昭和27年）制定了“教师基本纲领”。在该纲领制定之前一年左右的时间里，全国各行业都围绕各自的“伦理纲领”草案进行了讨论研究。我们的想法是：我们的道德纲领，由我们自己讨论制定。1951年（昭和26年），我们就纲领草案进行协商，舆论争议的中心是：全面议和，还是单独议和。自此之后，围绕日本前途的舆论开始分化为两大派别。我们反对“单独议和”，因为很担心它会危及到我们付出了战争的巨大代价而获得的“民主与和平”。同样，对和平宪法的无理攻击也是从这个时期开始的。

在这样的时代背景下，我们的讨论一直在持续。我们对伦理纲领草案的讨论基于对以下问题的思考：为了捍卫“民主与和平，如今的教师应当做什么?”“我们所期待的教师形象应该是怎样的?”所以，伦理纲领不仅仅是“宣传标语”，还是教师应具有的完善自我、把握时代、严谨求真、热爱正义的优秀品德，也是教师们应肩负的民族使命。这些都是我们伦理纲领的基调。归根到底，正如历代文明一样，伦理纲领不会因为人们的无理指责而有丝毫动摇。下面对伦理纲领各项内容做简单阐述。

一、教师要与青少年共同肩负起日本社会的使命

维护和平、赢得民族的完全独立、建立宪政民主社会是教师的使命。希望我们通过深刻自省，可以担当起这一使命。同时，要把青少年培养成为可以担当起这一使命的优秀人才。

二、教师要为教育机会的平等而斗争

1　资料来源：日本「雑学事典」网（翻译者：杨董玲、刘华杰）

由于所处的社会环境及经济条件差异，青少年的教育机会受到限制，尤其是对勤工俭学的青年及残疾儿童（盲、聋、肢体残疾儿童等）的教育将被弃之不顾，宪法的条款最终成为一纸空文。教师为了维护教育机会均等的原则，必须努力推动社会采取有效措施。

三、教师要捍卫和平

和平是人类的共同理想。没有和平，也不可能实现日本的繁荣与民主。教师要认识到自己是人类大爱的倡导者、生活改造的指导者、尊重人权的先锋，必须勇敢地与战争发动者斗争到底。

四、教师要站在科学与真理的立场之上

社会的进步建立在科学真理的基础之上。无视科学会使人性受到压抑。教师应当尊重人性，科学地探索自然与社会，与专家学者们通力合作，创造一个有助于青少年茁壮成长的良好环境。

五、教师不容许教育自由遭到侵犯

教育研究和教育活动屡次被不正当的外力所压制，虽然宪法保障言论、思想、学习、集会的自由，但实际上这些权利仍然是被限制、被压迫的。对教育自由的侵害不仅妨碍青少年的自由学习、自由活动，也会贻误民族的未来。因此，我们要坚决与侵犯自由的行为作斗争。

六、教师要追求正确的政治立场

迄今为止，教师虽然名义上是政治中立的，但是实际上都是为当权者服务的。战后，我们要团结起来，为了公正廉明的政治而战斗。为了追求能够满足全体国民愿望的政治，教师在做大量工作的同时，还要追求正确的政治立场。这就要求我们教师今后要更加努力地战斗。

七、教师要同家长一道与社会的颓废现象作斗争，创造新文化

如今各种颓废的社会现象包围着青少年。教师们要与家长通力合作，通过大规模的宣传，创造健康的新文化，保护青少年免受社会颓废现象的侵蚀。

八、教师是劳动者

教师是以学校为工作场所的劳动者。但是，部分想主宰教育的人一再强调教师是“效忠天皇的圣职者”，对于“我们是劳动者”的宣言找出各种反对的理由。劳动者推动社会进步。教师以自己是劳动者而自豪，为实现人类进步的理想而存在。

九、教师要维护生活权益

迄今为止，教师一直被教导要安于清贫，甚至连要求得到最低生活保障都很忌惮。但是，要做好教育，必须保障教育工作者的基本生活。要求正当的劳动报酬，既是教师的权利又是教师的义务。

十、教师要团结一致

教师要完成历史使命需要团结一致。组织和团结不断地赋予教师以勇气和力量。也只有

通过组织和团结，教师的力量才能得到发挥。

在加强自身团结的同时，为了保护一些强权统治下的国民教育，我们不仅要和全世界的同仁团结一致，还要和所有劳动者联合起来。

附录二十二：

香港教师专业操守及行为准则
（选自《香港教师专业操守指引》，香港教育局2022年发布）

第二章　教师专业操守及行为—准则篇

本章阐述教师专业操守及行为的准则，说明要符合作为“适合及适当人选”，除了教学必须具备的专业知识和技能以外，还须具备道德情操。《指引》主要聚焦教师应有的专业及个人道德与操守，归纳共有八项，详列如下：

1. 专业信念：秉持立德树人的理想，以培养学生德、智、体、群、美为己任。以教书育人为首要目标，努力为培育德才兼备、爱国爱家、具国际视野的年青一代作出贡献。

2. 恪守法治：守法守规。尊重当局及学校的合法权力。正确理解《中华人民共和国宪法》(《宪法》)、《中华人民共和国香港特别行政区基本法》(《基本法》）和《中华人民共和国香港特别行政区维护国家安全法》(《香港国安法》)，自觉维护国家安全、社会秩序及公众利益，履行社会责任和公民义务，积极支持及推广国民教育，培养学生正确的国家观念。

3. 以身作则：严以律己，修养品格，追求高尚情操。言行端正有度，作学生为学、为事、为人的模范，引导学生全人发展。

4. 廉洁公正：践行廉洁、公平公正、诚实守信的价值观。以正直无私、不偏不倚的态度执行职务，不因私利忽略正职。凡事以学生利益为重，毋负社会和学校对教师专业的信任。

5. 尽忠职守：认真履行职责，努力落实教育目标及学校政策。严谨执行教学工作，竭尽所能完成专业职务，为教学质素负责。

6. 关爱学生：关怀爱护学生，因材施教，尊重差异。营造和谐、理性、健康、安全的学习环境。防范风险事故，预防及制止违法违规活动入侵校园。

7. 尊重私隐：坚守保密责任。尊重个人（包括学生、家长及同事）的私隐。

8. 维护专业：在不同的专业阶段完成进修要求。不断反思求进，增强专业效能。与持份者衷诚合作，与同侪建立团队协作文化，协力提升整体教学质素，推动学校持续发展。竭力维护教育专业的形象和尊严。

参考文献 （按首字拼音升序排列）

1. Kenneth A. Strike, Jonas F. Soltis. The Ethics of Teaching. New York and London: Columbia University, Teachers College Press, 1985.
2. [美]艾尔·巴比．社会研究方法（第10版）．邱泽奇，译．北京：华夏出版社，2005.
3. 高德胜．道德教育的20个细节．上海：华东师范大学出版社，2007.
4. 金正昆．教师礼仪概论．北京：北京大学出版社，2007.
5. [德]卡尔·雅斯贝尔斯．什么是教育．邹进，译．北京：生活·读书·新知三联书店，1991.
6. [美]科学、工程与公共政策委员会．怎样当一名科学家：科学研究中的负责行为．刘华杰，译．北京：北京理工大学出版社，2004.
7. [美]肯尼思·A. 斯特赖克，乔纳斯·F. 索尔蒂斯．教学伦理（第4版）．洪成文，等译．北京：教育科学出版社，2007.
8. 林崇德．教育的智慧——写给中小学教师．北京：开明出版社，1999.
9. 刘维俭，王传金．现代教师礼仪教程．南京：南京师范大学出版社，2006.
10. 卢世林，胡振坤．教师伦理学教程．武汉：华中科技大学出版社，2012.
11. 吕艳芝．教师礼仪的99个细节．上海：华东师范大学出版社，2010.
12. [英]罗伯特·G. 伯吉斯．教育研究伦理学．卜玉华，等译．北京：北京大学出版社，2013.
13. [美]麦克里那．科研诚信：负责任的科研行为教程与案例（第3版）．何鸣鸿，等译．北京：高等教育出版社，2011.
14. [美]美国医学科学院，美国科学三院国家科研委员会．科研道德：倡导负责行为．苗德岁，译．北京：北京大学出版社，2007.
15. 欧阳超．教学伦理学．成都：四川大学出版社，2008.
16. 钱焕琦．教师职业道德．上海：华东师范大学出版社，2008.
17. 檀传宝．教师伦理学专题——教育伦理范畴研究．北京：北京师范大学出版社，2010.
18. 檀传宝．浪漫：自由与责任——檀传宝德育十讲．上海：华东师范大学出版社，2012.
19. 檀传宝，等．走向新师德——师德现状与教师专业道德建设研究．北京：北京师范大学出版社，2009.
20. [法]涂尔干．职业伦理与公民道德．渠东，付德根，译．上海：上海人民出版社，2006.
21. [美]韦恩·C. 布斯，等．研究是一门艺术．陈美霞，等译．北京：新华出版社，2009.
22. [古希腊]亚里士多德．尼各马科伦理学．苗力田，译．北京：中国人民大学出版社，2003.
23. 杨芷英．教师职业道德．北京：高等教育出版社，2007.
24. 叶澜，等．教师角色与教师发展新探．北京：教育科学出版社，2001.
25. [加拿大]伊丽莎白·坎普贝尔．伦理型教师．王凯，杜芳芳，译．上海：华东师范大学出版社，2011.
26. [德]伊曼努尔·康德．道德形而上学原理．苗力田，译．上海：上海人民出版社，2005.
27. [德]伊曼努尔·康德．论教育学．赵鹏，何兆武，译．上海：上海人民出版社，2005.
28. [美]约翰·罗尔斯．正义论．何怀宏，等译．北京：中国社会科学出版社，1988.
29. 赵汀阳．论可能生活．北京：生活·读书·新知三联书店，1994.
30. 中国科学院．科研活动道德规范读本（试用本）．北京：科学出版社，2009.

关键术语表

职业道德	professional ethics	职业道德是社会道德规范体系的重要组成部分，它是一定社会的道德原则和规范在职业行为和职业关系中的特殊表现，是从业人员在职业活动中应该遵循的道德规范以及应当具备的道德观念、道德情操和道德品质。
教师职业道德	teacher's professional ethics	教师职业道德又称为“教师道德”或者“师德”，它是指教师在职业活动过程中所应当遵循的，用以调节教师职业工作中教师与学生、教师与集体、教师与社会等关系的道德规范和行为准则的总称。
教师的幸福	teacher's happiness	教师的幸福是指教师在自己的教育工作中自由地实现自己的职业理想的一种教育主体生存状态。
教师的公正	teacher's justice	教师公正是指教师以公正的基本原则来处理教育工作中的人与人的关系，主要包括教师对学生的公正、教师对自己的公正以及同侪性公正。
教师的仁慈	teacher's benevolence	教师仁慈是指教师在教学工作以及日常生活中以高度理智性、超越性的爱心和宽恕的伦理精神与道德原则来对待学生，它表现为教师对学生的无条件的爱心以及高度宽容的道德情怀。
教师的良心	teacher's conscience	教师良心是指教师对教育工作的道德责任和道德义务的一种自觉意识和情感体验，并以此为基础而形成的对于道德自我、道德活动进行评价与调控的心理机制。
教学	teaching	教学是教师的“教”与学生的“学”两种活动辩证统一的过程，是以知识、技能、经验为媒介的师生交往与正向价值对话过程，也是“以善致善”的德性生活过程。在此过程中，发展个体的智慧潜能，增长个体的知识技能水平，陶冶个体的道德性格，促使每一位学生都达到自己的最佳发展水平。
教学伦理	ethics of teaching	所谓教学伦理是指“教学的伦理”（ethics of teaching），指的是教学活动本身所具备的“以善致善”的本质规定性，是由教学活动自身所具备的天然的教育性规定（教学活动自身内在的价值规定性及伦理道德精神）及其外在表征（教师的教学行为所反映出的外显的伦理规范）所构成的综合体。
科学研究	scientific research	所谓科学研究，就是从难题、困境的发现出发，提出科学假设，经过资料的收集，梳理，分析比较，验证或推翻研究假设，得出结论，从而获得对难题、困境的认知，并解决问题，揭示事物规律的科学探究过程。

续表

科研伦理	ethics of scientific research	所谓科研伦理，乃是指科学研究过程所必须遵循的伦理规范及道德准则。科学研究过程会牵涉一个广泛的社会伦理网络，研究者之间的相互关系网络是社会基本构造的一个决定性因素，科学研究过程必须对这个相互关系网络内的成员负有道德责任和社会责任。因此，除技术属性之外，科学研究过程还具备很强的社会道德属性，必须处理好相关的伦理关系、遵守合乎道德的研究规范。
社会伦理	social ethics	教师的社会伦理是指教师在学校之外的其他社会场域与人交往时所应遵循的伦理规范及其道德精神、道德准则。
社会形象	social image	教师的社会形象是指教师在社会交往过程中所展现出的教师角色特征，包括两个层面：一是外在形象，包括衣着形象、仪容形象等；另一个则是内在的精神形象，是内在的“精气神”的内蕴与外显，彰显的是一个教师的专业气质、内在涵养和人格风骨。
社会责任	social responsibility	教师的社会责任是指教师作为一种社会职业所必须承担的伦理职责和社会任务，是社会成员必须遵守的伦理规则和道德义务，带有强制性。分为两个层面，一指分内应做的事，如教师的岗位责任等；二指没做好分内之事而应承担的过失与惩罚等，如教师失范、教学事故的后果承担等。

后 记

感谢叶飞、李西顺、刘华杰、张宁娟四位博士和我一起完成了这本《教师职业道德》教材的写作。

记得1998年，我正式开始大学教学生涯执教的第一门课程就是本科生高年级的《教师职业道德》。那时，我几乎阅读了国内出版的所有师德读本，但发现鲜有让我心动者。我非常心疼地看到：十多年过去了，虽然教育界许多有识之士也和我一样痛心疾首，但是迄今为止，关于师德的学术研究进展仍然十分缓慢，而偌大的中国，质量较好的师德读本寥寥无几的局面也尚未有根本的改观。作为当局者，我们唯有尽力前行才能稍微心安。

本书只能算是我们几个人针对上述问题希望有所改变的重要努力之一。叶飞博士和我一起完成了第一部分（即“教师职业道德的伦理基础”）。这一部分的许多内容取自我的《教师伦理学专题——教育伦理范畴研究》（北京师范大学出版社，2010），但叶飞在内容及形式的创新上都做出了重要尝试。李西顺博士主要负责第二部分“教师职业道德的实践规范”。我只提议了有关“教学伦理”“科研伦理”“社会伦理”的宏观构架，西顺能在短短几个月就完成任务实属不易，其工作效率让我倍感欣慰。刘华杰博士负责的附录部分为读者提供了一个国内最为完整的师德规范的“文本花园”。这不仅对广大教师的日常工作规范建设有重要参考价值，而且也为读者批判性理解本书前两部分提供了优质的现实材料支撑。此外，叶飞在协调编写组工作方面劳苦功高，叶飞、西顺在协助主编统稿工作上也贡献良多。张宁娟博士在本书框架形成及最后修改环节也提供了极为重要的帮助。

本书的重要探索是初步建构了一个教师伦理的理论构架，并在相关教师职业道德规范的具体阐释上有所进步。但是在技术规范与伦理规范的差异、伦理解释的深度等方面显然还有进一步研究的巨大空间。

参与本书编写工作的四位博士都是我的同志（志同道合者）。我们团队的工作如果有值得肯定的地方，最重要的原因当是我们共同的事业追求和纯洁的工作情谊。我由衷地希望本书的写作只是我们在师德研究和教学方面集体劳作的一个新的起点。

檀传宝

2023年1月